The Next Generation
Five Steps for Delivering Value and Measuring
Returns Using Marketing Communication

# 整合营销传播

## 创造企业价值的
## 五大关键步骤

[美] 唐·舒尔茨 海蒂·舒尔茨 / 著

王 茁 顾 洁 / 译

清华大学出版社

北 京

Don Schultz, Heidi Schultz
IMC—The Next Generation: Five Steps for Delivering Value and Measuring Returns
Using Marketing Communication
EISBN: 978-0-07-141662-7
Copyright © 2004 by Don Schultz and Heidi Schultz

**图书在版编目(CIP)数据**

整合营销传播：创造企业价值的五大关键步骤/(美)舒尔茨(Schultz,D.)，(美)舒尔茨(Schultz,H.) 著；王茁，顾洁 译.—北京：清华大学出版社，2013.6（2024.11重印）

书名原文：IMC—The Next Generation: Five Steps for Delivering Value and Measuring Returns Using M\arketing Communication

ISBN 978-7-302-32141-5

Ⅰ．①整… Ⅱ．①舒… ②舒… ③王… ④顾… Ⅲ．①市场营销学—研究 Ⅳ．①F713.50

中国版本图书馆CIP数据核字(2013)第083317号

责任编辑：陈　莉　王佳佳
封面设计：周周设计局
版式设计：思创景点
责任校对：蔡　娟
责任印制：曹婉颖

出版发行：清华大学出版社
　　　　网　　　址：https://www.tup.com.cn，https://www.wqxuetang.com
　　　　地　　　址：北京清华大学学研大厦A座　　邮　　编：100084
　　　　社　总　机：010-83470000　　　　邮　　购：010-62786544
　　　　投稿与读者服务：010-62776969，c-service@tup.tsinghua.edu.cn
　　　　质　量　反　馈：010-62772015，zhiliang@tup.tsinghua.edu.cn
印　装　者：三河市铭诚印务有限公司
经　　销：全国新华书店
开　　本：180mm×250mm　　印　张：24.5　　字　　数：365千字
版　　次：2013年6月第1版　　印　　次：2024年11月第19次印刷
定　　价：88.00元

产品编号：044489-03

# 前　言

在二十世纪八十年代末和九十年代初，我们发展出了整合营销传播(integrated marketing communications，IMC)这一概念，并且出版了《整合营销传播：因整合而有效》一书，该书由唐·舒尔茨、斯坦利·坦纳鲍姆和鲍勃·劳特博恩合写，从此以后，该书就成为不断发展变化的整合营销传播这一营销概念方面的重要参考书了。对于营销传播领域的专业人士以及企业的高层管理者而言，该书极为有用，而且也流传极广。但是，时至今日，该书的读者都清楚地意识到这个世界已经发生了天翻地覆的变化。该书刚刚出版之时是老布什在担任美国总统，而荣获诺贝尔和平奖的则是时任苏联总统米哈伊尔·戈尔巴乔夫。当时的中国刚刚向外面的世界打开国门、开放经济。而当时的亚洲则在四小龙经济发展的驱动下显现出一派繁荣景象。那时候，互联网和移动通信技术还是非常稀奇的玩意儿，只为少数计算机高手和学术研究人员所掌握，而在我们这些普通人中也没有多少人拥有电子邮箱，当然，也没有人听说过dot.com(互联网)企业。

当时的营销传播领域与今天的环境相比也不可相提并论。那时，广告，尤其是电视广告，仍然是商业传播的主导形式。尽管大卫·艾柯正在致力于推广其倡导的品牌建设主张，但是绝大多数的营销人士仍然更多地关注产品而非品牌。绝大多数的企业也只是朦朦胧胧地意识到传播、金融和运输方面的全球化趋势很可能会以人们无法想象的前所未有的方式将整个世界连接起来。制造和分销领域的集中趋势初露端倪。而沃尔玛成为世界上最大的零售商这一征途也只是刚刚起步。

在这样的背景之下，整合成了一个新的概念，对于这一新概念，商业人士理解起来颇有困难。大多数企业都是严格地划分为一个个业务功能或单位，所有这些部门均是分散的、独立的、自上而下地进行管理的。人们很少会谈到跨职能、跨部门的团队，而所谓"扁平化"组织——不存在常见的管理层级——这一概念在世界上也极少看到，只有日本是一个特例。

二十世纪九十年代，技术的蓬勃发展彻底地改变了这一切，尤其是极大地改变了企业和传播的经营方式。整合营销传播(IMC)概念正是肇始于这样一个急剧变动的时代背景。

当唐·舒尔茨、斯坦利·坦纳鲍姆和鲍勃·劳特博恩——以及美国西北大学的其他同事——开始认真地对待整合概念的时候，许多人都认为他们走错路了。比如说，有些企业里的从业者始终无法超越其企业所基于的职能系统来看问题。其他人，尤其是广告代理商则把营销传播活动的整合看作是对他们一门心思发展起来的专业化能力的一种威胁。还有一些人认为，整合对数据、数据库和分析的依赖有可能摧毁营销传播长期以来赖以生存的所谓"创意"。另外，还有一些人，他们已经充分地意识到了整合的好处，但是却认为整合的过程操作起来过于困难，无法在其所在的企业中推行。尽管有着这样那样的反对声音，整合仍然激发了一些具有前瞻意识的领先者的共鸣，他们开始在其所在的企业、代理商、媒介系统中发展和推行整合营销传播方法，他们在课堂上和研讨会上对整合营销传播的探讨尤为热烈。

今天，在从事任何形式的营销或者营销传播工作的市场人士中，都很难找到什么人还在固执地认为整合是一件坏事。尽管做到真正的整合在执行过程中确实还面临很多很艰难的挑战，但是这一概念已经在所有类型的企业中都赢得了广泛的认同。我们经常会谈到商业系统，谈到整合流程，谈到协同一体、有所聚焦的商业团队，并谈到跨职能、跨部门的工作小组。尽管说整合这一概念在各类企业中的发展有快有慢，但是总体来说，它在全世界的企业中所占据的地位都越来越稳固。

因此，既然整合营销传播已经赢得了广泛的认同——部分原因是本书第1版的出版和翻译，先后至少翻译成12种主要语言——那么，我们为什么还需要再次探讨这个主题呢？这里的原因很多很复杂，这体现出了在大约十五年前尚属石破天惊的一个革命性概念从成长到成熟的发展历程。

在本书的这一版中，我们一开始就将回顾一下从第1版出版之后的所有研究、教学和实践情况。其中，有五大变化是很明显的，我们在这里一一加以概述。

# 向品牌和品牌建设转变

经过这么多年，大家已经清晰地意识到了，顾客是与品牌进行关联，而不是与不同形式的营销或者营销传播活动进行关联。因此，品牌建设成为我们所进行的关于整合的讨论的基础。在当今的商业环境中，支离破碎会摧毁一个品牌，而协调一致、协同一体的传播——就像戴尔、联邦快递和星巴克等公司的实践那样——则不仅建造起了品牌，而且其品牌建造相比传统的传播方式速度更快、难度更低、花费更少。

# 执行流程五步骤

整合营销传播这本著作的第1版为大家提供了一个概念性框架，但是同时也承认，要执行真正整合的传播仍然是一个极其艰难的挑战。其中一个主要的原因是二十世纪九十年代早期所拥有的技术造成的障碍。如今，通信技术超乎想象的进步为整合提供了一个全新的平台。在本书中，我们所提出的由五个步骤组成的整合过程则提供了一套严谨而又聚焦的方法论，依靠这套方法论所有类型的企业都能够推行整合传播计划。这一方法论超越了陈旧的4P营销概念和效果层级模型，为营销传播管理者提供了第一个行之有效的传播发展模型。

# 关注个体顾客，而不是细分市场

在过去十年以来，一对一传播这一概念产生了深远的影响。尽管这样一个在个体层面上针对顾客进行传播的概念从直觉上看有着莫大的吸引力，但是，要在实际中推行这样的做法已经被实践证明几乎是不可行的。在本书中，我们汲取了一对一方法的精髓，将其与另外一个模型结合起来，这一模型以提高传播的效果和效率为目的，将个体组合成行为相近的群体。简而言之，整合营销传播汲取了新旧方法中的精华，加以有效融合，从而发展出一个既容易理解又容易执行的流程。

# 向可衡量性和可问责性转变

自本书第1版出版以来，营销传播领域所发生的最大的变化是人们日益关注可衡量性和可问责性。过去，我们的探讨聚焦于如何在战术层面对传播进行整合。随着整合营销传播的发展，我们越来越清晰地认识到，其本质是战略性而非战术性的。各种整合营销传播计划与整个企业的短期和长期目标密切相关，而不只是与产品销售目标相关。在本书中，我们是从战略和价值驱动的视角来看待整合营销传播的。整合营销传播旨在回答高层管理者和股东们所提出的这样一些问题：我们究竟需要在营销传播上进行多大投入？我们从这样的投入中能获得什么样的回报？究竟需要多久才能获得这些回报？

传统上，营销传播的从业者总是假定营销传播是一个"创造性的过程"，甚至是一种艺术形式，因为只有如此，从财务角度来说，它才既不具备可衡量性也不具备可问责性。而我们则认为，事实绝非如此。和企业所拥有的其他资产一样，其通过营销传播对现有和潜在顾客所进行的投入必须提供可识别、可衡量的财务回报，必须为企业及其股东创造价值。采用我们提供的基于价值的整合营销传播流程，企业能够有效地衡量其短期和长期回报，使营销传播的各项投入都体现出明确、独特的价值。

# 全球化的方法

自本书第1版出版以来，整合营销传播概念已经传播到了全世界。在这一概念首次提出的时候，许多人认为整合营销传播只能在拥有足够数据的成熟的发达经济体中进行，但实际情况并非如此。这一概念也完全能够被诸如印度、中国、智利、墨西哥、日本和菲律宾等差异悬殊的市场所采纳。简而言之，正如本书所提到的一些案例和例证表明，整合营销传播是能够真正在全球范围内得以发展和推行的少数方法之一。

在你阅读本书时，你有必要时刻了解和理解有助于界定整合营销传播概念的上述五大领域的变化，而且你不久就会发现，随着你在自己的企业中推行整合营销传播计划，或者观察其他企业推行这些计划，你会发现这五个领域正在继续发生变化。你会看到整合营销传播是一个动态的不断演变的概念，这样看待这一概念可以帮助你和你的企业在未来的商业环境中获得成功。

# 致　谢

在过去十年间我们发展整合营销传播这个概念的过程中，为我们提供帮助的人数不胜数。正是在他们不断的挑战、贡献、倡导和实践中，我们对于整合营销传播原则的知识掌握和理解日趋成熟。我们需要感谢的同事和伙伴不仅对我们的这本书有所帮助，而且对我们有关这一概念的所有写作、研究和思考都有帮助。

首先，我们要感谢西北大学整合营销传播系的同事们。特别需要感谢的是我们硕士研究生课程的学生们，包括毕了业的和正在读的。从1990年成立该系以来，在册学生已经超过了一千人。他们所提出的问题和所进行的课堂讨论大大促进了我们自己的学习。同时，他们还发展出了他们自己对整合营销传播的理解。在此，我们感谢好学的学生和敬业的同事。

我们还要特别感谢一个特殊的同事，本领域第一本书《整合营销传播》的作者之一——已经去世的斯坦利·坦纳鲍姆(Stanley Tannenbaum)。斯坦利对我们的思想的影响远远超过其他人。我们还要感谢在整合营销传播概念系成立初期担任副系主任、同时也是大家的精神领袖的迪克·克里斯坦(Dick Christian)。我们的同事泰德·斯皮格尔(Ted Spiegel)和马丁·布洛克(Martin Block)帮助我们完善了这些概念。克拉克·塞伍德(Clarke Caywood)和保罗·王(Paul Wang)帮助我们进行了最初的研究和思考。后来，弗兰克·穆尔赫恩(Frank Mulhern)、汤姆·考林格(Tom Collinger)、派特·维纶(Pat Whalen)

和艾德·马尔特豪斯(Ed Malthouse)帮助将整合营销传播概念传授给我们的学生。而尽管鲍勃·劳特博恩并不是我们迪尔新闻学院的整合营销传播教授，他来自北卡罗莱纳大学，但是作为本书第1版的作者之一，他成功地将整合营销传播理念的大旗插遍了全世界。

我们还要特别感谢汤姆·邓肯(Tom Duncan)和桑迪·莫瑞阿尔提(Sandy Moriarty)(博尔德的科罗拉多大学)，他们很早就开始相信和倡导整合营销传播的方法。克里斯蒂安·格隆鲁斯(Christian Gronroos) (芬兰赫尔斯基的汉肯经济学院)、阿德里安·潘恩(Adrian Payne) (英国克兰菲尔德大学管理研究院)、彼得·瑞德(Peter Reed)(莫纳什大学)和查克·帕蒂(Chuck Patti) (昆士兰技术大学)也丰富了我们关于整合营销传播的知识，并有助于这一概念的发展。

也许，最大的学术支持来自菲利普·基奇恩(Philip Kitchen) (英国霍尔大学)教授，我们在有关整合营销传播的很多方面进行共同研究，一起发表了很多文章，一起撰写了两本有关如何运用整合营销传播方法的专著。

除此之外，我们还要感谢菲利普·科特勒(西北大学凯洛格管理学院)，他在其专著和演讲中以及课堂上都力挺整合营销传播这一概念。考虑到他在营销界的地位，我想我们再也找不到比他更好更有力的倡导者了。

从全世界各地的商业领袖那里，我们同样也受益匪浅。他们中有很多人对整合营销传播的发展做出了重要的贡献，或者对很多概念进行了完善，我们都加以采纳，并体现在我们的研究中。他们包括位于达拉斯的Targetbase Marketing公司的杰克·沃尔夫(Jack Wolf)、杰夫·沃尔特斯(Jeff Walters)、达纳·海曼(Dana Hayman)和斯科特·贝利(Scott Bailey)；位于伦敦的Dunnhumby公司的克利弗·亨佰(Clive Humby)及其同事；位于伦敦的Brand Finance公司的戴维·黑格(David Haigh)及其团队；位于澳大利亚墨尔本的Simon Richards集团的彼特·西蒙(Peter Simon)和约翰·皮尔斯(John Pearce)；位于芬兰赫尔辛基的CRM集团的Kaj Storbacka；凯悦国际集团的约翰·沃利斯(John Wallis)；以及位于美国休斯敦的美国生产力和质量中心十分敬业、十分有才华的工作人员。

　　最后，我们要感谢所有对本书手稿处理做出贡献的人们。爱普瑞尔·勒夫(April Love)(整合营销传播2000级学生)进行了最初的数据收集工作，对最后的文本做出了贡献。整合营销传播课程的一个特殊班级一章一章地仔细校验了本书的手稿，对书中所提炼的所有概念都进行了批评、评论、挑战和打磨。特瑞希·罗斯(Tracy Roth)(整合营销传播2002级学生)利用了她所拥有的研究技能，做出了贡献，帮助发展了本书中所列举的案例和图示。最后，我们还要感谢位于伊利诺伊州埃文斯顿的Agora公司的凯特·芒特(Kate Monte)一遍又一遍地对文本进行加工，努力确保每一章都是精益求精。最后，我们要感谢我们的编辑安·努德森，她极富耐心，勤勉有加，使得本书的手稿做到了脉络清晰、重点明确。在帮助我们塑造和打磨你所看到的最后成书的过程中，她的价值和贡献是巨大分。

　　离开了这一全球团队的支持、建议、挑战、批评和鼓励，接下来你将开始阅读的这本书是不可能完成的。这是大家集体努力的结果。在此，我们向所有人致以最诚挚的谢意和祝福。

# 目　录

## 第一部分　何为基于价值的整合营销传播

## 第六部分  第五步：事后分析和未来规划

# 第一部分

## 何为基于价值的整合营销传播

# 第 1 章

# 整合营销传播：
# 从传播战术到盈利战略

整合营销传播(IMC)是公司通过将传播目标和企业目标进行协同从而加速投资回报的一个业务流程，这一流程起源于二十世纪八十年代经济繁荣时期，但是在那个年代，并没有多少公司对将任何业务职能进行整合这一概念感兴趣。那时的公司通常很清晰地分为不同的部门，相互之间各自为政。每一个部门——不管是负责具体的产品或服务，还是负责特定的地理区域，还是负责物流或其他活动——都是作为一个独立的利润中心在运营。在公司内部，自上而下都在推行"命令加控制"式的体制，这样做能确保所有的独立部门根据自上而下给出的方向来运作。考虑将这些独立分散的功能整合在一起的公司十分罕见，认为有必要将营销或者营销传播功能进行整合的公司更是凤毛麟角。那么，问题究竟出在哪里呢？症结在于，当时的生意实在是太顺风顺水了！由于企业就算根据具体的职能和技能来设置组织架构也能够坐享史无前例的增长，所以绝大多数企业也就想当然地认为，这种繁荣局面与现有的组织架构密不可分。所有的外在迹象都表明，企业的架构是合理的——而且，对于很多公司来说，利润一如既往地持续增长，股东价值达到了前所未有的高度，而在企业各个层级的员工看来，遍地都是工作机会。既然如此，当一切都像钟摆一样摆动自如的时候，又何必要去对企业架构改弦更张呢？

　　为了回答这一问题，我们首先必须突破美国企业这一有限的视角来看问题。将不同的商业活动进行整合这一举动，最早在二战结束之后不久就开始了，不过其发生地点并不是在美国。相反，率先这样做的是日本和欧洲的企业。随着经济的快速全球化，管理者们为了提升竞争力，急需找到有效的方法来跨越各种界限和障碍。所谓界限，并不只是指地理和文化上的界限，也包括企业内部无所不在的界限。整合倡导者的声音，如同旷野呼告一样，逐渐地影响了美国企业——或者说至少是慢慢地引起了美国企业的注意。例如，爱德华·戴明和约瑟夫·朱兰等管理思想家曾经帮助日本企业发展出全面质量管理(TQM)系统，并不断加以完善，但是要在美国推行却不得不大声呼吁。[1]迈克尔·哈默和詹姆斯·钱皮倡导组织流程再造，而C.K.普拉哈拉德和加里·哈梅尔则倡导核心竞争力。[2]尽管众多跨职能、跨部门的团队在海外获得成功的案例层出不穷，但是绝大多数的美国企业仍然固守着过去行之有效的架构不变。而这一点，在营销领域体现得比任何其他领域都更明显。不管怎么说，"发明"营销的是美国而不是其他地方的管理者。而且，这一职能始终围绕着四个独立的营销概念——即通常所说的4P：产品(product)、价格(price)、渠道(place)和推广(promotion)，长期以来牢不可破、毫不动摇。

# 脱离4P的转向

　　4P这一概念最早是由杰罗姆·麦卡锡在二十世纪五十年代晚期提出并开始推广的，后来得到了菲利普·科特勒和其他营销学者的推崇，从而快速成为几乎所有营销教育和实践方面的理论基础。[3]这一理论指导着企业所开展的营销活动的方式。但是，需要提醒大家的是，在4P模型中并没有提及顾客，也没有提及利润——这一缺失鲜明地体现出了该模型眼睛向内、"各自为营"的导向。通过采纳4P方法，管理者游刃有余地管理着其所了解和所能掌控的各个方面——包括产品的选择、价格的设定、分销渠道的组织以及广告和促销活动的执行。这一理论认为，如果一个公司能够把 4P 中的每一个 P 都搞对，那么其生意就一定能够不断发展壮大。靠什么证明这种方法的有效性呢？当然靠不断增长的市场。那么，事实果真如此吗？

似乎还真是如此。过去四十多年以来，各大公司不断地向市场推出各种各样的产品和服务，似乎市场上的顾客或潜在顾客是"取之不尽用之不竭的"。这一点在美国表现最为明显，胜过任何一个其他国家。通过定价实现利润优化成了最紧要的目标。"桌上的钱，不拿白不拿！"这样的警句不断激励营销主以为获得能够带来更高回报或者热切希望使用到产品速度更快的新顾客是易如反掌的——既然如此，顾客保留和顾客维护就显得不那么重要了。而且，营销主牢牢掌控着分销——作为制造商驱动计划的"渠道首领"，营销主通常认为是他们在持续不断地打造其"增值链"，在未来很长一段时间内都将如此，他们主导着其产品到达顾客的方式和方法。而在过去很长一段时间内，这种眼睛向内的方法似乎确实是非常奏效的！

在二十世纪八十年代，由哈佛大学率先开发的大型商业数据库让企业能够监测自己所采取的行动以及相对于竞争对手的表现。[4]"市场份额"成了新的关注点，成了未来盈利的关键所在，其假定是，如果一家公司获得了支配性的——甚至是垄断的——市场份额，把竞争对手挤出去，把顾客选择牢牢控制住，那么盈利就会水到渠成地获得。确实，在很多情况下，结果的确如此。结果，各个公司把更多的时间用在了超越竞争对手上，争取比对手更擅长思考、擅长操纵和擅长推广，却不再试图更好地理解其现有顾客和潜在顾客。大众媒介、大流通渠道和大规模推广，一直到二十世纪九十年代都一直是商业管理的重要主题和主要任务。有些企业甚至到今天仍在继续采用这些手段。

但是，就算接触大众顾客，你也不得不相对集中和聚焦，而正是在这一点上，传统上与 4P 模型严丝合缝的各自为营的组织架构和系统也就不再能满足需要。为了在大众市场上抢夺最大的份额，就必须实现规模经济效应，而这也就意味着在产品和促销这两个方面集中力量，避免分散。如此一来，只是在花费、推广或分销方面超越竞争对手就不再充分奏效了。为了在大众市场上站稳脚跟，在供应链的每一个阶段，费用的效率——而不只是费用的增加——都是至关重要的，而这意味着企业需要对各个业务职能进行整合，而不是分离。最先意识到这一趋势的零售商有沃尔玛、家得宝、玩具反斗城和百思买。这些"品类杀手"意识到，通过合并各种活动，它们能够击退规模小一些的竞争对手，把消费者的花费更多地掌控在自己手里。而且，它们自身的庞大规模有助于它们影响甚至主宰上游的供应商——生产制造商。这一情势急转直下，对立的双方很快地互换了位置。当时在企业心目中似乎只是作为其分销渠道里的合作伙伴而存在的零售商突然之间变成了企业的对手。由于生产制造商不再能够掌控分销渠道了(place)，4P模型的其他部分，即产品、价格和促销，也开始逐渐不受企业掌控了。

# 营销花费的平行转移

就在4P模型的缺陷开始展现之际，其他类似的因素也在同时驱动营销传播领域的变化，特别是在广告和促销方面。新产品层出不穷，新渠道不断增加，以及价格竞争日益加剧，这一切都在要求营销传播采用新的形式、尝试新的类型。二十世纪八十年代早期出现的促销组合的概念——其中包括销售队伍、媒体广告和某种形式的公共关系——如今被新的传播策略替代，这一策略方兴未艾。随着企业在日益饱和的市场上努力寻找能够影响现有顾客和潜在顾客行为的有效方法，促销、直复营销和公共关系活动等新兴手段得到了蓬勃发展。

为了抵御这些新兴手段，包括公司广告总监及其广告代理公司在内的老派营销主竭尽全力维持现状。包括折扣、竞赛和其他能够在短时间内快速提升销量的刺激手段在内的新促销技术都被嘲讽为"线下"活动，并被认为会偏离产品或服务的价值认知。传统意义上的广告被称为"线上"活动，因为广告属于旨在长期打造品牌形象的增值活动。但是，这些新形式的促销却逐渐向世人证明了其本身的价值，尤其难能可贵的是，它们能够为最根本的经营问题提供可衡量的、增量型的、快速响应的解决方案。这样一来，企业将越来越多的营销预算转给这些新的促销手段，支持其发展。图1.1所展示的就是自1980年到2000年这20年间，营销花费从广告向促销转移的情况，这一趋势的不断发展造成了二十世纪九十年代末期促销费用的激增。[5]

　　世界的变化是如此之快，而许多陈旧的营销规则和方法，虽然面对挑战，但却阴魂不散。虽然变化是无可避免的，但是，因为过往曾经取得的成功，许多企业在变化面前总是畏葸不前。在二十世纪八十年代中后期，在包括营销手段和媒介选择在内的市场情况发生急剧变化的情境下，整合营销传播应运而生。

# 对整合营销传播的需求

　　一开始，整合营销传播显然并不是营销主或者广告主所期望的一个商业模式。当时绝大多数企业对于现有的根据职能设置组织架构的方法还是相当满意的。对整合营销传播的兴趣最初并不是来自于客户的营销部门，相反的恰恰是来自于服务于客户的广告公司。这些广告公司之所以需要进行整合营销传播，其动机很简单：贪婪。

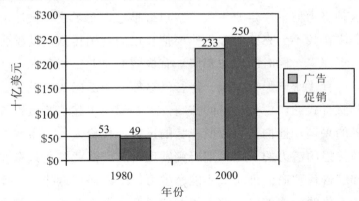

图1.1　营销花费从广告转向促销

资料来源：From Robert J. Coen, Universal McCann, *Insider's Report*. Used with permission from Universal McCann.

　　从历史上看，企业营销部门的促销费用，尤其是消费品公司的促销费用，大部分都投向传统的广告媒介，即报纸、杂志、户外、电台和电视，其中电视所占的比例越来越大。广告公司的收入主要来自于媒介购买费用的提成。当广告公司意识到其客户的推广费用转向"线下"活动时，它们立刻采取措施来保护其收入来源。它们或者尽力说服客户继续在媒介广告上进行投入，或者由自己为广告主提供促销、直复营销和其他新兴推广服务，从而继续包揽营销主的营销投入，后一种方法似乎更有效一些。广告公司的想法是，不管是采取哪种方法，都要确保广告主的投入最终仍然流入广告公司。

广告公司一开始所采取的行动就是为客户提供"一站式服务"，从而满足后者所有的推广需要。广告公司快速行动起来，要么在内部培养促销、直复营销和公关活动等方面的新型人才，要么就干脆收购已经拥有这些能力的公司。同时，广告公司又极力游说自己的客户说，既然你的广告公司也能够提供全方位的服务，那么你又何必浪费时间，到处寻找别的公司为你进行线下投入呢？扬雅公司提出了"一整只鸡蛋"的方法，奥美公司提出了"交响乐"模式，这都是试图给新的貌似整合的代理模式贴上有创意——也有竞争力——的标签。

整合营销传播颤颤巍巍地迈出了第一步。由于其背后的动机是广告公司为了确保其盈利，而不是为客户提供协调一致、有所改进的传播计划，这种努力似乎注定要失败。客户最早意识到了这种做法的缺陷所在。它们实在找不到充分的理由非要把自己的营销传播活动整合到某一个广告公司那里，同时断绝与那些卓有成效的专业公司和人士之间的长期关系。尽管"统一形象、统一声音"这样的想法确实引发了公司管理层和外部整合式的广告代理商的共鸣，但是却引不起那些负责具体职能的管理者的兴趣，他们认为改变现状的风险和代价太大。事实上，关于整合营销传播的潜力的一项早期研究发现，这一商业模式只有在客户而不是外部广告代理商的推动下才能产生可信度。而这意味着，要么赢得那些冥顽不化的职能部门管理者的支持，要么彻底改变几十年来固定下来的组织结构。[6]

# 整合营销传播的驱动力

上述改变确实发生了，尽管没有以大部分职能部门经理所期望的方式发生。二十世纪八十年代中期，三个方面的变化将整合营销传播推上了营销的前台：

- 技术：横跨商业经营所有领域的电子技术的发展和传播。
- 品牌建设：品牌和品牌建设成为企业主要的有竞争力的差异化手段，越来越受到关注和重视。
- 全球化：随着营销主不断地对外扩张，超越了传统的地理区域的界限，跨国化和全球化趋势越来越明显。

今天，整合营销传播的支持力量中又增添了一个更关键的因素，那就是对基于价值的商业模式的需求，这种模式旨在创造现金流和股东价值。如今，企业对六西格玛、平衡记分卡和其他类似形式的可问责性的需求比以往任何时候都更强烈。可问责性这一概念和营销传播活动的财务回报的可衡量性，对于本书所展示的战略层面的、基于价值的整合营销传播法而言，是至关重要的。

## 技术

以顾客为中心——对希望服务的顾客的需求首先要做到真正理解，然后做出响应——这一点，一直是营销概念的核心所在，也是大多数营销企业的一个关键目标。但是，直到二十世纪九十年代，计算机技术的发展才使得在大众市场运营的企业有了接近顾客的可能性。以数据收集、存储和操控为形式的信息技术快速发展，不断传播，使得各个企业第一次能够精确地判断究竟是哪些类型的顾客构成了其产品的大众市场。各个企业也同样可以深入地了解驱动顾客做出购买决策的主要因素究竟是什么。由此，尽管公司过去的运作一直围绕着其产品或服务，但是，如今它们终于找到了机会，开始聚焦顾客及其愿望和需求。

二十世纪九十年代，直复营销快速兴起，这是信息技术在营销方面最显著的早期应用。事实上，直复营销注重识别顾客、联系顾客、衡量顾客一段时间以来所带来的回报，这种营销方法是整合营销传播发展的重要驱动力之一。时至今日，进行互联网营销的企业也是以同样的方法利用由技术驱动的各种工具。更广泛地看，各类营销企业，包括零售商、银行、保险公司和汽车经销商都在使用同样的工具和技术。

## 品牌建设

从二十世纪五十年代开始，市场的发展就是由不断地推向新的消费者和顾客群体的无数新产品、新技术和新创新所支撑的。"创新加增长"是横贯二十世纪整个六十年代、七十年代和八十年代甚至一直到九十年代的主题。从电视机到微波炉到电脑再到索尼随身听，各个公司把一个又一个创新产品推向市场。总体来说，每一个新产品都让该产品的原创公司获得了一个独特的细分市场，并从中赚了个盆满钵满。

但是，从二十世纪八十年代中期开始，创新逐渐变成了所有公司的竞争手段，而不再为市场领导者所独占。亚太地区和拉丁美洲的新兴经济体不再把资源投入到真正的创新上，而是更多地投入到对现有产品和技术的模仿和改进上。能够快速复制创新的能力变得和创新能力一样重要。市场上涌现出一批新一代的竞争对手。他们的一贯手法很简单：发现一种创新产品，对其加以改进，在劳动力成本较低的新兴国家生产制造，制定一个低于市场的价格，尽力抢夺市场份额，然后迅速转向下一个可以复制的创新产品。

这些无差异或者模仿（"山寨"）品牌出现在每一个产品类别，包括技术驱动型产品、店家和渠道自有品牌。以药品行业为例，非专利产品大约占了整个药品市场的十分之一。有品牌的药品，其未来的年增长率据预测只有为6%，而非专利药品的年增长率却高达两位数。[7]

你只需去一趟杂货店就可以看到，店家自有品牌增长的速度有多快。根据店家自有品牌制造商协会（Private Label Manufacturers Association）最近一次发布的报告，五分之二的家庭会在超市里定期购买，甚至可能是频繁购买店家自有品牌。其他一些研究也表明，自有品牌销售的增速甚至超过了超市、药店和大众零售商的总销售的增速。事实上，从1998年到2002年，自有品牌的销售从415亿美元上升到了515亿美元，增长了24.3%，这不能不说是令人惊奇的。[8]

很显然，山寨产品仍然有着很大的市场空间，飞速发展的技术和低廉的成本进一步推动了其成功。但是，随着由价格驱动的、存在多个竞争对手的市场混战不断，一种新兴形式的竞争形态也在悄然形成，那就是品牌竞争。没错，品牌已经存在了好几个世纪了，但是过去，品牌主要被视为用来识别不同产品或者服务的标志而已，并非什么具有强大威力的营销和管理工具。这一情形很快就发生了变化。

率先意识到品牌所蕴含的巨大财务价值的并不是各类营销企业。在二十世纪八十年代中期，是投资公司最先发现，由于品牌拥有由一批忠诚顾客打下的基础，因此，即便进行相对较少的投资，品牌也能够产生收入，并一直延续到将来。这一点使得一个成功品牌的未来价值远比其当下的收入更加重要。而且，品牌所创造的未来收入，其价值通常远远超过企业制造这些品牌的产品或者服务所需要的有形资产。最终的结果是，许多营销活动的重心开始转变，由传播企业做什么生产什么转移到打造品牌上，因为品牌具有提升公司未来价值的力量。在资本市场上，企业资产的争夺者大肆争夺的是无形资产而非有形资产，其目的是为了操纵品牌的未来收入。在这一转型阶段，美国的雷诺兹-纳贝斯克(RJR-Nabisco)、Rank-Hovis和Rowntree是比较早的案例。[9]

# 全球化

推动整合营销传播兴起的第三个因素是市场日益增长的全球化趋势。尽管诸如雀巢、联合利华和可口可乐之类公司，其营销区域早在多年前就已经突破了本国边界，但是这些公司只能算是整个商业世界的特例，而非常规。在新兴贸易组织，例如欧盟、东盟(ASEAN-Association of Southeast Asian Nations)、南方共同市场(MERCOSUR-Southern Common Marketplace)和东欧各国重组的驱动下，品牌大举穿越众多国境线，向外扩展。除此之外，公司也开始通过并购在世界各国攻城略地。随着电子传播系统的发展，公司能够在全世界范围内做到一天24小时、一周七天地进行实时运营。因此，传统的各种界限不复存在，不断地寻求新市场和新机会的跨国公司如雨后春笋般地诞生，到二十一世纪初期已经形成了一个面貌一新的全球市场。

全球化趋势的迅猛发展使得各个企业都产生了改变其传播策略的需要。企业一方面需要确保对单个市场和文化的独特需求做出及时响应，一方面也需要建立一个统一、协调、整合的品牌战略，这一点显得至关重要。

技术、品牌建设和全球化这三大驱动力到了二十世纪九十年代开始汇合在一起，推动企业走上整合的道路，将包括营销传播在内的多方面的业务策略进行整合。一时间，许多企业都开始围绕品牌这个重心将营销活动加以协调和协同，这种整合不只是一种被动接受，而是势在必行。

这段时期，顽固对抗整合策略、拒不合作的反倒是那些大型广告公司及其背后的控股集团。具有讽刺意味的是，那些曾经宣扬整合营销传播的公司如今调转方向，拒绝主动接受这样的转变。个中原因为何？控制权。事实已经证明，广告公司无法说服广告主，说自己能够提供涵盖广告、直复营销和公关策略的一站式服务，其中原因很简单，那样做意味着客户要彻底地将对品牌的控制权交到广告公司手上。而一旦企业决定由内部的团队将营销传播整合在一起，对于曾经倡导整合营销传播的广告公司来说，这种做法突然变成了一个威胁。

# 新的挑战

到二十世纪九十年代末期，整合营销传播逐步发展成为一种为大家所接受的营销手段。越来越多的企业进行了变革，建立了顺应全新商业环境需要的更为灵活、更加动态的结构，只有那些最顽固的拒绝变化的企业还在竭力为各自为营的旧架构辩护。跨职能、跨部门的全球团队替代了部门式的结构，为企业开展以整合营销传播为代表的新型营销传播铺平了道路。

还有另外一个因素也进一步推动了整合营销传播走向前台，那就是互联网技术和电子商务的蓬勃发展。电子传播技术的快速兴起使得买卖双方之间的实时交流变成可能，而这一切突然促进了企业对整合的迫切需求。整合营销传播在一开始仅仅是对向外传播进行协调和协同的一个手段，如今突然成了整合公司与顾客之间的所有互动的一个手段，这包括从内向外和由外向内两方面的互动。尽管试图建立更有意义的持续不断的顾客交流这一目标仍然保持不变，但是，整合营销传播还是发生了转变——从原先聚焦于单向的向外传播转变成在企业及其顾客之间建立一个互动的双向沟通渠道。

整合营销传播因此有了一个新的范围，这个范围更加广泛，脱离了原先只局限于传播的方法，逐步发展成为涉及企业方方面面的业务战略。和其他商业模式——包括被高度推崇的客户关系管理(CRM)模式——不同的是，整合营销传播的独特性在于，它整合企业各方面活动时所围绕的是一个单一的要素，那就是顾客的愿望和需求。满足了这些愿望和需求，才能推动企业实现为股东创造价值这一核心的业务目标。而这也正是本书的宗旨：帮助从业者不再只是把整合营销传播视为协调传播活动的一个手段，而是把它视为一个核心的业务战略，这一战略策略建立在可衡量的传播投入与产出的基础上。

# 总结与预览

二十世纪九十年代初，当唐·舒尔茨、斯坦利·坦纳鲍姆和鲍勃·劳特博恩合写出后来成为整合营销传播课程教材的《整合营销传播：因整合而有效》一书时，这几个作者有一个非常简单而又清晰的目标。我们希望能够帮助企业将所有分散进行的对外传播战术和活动整合起来，使之成为一个统一的整体，既有益于现有顾客，又有益于潜在顾客。我们深信，给顾客带来利益必将给企业带来根本利益。但是，当时的重点很明确，那就是聚焦于卖方希望传播些什么，或者卖方希望如何说服买方怎么做、怎么想、怎么感受。这样的方法是以大众市场为出发点的，传播更多是围绕着企业而非顾客认为重要的方面。就今日的标准而言，我们当时对新兴技术的应用是非常粗放、非常原始的。不过，尽管有着这么多局限性，整合营销传播最终还是生存下来了，并且——至少是在概念上——得到了检验，成为其他几种商业模式的先驱，这些商业模式包括佩帕斯和罗杰斯推出的"一对一"营销和大规模定制方法，也包括最新出现的对数据挖掘技术的大力推广，推广这种技术的公司有Axiom、Harte-Hanks和EDS，还有Siebel、SAP和Epiphany等公司倡导的客户关系管理(CRM)模式。无论如何，整合营销传播已经被视为基础性的商业工具了，实际运用该工具的公司非常多，这里我们只列举少数几个——陶氏化学公司(Dow Chemical)、GIGNA保险公司、卡夫食品、联邦快递(Fed Ex)、IBM、戴尔和凯悦国际等。

那么，这一切对于当今的商业环境而言又意味着什么呢？整合营销传播的未来价值又在哪里呢？掌握了对外营销传播活动的协调和协同技巧就等于掌握了其全部真谛了吗？你可能已经猜到了问题的答案，那就是这还远远不够。从当初按照职能各自为营的时代开始，整合营销传播走过了一段漫长的道路，但是未来仍然还有很长的路要走。合理的下一步行动是，企业要充分利用整合营销传播来把握全球化和快速发展的科技所带来的各种挑战和机会。当市场变得越来越饱和，越来越令人困惑，完全整合的营销传播系统的价值只会提高，不会降低。在很多情况下，这样的系统决定着企业的成败和兴衰。因为，如果一个企业不能很好地进行传播，不能充分地利用传播来影响顾客，建立与顾客的紧密关联，不能将自己的品牌和品牌与顾客之间的关系转变成为可持续发展的竞争优势，不能找到有效的方法利用传播来建立起长期的品牌忠诚，那么这样的企业显然是不可能生存下去的。

在接下来的几章里，我们将向大家展示整合营销传播如何在当今各个企业的未来发展中发挥至关重要的战略性作用。下一章，我们会深入了解整合营销传播的发展历史，尤其会关注那些其结果已经被证明和对标了的最佳实践。后面的几章将会利用这一核心理解和体验来深入探讨企业在未来如何更好地利用整合营销传播策略。如果要使整合能够有效地运作，企业需要进行诸多变革，这些变革涉及组织架构、工作重点、职场行为和激励措施。同时，还要求企业采用新的财务方法来对待营销传播，那就是，确定需要投入多少，以及如何来衡量最终结果。随着你对本书的阅读，你需要记住的是，整合营销传播绝对不是一个一成不变的静态的商业模式；整合营销传播是一个动态的流程，在一个急剧变化的商业环境里，这一流程在提升企业竞争力方面将会起到至关重要的作用。

# 参考书目

1. W. Edwards Deming, *Out of Crisis* (Boston: MIT Center for Advanced Engineering Study Press, 1982); Joseph M. Juran, *Juran on Quality by Design* (New York: The Free Press, 1992).

2. Michael Hammer and James Champy, *Reengineering the Corporation* (New York: Harper Business Press, 1993); Gary Hamel and C. K. Prahalad, *Competing for the Future* (Boston: Harvard Business School Press, 1994).

3. Deming, *Out of Crisis*; Juran, *Quality by Design*.

4. Robert D. Buzzell and Bradley T. Gale, *The PIMS Principles: Linking Strategy to Performance* (New York: Free Press, 1987).

5. Robert J. Coen, *Insider's Report: Robert Coen Presentation on Advertising Expenditures* (New York: Universal McCann, Erickson Worldwide, December 1999).

6. Clark Caywood, Don Schultz, and Paul Wang, *Integrated Marketing Communications: A Survey of National Consumer Goods Advertisers* (Chicago: Northwestern University Report, June 1991).

7. Report from Lynn Gray, "The U.S. Generic Prescription Drug Industry," Business Communications Company Inc., August 2002,

buscom.com/biotech/C058U.html.

8. Report from Private Label Manufacturers Association, "Store Brands on Course for Another Record Year: First and Second Quarter Market Shares Are Historic Highs for U.S. Supermarkets," New York, January 2003, plma.com.

9. "The Year of the Brand," The *Economist* III, no. 12 (24 December 1988): 95; Roger Baird, "Assets Tests," *Marketing Week* 21, no. 40 (1 October 1998): 28–31; David A. Aaker, *Building Strong Brands* 111, no. 12 (New York: Free Press, 1995).

# 第 2 章

# 整合营销传播发展概况

━━ 十世纪八十年代，当富于创新精神的广告代理商及其客户开
━━ 始进行整合营销传播实践的时候，其信心和勇气确实可嘉。
当时，根本没有证据表明这一模式能够奏效。直到九十年代早期，关于
整合营销传播及其最佳执行方法的研究才开始进行。[1]从那以后，整合
营销传播才成为一个热门话题，大量的研究和著述雨后春笋般地涌现，
学术界和营销从业者都参与其中。[2]结果就是，如今，我们对整合营销
传播有了全面、深入的了解，而且更令人欣喜的是，这些现存的研究发
挥了路线图的作用，帮助我们更好地认识和理解这一商业模式当中原先
未被充分认识和理解的诸多方面。

要知道我们将要前进的方向，首先必须了解我们当下已经走到了哪
里。本着这样的目标，本章将从三个角度来探寻整合营销传播的发展状
况。首先，我们会了解一项重大的对标式研究的结果，我们在这次研究
的基础上，发展出了一个整合传播的战略计划及其主要步骤，推荐给不
同类型的企业。其次，我们会分析针对广告和营销传播代理商所进行的
全球性研究的主要发现，来看一下当今的整合营销传播在全球五个英语
国家的实际发展情况。最后，我们会了解一下最近进行的一项研究，研
究的是企业如何采用技术手段、利用客户信息来发展客户关系，使这一
关系得以不断发展、大获收益。

# 整合营销传播的最佳实践标杆

1997年，美国生产力和质量中心(APQC)启动了一项研究，对整合营销传播的最佳实践进行系统化的对标研究。[3]APQC是一个以美国为本部的非营利性的会员式组织，致力于推行对众多商业流的对标研究。研究人员首先找出被公认为在推行整合营销传播方面已经发展出"最佳实践"的公司，这些公司在研究中被称为"合作伙伴公司"。通过采用覆盖范围极广的企业层面的数据，再加上深入的实地探访，该研究团队对每个公司所推行的确定范围内的活动都进行了详细的分析，将这些公司和该项研究中所涵盖的其他合作伙伴公司与同样支持该项研究的"赞助公司"进行对标和比照。参与该研究的合作伙伴公司包括Attorneys Title Insurance Fund、CIGNA Insurance、陶氏化学公司、联邦快递、富达国际投资(Fidelity Investments)、惠普、John Nuveen & Co.以及USAA。赞助公司则包括安达信(Arthur Andersen)、Baptist Sunday School Board、拜耳(Bayer AG)、安永(Ernst & Young)、GE资本、GTE Services、凯泽永久医疗集团(Kaiser Permanente)、Mutual of Omaha、Nationwide Insurance、英国保诚保险(Prudential Insurance)、Public Service Electric and Gas Company、得州仪器(Texas Instruments)、Texas Utilities 和The Mutual Group。需要注意的是，该研究基于非随机抽取的少数被访者。因此，其结果主要是对总体发现的定性评估，而非对定量数据的统计分析。

# 整合营销传播发展的四阶段

在APQC进行此项研究之时，整合营销传播尚属一个新兴的学科，因此，关于这一术语，当时尚无一个让大家普遍都能接受的定义。为了让所有的参与者能够有一个共同的参考标准，研究在初始阶段就设定了如下的定义，这一定义也贯穿了此次研究的全过程：

> 整合营销传播是一个战略性的业务流程，企业利用这一流

程在一定时间内针对消费者、已有客户、潜在客户以及其他有针对性的内外相关受众来规划、发展、执行和评估品牌的传播活动，使之协调一致、可以衡量，并且具有说服力。[4]

而且，当时整合营销传播的框架尚未确定，市场上关于其实际应用只有趣闻轶事式的零散证据，因此，研究团队需要一个出发点，以此来更好地评估每个合作伙伴公司究竟如何从不同的方面来推行整合营销传播。他们发展出了一个基础模型，可以用来研究一个公司的各种营销和传播活动。图示2.1所展示的就是这个模型，该模型假定，各个公司在整合营销传播的计划和执行过程中，差不多都要经历不同的阶段，这些传播很可能都要受其特定的组织需求和能力的影响。

总体而言，该模型认为，整合营销传播的发展大致可分为四个阶段，从高度实用性的战术导向发展到更多地由对顾客及其行为的理解所驱动的战略导向。随着一个企业不断获得整合营销传播的经验，其关注重心会变得更加体现战略性，覆盖范围也会更加广泛，涉及各种各样的活动。研究团队仔细观察该模型究竟如何在被其设为标杆的几个"最佳实践"公司内部得以推行，并取得成效的。在整合营销传播发展的早期阶段，绝大多数公司都只会更多地以"如何做"和"什么时候做"之类战术性问题来对待营销传播活动。而一旦引进了整合营销传播之后，这些公司就会进一步推进，着力解决下列问题：协调内外部的各项活动，利用顾客数据来确立活动优先顺序，以及最终在诸多战略性问题上应用整合营销传播原则，这些问题包括资源配置、组织协同以及财务整合和可问责性。

这一最佳实践研究收集到了大量以往不为人们所知的有关整合营销传播的信息。下文是对一些主要发现的总结，这些发现在当今乃至未来的商业环境之下仍然具有相关性。为了要清晰地表述，这一总结采用了和图2.1相同的结构，对企业内部整合营销传播发展的每个阶段都有重要的洞察。值得注意的是，在很多案例中，我们对合作伙伴公司的表现与赞助公司的表现加以区分，目的是可以清楚地展示不同的发展水平。

**第四阶段：财务和战略整合**

着重利用前几个阶段所积累的技能和数据，基于顾客信息来推动企业的战略规划。对企业财务信息方面的基础建设进行革新，形成能够提升顾客投资回报指标的"闭环式"计划能力。

**第三阶段：信息技术应用**

利用信息技术来应用实证性顾客数据，以此为基础来识别、评估和监测一定时期内针对关键顾客群体的对内对外整合传播活动的效果和影响力。将来自不同来源的顾客数据进行整合，从而获得关于顾客/品牌关系的更丰富、更完整的知识。

**第二阶段：重新定义营销传播的范围**

营销传播规划者把传播看作动态的持续进行的流程，致力于在每一个顾客接触点上都利用对顾客的洞察。营销传播活动的范围得以拓展，涵盖到针对员工的对内营销以及对供应商和其他合作伙伴的营销，将这些营销计划与已有的对外传播活动协同起来。

**第一阶段：战术性协调**

聚焦于对多种多样的对外营销和传播要素进行战术性协调，试图将不同部门的工作整合起来，形成一致和合力。通常着重整体传播政策的制定和具体实践的执行，在营销传播中体现"统一形象、统一声音"。

**图2.1　整合营销传播发展的四个阶段**

资料来源：From "Integrated Marketing Communication: Best Practices Report," American Productivity and Quality Center (Houston: APQC, 1998), Used with permission from American Productivity and Quality Center.

# 第一阶段：战术性传播工作的协调

对于大多数企业而言，这是推行整合营销传播的切入点。通常，推动企业采纳整合营销传播的最初动力是企业在各种形式的战术性对外传播活动之间实现更大的协调性、一致性和合力的愿望。在这一阶段，企业着重利用整合营销传播在其对外传播的工作中实现"统一形象、统一声音和统一话语"的效果。其所设定的具体目标为：(1)更有效地协调向市场所传递的各种信息；以及(2)充分发挥每一种传播手段或者技巧的优势和强项，从而使整体结果远远大于各个部分结果的简单相加，使传播信息实现最佳效果。

**主要发现一：**有效的整合要求企业内部、各个业务单位之间、企业与外部供应商之间的人际沟通和跨职能、跨部门沟通高度顺畅。光靠明文规定的政策和程序无法有效地驱动整合。

表2.1展示的是赞助公司和合作伙伴公司达成整合所使用的各种技巧。几乎所有参与该项研究的公司都会采用某种形式的政策文件、操作手册或者程序指南，试图在传播中做到一致和整合。尽管单靠类似的工具并不能确保获得令人满意的成功整合的效果，但是众多最佳实践的合作伙伴公司仍然认为拥有这些工具是最起码的标准。不同的是，最佳实践的合作伙伴公司在推进整合营销传播过程中会更着重采用会议和其他形式的直接的人际沟通和交流。他们更有可能召开富有成效的会议，与企业内部的其他部门，包括研究、销售和客户服务等进行有效的交流。还有一个组织特征，那就是，这些最佳实践的合作伙伴公司对于其代理商和其他营销服务供应商参与这些跨部门的计划会议有着同等程度的期待。

**主要发现二：**是企业自己在掌控整个整合进程，而不单纯仰仗广告代理商或者其他供应商进行整合。

表2.1　促进整合的实践

| | 合作伙伴公司<br>(n=8) | 赞助公司<br>(n=15) |
| --- | --- | --- |
| 内部手册明确规定确立所有传播活动在调性、形象和个性方面的政策、实践和程序 | 88% | 80% |
| 对所有传播活动的最终掌控和批准是由被访者所属的部门集中负责的 | 63% | 53% |
| 召开定期的跨职能、跨部门员工会议来协调营销传播中各个不同专业领域的工作 | 100% | 73% |
| 召开定期的部门与部门之间的会议来协调包括销售、研究、客户服务和生产在内的其他部门的工作 | 75% | 40% |
| 书面沟通和交流 | 88% | 93% |
| 外部供应商参与跨职能、跨部门的计划会议 | 88% | 40% |

资料来源: From "Integrated Marketing Communication: Best Practices Report," American Productivity and Quality Center (Houston: APQC, 1998). Used with permission from American Productivity and Quality Center.

　　无论是最佳实践合作伙伴公司还是赞助公司都强烈地意识到，负责将其营销传播活动整合在一起的应该是自己的营销部门，他们要担负起这一任务。只有25%的合作伙伴公司认为，是他们的广告代理商在负责各种营销传播活动的整合和协调。绝大多数的公司都将整合流程视为公司内部的营销传播部门的一个职能来掌控，由该部门协调指挥不同类型的广告代理商、公关公司、直复营销服务供应商、媒体专业人士等供应商的工作。需要指出的是，其他研究也支持这一主要发现(本章随后会讨论到)。

# 第二阶段：对营销传播工作范围的重新界定

　　在这一发展阶段，聚焦于整合营销传播的企业会将其重心由原先简单的战术性协作转移到更为全面深入的传播活动，这种转变通过以下三种方法得以实现：

- 企业不再只是关注营销传播部门所负责的营销传播工作，

他们开始致力于覆盖一个顾客和企业互动过程中需要信息和产生信息的所有接触点。

- 企业试图更加广泛、更加深入地理解其已有顾客和潜在顾客，不仅理解其如何感知，而且理解其所为与所以为。
- 企业协调一致，努力在各个顾客接触点上识别、理解和创造跨职能的传播机会。

**主要发现三**：企业通过一手和二手市场研究以及真实的顾客行为数据来获取各种顾客信息，并将这些信息充分应用到传播活动的计划、执行和评估过程中。

无论是合作伙伴公司还是赞助公司都获得了许多关于已有顾客和潜在顾客的数据，并对这些数据加以应用。几乎所有公司都承认，他们通过市场研究来收集和使用数据，这些数据包括顾客满意度数据、一手的态度方面的数据和认知研究结果、地域和人口统计方面的数据以及传播活动前后进行的研究所得到的数据。除此之外，合作伙伴公司更有可能承认，他们会大量使用运营过程中收集的数据，比如交易数据、客户服务报告、销售线索数据等。

在整合流程中，也许同样重要的是要理解企业在制定传播活动计划时究竟如何评估各种不同数据的有用程度。正如图2.2所展示的那样，最佳实践合作伙伴公司和赞助公司在如何对待所拥有的数据方面还是有差异的。

**主要发现四**：最佳实践公司建立了多种反馈渠道来收集与顾客相关的信息；然后在整个公司范围内共享和使用顾客反馈信息。

针对信息反馈渠道的研究表明，最佳实践合作伙伴公司和赞助公司之间存在明显的差异，尤其是在内部的信息传播范围和共享对象方面。最佳实践合作伙伴公司能够更好地利用顾客反馈信息，并且推动在同一部门以及其他部门之间更多地共享这些数据。值得一提的是，最佳实践公司更有可能认同下面的说法：

- 市场研究的数据会广泛地传播开来，从而使员工们更好地理解顾客的行为和态度。
- 我们经常从销售部门和客户服务部门获得有关顾客的关注点、需求和愿望的反馈信息，并根据这些信息来生成更有相关性和针对性的传播内容。
- 我们利用免费电话、折价券、互联网以及其他互动式媒介来鼓励顾客给予我们更多反馈。

**主要发现五**：如何将内部的实践和流程与对外传播活动协同起来是整合过程中最艰巨的挑战之一。

在整合营销传播的第二阶段，企业的营销传播视野会有所扩展，不只包括向顾客传递的讯息。企业会意识到与已有顾客和潜在顾客建立持续的对话机制的必要性。但是，这一需求同样也使企业意识到营销传播部门以外的员工在维持与顾客之间的对话这一过程中所发挥的重要作用。因此，企业有必要通过内部的实践和政策来支持这些员工，将通过对外传播向顾客传递的承诺协同起来。

但是，在促成有效的内部协同以及让员工真正理解企业的营销使命这一问题上，即使是合作伙伴公司中表现最佳的公司都面临巨大的挑战。APQC的研究揭示，众多参与研究的企业之间存在广泛的共识，那就是，内部协同对整合来说是一个重大的挑战。除此之外，在将营销传播延展到内部对象这一工作中获得成就的公司似乎是凤毛麟角。因此，在所有参与研究的公司中，只有大约四分之一对于"所有的员工——即使是那些不会经常和顾客打交道的员工——都理解我们的营销使命及其在满足顾客需求方面所起到的作用"这一表述表示认同。

只是在进行这次研究的时候，人们才开始意识到内部的营销推广问题以及将内部流程和实践与对外承诺进行协同确实是一个至关重要的问题。因此，回顾过去，我们发现，包括CIGNA Insurance、联邦快递和惠普在内的少数公司当时已经在着手解决这一问题了，他们在整合营销传播中显得日益重要的这一方面确实是走在了前列。

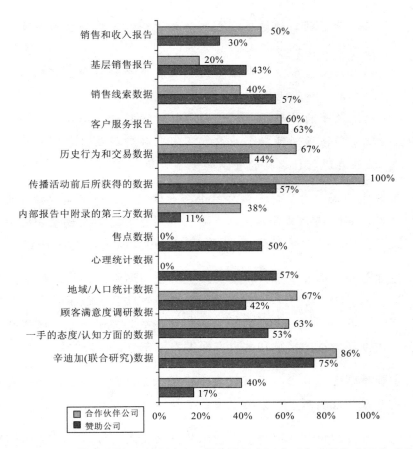

图2.2　在制定营销传播活动计划时，其有用程度评为"高于平均水平"或者
"特别有用"的数据来源

资料来源：From "Integrated Marketing Communication: Best Practices Report," American Productivity and Quality Center (Houston: APQC, 1998). Used with permission from American Productivity and Quality Center.

# 第三阶段：信息技术应用

　　到了整合营销传播的第三阶段，企业会利用自身的力量和信息技术的巨大潜能来提升在整合方面的绩效。对技术的利用通常是以下列三种方式进行的：

- 利用一套或者多套数据库来收集、存储和管理有关已有顾客和潜在顾客的信息，尤其是关于顾客可能给企业带来的经济价值方面的信息。

- 利用新兴技术改进企业如何以及在什么时候向已有顾客、潜在顾客和其他目标对象传递讯息。
- 利用电子的传播手段促进内部针对顾客以及与顾客相关的信息的传播，帮助企业内部不同业务部门及时了解整个企业正在进行什么样的营销和传播活动。

**主要发现六：**在最佳实践公司中，表现领先的公司通常拥有更多数据源，而且其营销传播人员，相对于赞助公司的营销传播人员，能接触到更多数据，以此为基础来制定营销传播计划。

正如前面所提及的那样，参与研究的公司通常都在收集和维持海量的顾客信息。很不幸的是，在很多情况下，这些数据似乎并不完全对营销传播群体开放。但是，整体而言，与那些赞助公司相比，这些最佳实践公司内部在数据的接触和共享方面做得更充分、更及时。

**主要发现七：**在营销目标设定和市场细分方面，最佳实践公司更有可能采纳基于财务的方法来进行。

第三阶段的整合营销传播就使用数据来获取对顾客在经济和行为方面的认识。研究表明，最佳实践公司更有可能采纳基于行为数据的统计技术，这些技术包括对顾客进行归档和评分、顾客维护率计算、十分位/五分位分析以及顾客终生价值评估，这一切的目的是让企业更好地理解企业与顾客之间的关系中所隐藏的经济学。有些公司，尤其是联邦快递、富达国际投资和陶氏化学公司，其分析技巧和能力已经发展得非常成熟了，并且在公司内部建立起了由分析师、统计师和研究人员所组成的基础性团队，为理解顾客经济学这一持续不断的业务流程提供有力支持。

但是，仅仅是积累了海量的有关已有顾客和潜在顾客的数据并不能确保整合的成功，而且也并不一定能够引领企业获得高质量的顾客洞察。表2.2所展示的是参与研究的公司在研究进行时对手头所拥有的顾客数据所进行的分析的不同程度。很显然，合作伙伴公司不仅掌握了更多的数据，而且通常还会投入更多的分析资源来充分地理解这些数据。即使如此，在研究进行之际，也只有极少数的公司能够系统化地分析出为了吸引一个新顾客或者维持一个老顾客，企业究竟需要付出多大代价。这一点表明，即使是对最佳实践公司中表现领先的企业而言，改进的空间仍然是巨大的。

表2.2　表示在营销传播计划中"某种程度地"或者"很大程度地"使用顾客数据的被访者

| 陈述 | 合作伙伴公司<br>(n=8) | 赞助公司<br>(n=15) |
| --- | --- | --- |
| 我们经常会使用顾客数据来帮助传递传播信息。 | 88% | 67% |
| 我们有正规的计划来识别和评估最佳的花费最高的顾客，并且优先发展与这些顾客的关系。 | 71% | 20% |
| 我们能够预估一个顾客可能给企业带来的长期盈利性。 | 50% | 33% |
| 我们知道争取一个新顾客或者维持一个老顾客所需要付出的代价，并且会在制定传播预算时使用这些数据。 | 29% | 13% |

资料来源: From "Integrated Marketing Communication: Best Practices Report," American Productivity and Quality Center (Houston: APQC, 1998). Used with permission from American Productivity and Quality Center.

## 第四阶段：财务和战略整合

只有当企业开始在运营中充分运用在第一阶段到第三阶段中所发展出的资产和技能之后，才会出现最高程度的整合。只有当管理者真正意识到并且着手处理整合中的根本问题，才能让企业的各个部门真正贯彻这样的认知。通常，需要关注的是对企业具有战略意义的问题，例如对营销传播活动的投入和回报。简单地说，在第四阶段，整合营销传播更多与高层管理者所面对的问题而不是营销传播部门所面对的问题相关。如此说来，很显然，营销传播经理们就必须采取更有战略性的眼光来看待自己的所作所为，考虑如何有效地来投资企业有限的资源。在第四阶段，会产生下面两个重要问题：

- 有必要更新用来评估传播活动有效性的各个系统和流程
- 有必要将整合营销传播工具和原则运用到企业总体战略目标中

根据我们的分析，那些实现了第四阶段的企业在该项研究进行时可以说走在了整合营销传播策略的前列，代表了最领先的实践。直至今日，同样这些公司很可能仍然超越对手，走在前列。但是，研究也同时揭示，对于践行先进的、基于价值的整合营销传播方法所涉及的战略性问题，很少有公司能够全部解决。从最后三个主要发现中，我们可以了解一些尚未解决的问题。

**主要发现八**：合作伙伴公司和赞助公司在关于营销传播部门所扮演的角色的认知方面具有很大的差异。和赞助公司相比，合作伙伴公司内部的营销传播部门需要更多地承担净利润方面的责任，而且在战略规划和新产品上市方面也扮演着更重要的角色。

研究同时发现，尽管在合作伙伴公司中，几乎三分之二的公司的营销传播部门需要为企业的净利润承担责任，但是在赞助公司中，这一比例却不到五分之一。有几家最佳实践合作伙伴公司意识到，它们对顾客数据的掌握程度以及衡量营销传播工作效果的相关能力都有所提升，同时也使得营销传播活动的可视度有所提升，从而也大大提升了参与战略规划的程度。例如，就富达投资公司而言，该公司的营销传播管理者认为，使用顾客数据和整合营销传播规划所带来的结果是，他们在新产品规划过程中的卷入程度更深了。

尽管如此，即使是对最佳实践公司而言，也只有极少数开始按照正规的系统化的方式来推行第四阶段的整合，至少在研究进行时是这样的。当研究参与者被问及一系列有关整合营销传播如何才能与企业的财务和战略方向挂钩的问题时，正如图2.3所展示的那样，包括合作伙伴公司和赞助公司在内的大多数公司很显然是以传统的眼光来看待其角色。因此，尽管有少数公司已经意识到了营销传播对于战略规划的重要意义，但是在实际运营中将营销传播的角色加以扩展、使之超越自身的公司则是少之又少。

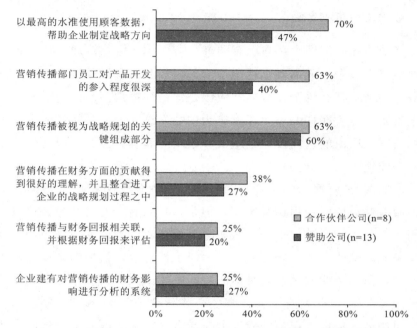

图2.3 对于整合营销传播与企业财务和战略规划实践有关联这一点的认同程度

资料来源：From "Integrated Marketing Communication: Best Practices Report," American Productivity and Quality Center (Houston: APQC, 1998). Used with permission from American Productivity and Quality Center.

**主要发现九**：绝大多数企业都会采用不同类型的工具来评估营销传播活动的有效性；但是，相对而言，在绩效评估流程中进行财务性衡量的公司相对要少得多。

究竟哪些工具或者技术在确定营销传播投入的回报时是最为有用的，人们并未达成共识，这一点是很正常的。研究参与者列举了十个衡量技术，从衡量顾客开发和维护有效性的顾客响应到顾客开发的成本以及长期的财务表现。这十个衡量手段中，只有四个(顾客响应度衡量、短期财务表现评估、传播前和传播后效果评估以及传播产出和效率评估)是为超过半数的研究参与者所广泛使用的。

　　**主要发现十**：尽管企业可能会宣称以顾客为中心，但是相对而言，很少有企业真正能够充分地把握以顾客为中心所带来的战略意义和组织影响。

　　营销传播归根到底是与已有顾客和潜在顾客进行沟通。如果说企业内部应该有一个领域需要推行所谓"关注顾客或者以顾客为中心"的营销概念的话，那么这个领域显然应该是营销传播部门。但是，本研究清晰地表明，尽管在1997年"以顾客为中心"这一理念从实用的观念来看已经获得了广泛的认同，但是绝大多数企业其实并没有采取有效措施，使之变成现实。

　　正如图2.3所展示的那样，最佳实践合作伙伴公司更有可能在为企业指明战略方向时使用顾客数据。但是，也只有13%的参与公司表示，他们还会使用顾客数据来指导诸如产品规划、分销、人力资源和会计等运营领域。除此之外，研究人员还询问了被访者，他们的企业在多大程度上"根据与企业顾客发展目标的协同度和一致性来制定企业的激励和晋升政策"。只有大约三分之一的合作伙伴公司和不到五分之一的赞助公司认为，他们"在某种程度上"或者"在很大程度上"认同上述表述，这一结果表明大多数企业，其内部所推行的政策与企业本身试图向顾客传递的信息之间是不一致的，根本未做到整合。许多企业已经意识到，这种内外之间缺乏整合的现象对于企业成功地推行整合营销传播工作来说是一个严重的障碍，当然，它们正在积极地采取措施，努力解决和改进这方面的问题。

## 下一步计划

　　很显然，1997年所进行的关于整合营销传播的发展进程的研究帮我们获得了大量有用的信息，只不过我们不可能在此一一展现。但是，这些主要发现帮助我们认识到很多问题，这些问题在我们接下来的章节中会得到更全面的探讨。在回顾这次研究所获得的结果时，我们需要了解，在该研究进行时，人们只是刚刚开始感知到电子传播技术日新月异的发展所带来的全面影响。还需要注意的是，该研究仅仅是针对美国的营销企业所进行的，具有一定的局限性。它并没有考虑到广告代理商内部发生的变化，而且也并没有涵盖海外市场的发展变化。本章接下来的部分主要从这两个角度来对整合营销传播的发展进行更深入的探讨，希望能够填补上述空白。

# 广告代理商所扮演的角色：
# 一个全球化的视角

绝大多数的营销企业认为，将所有营销传播活动整合到一起是其自身的责任，而不是外部供应商的任务，APQC的研究以及由美国广告公司协会(AAAA)和全国广告主协会(ANA)所进行的研究都给出了这一结论。但是，同样不可否认的是，广告代理商也可以做出重要贡献。要更好地理解广告代理商在整合营销传播中所扮演的角色，我们需要将注意力转到二十世纪九十年代末期以广告代理商为对象在全球范围内进行的一项研究。[5]

## 研究方法和参与对象

研究一开始，针对美国和英国的广告代理商进行了一系列探索性的研究；随后被访者对象扩展为包括来自澳大利亚、新西兰和印度的广告代理商。研究采纳的方法是调查问卷，发给五个国家中加入协会的广告代理商填写。问卷共由89个问题组成，涵盖了很多个话题，包括被访者个人和公司的人口统计特征、整合营销传播的驱动力、对整合营销传播执行的信念以及成功推行整合营销传播计划需要克服的障碍。[6]

该项研究涵盖了各种规模的广告代理商，既有营业额为2800万美元的新西兰代理商又有营业额约为1.62亿美元的美国代理商。但是，比总营业额更值得关注的是在客户交付给代理商的广告预算中整合营销传播计划所占的数量。其比例由高到低，分别为美国52%、英国42%、新西兰40%、澳大利亚22%，以及印度15%。

## 广告代理商之间的互动

如果是客户全权负责整个整合进程的话，那么就会出现一个显而易见的问题，那就是，为该客户服务的不同代理商如何才能紧密合作，共同发展和推行整合营销传播计划。被访者的回应表明，广告代理商们通常希望能够为客户提供涵盖更多方面的服务，而不只是广告而已。他们还希望客户能够将营销传播项目分配给几个服务供应商，而不是单一的供应商。而且，广告代理商们也预计，随着他们在未来为客户发展整合营销传播活动，那么他们需要与包括公关公司、直复营销公司和促销公司在内的不同类型的代理商发展出更为紧密的协作关系。

## 代理商对整合营销传播的认知

参与本次调研的广告代理商的管理者们通常认为，是客户公司在推动整合营销传播计划。而且，正如人们所预期的那样，代理商也同样认同客户公司内部的营销和广告管理部门被认为是主要的推动力这一看法。这一结果可能折射出了代理商与其客户之间的接触点。有趣的是，根据本次研究中所包括的客户公司的回应，其销售部门显然是整合营销传播的驱动力。这一点可能是因为企业开始推行销售团队自动化、渠道管理以及其他由技术驱动的客户管理项目。

尤其值得关注的是，这次针对代理商所进行的研究使得大家更清楚地了解了代理商的管理者对于究竟应该如何最好地推行整合营销传播的真实想法。正如表2.3所总结的那样，在参与这次研究的所有国家的广告代理商的管理者中，绝大多数都认为，整合营销传播的方法确实能够大大地提升整体传播活动的影响力和效果。而且，他们也认为，由于推行整合营销传播，在时间、精力和成本方面都会产生经济效益。当然，正如人们可能预期的那样，代理商对于整合营销传播的响应更多地体现在创意方面和传播方面，而不是业务方面。

表2.3　企业内部对于推行整合营销传播计划的认同和顾虑

| 简要表述 | 美国 | 英国 | 新西兰 | 澳大利亚 | 印度 |
|---|---|---|---|---|---|
| 增强了影响力 | 9.4 | 9.0 | 9.1 | 8.5 | 9.1 |
| 推行整合营销传播使得创造性的想法更加有效 | 9.4 | 9.0 | — | 8.9 | 9.5 |
| 大大提升了传播效率 | 9.3 | 9.3 | 9.3 | 9.0 | 9.1 |
| 品牌统一个性和统一声音的重要性得以提升 | 8.5 | 8.6 | — | — | 7.2 |
| 有助于消除在使用多个代理商时产生的误解 | 8.3 | 7.6 | 8.2 | 8.3 | 8.3 |
| 客户能够更好地掌控其传播预算 | 7.9 | 7.5 | 8.2 | 8.4 | 7.8 |
| 为客户提供更多的专业技能 | 7.5 | 7.3 | 9.1 | 7.6 | 7.4 |
| 推行整合营销传播可以减少会议数量 | 7.0 | 7.1 | 7.3 | 6.8 | 5.8 |
| 有助于客户合并不同的职责 | 6.9 | 7.0 | — | 6.6 | 6.9 |
| 代理商能够更为快速地提供解决方案 | 6.9 | 6.2 | 6.9 | 6.9 | 6.9 |
| 提供有效的衡量手段 | 6.9 | 6.6 | 6.1 | 7.1 | 7.2 |
| 降低营销传播活动的成本 | 6.8 | 6.9 | 6.8 | 6.3 | 7.6 |

注：所有的数字都是基于10点量表的平均数，其中1=强烈反对，10=强烈认同。

资料来源：From Philip J. Kitchen and Don E. Schultz, "A Multi-Country Comparison of the Drive for IMC," Journal of Advertising Research (January/February 1999). Used with permission from Journal of Advertising Research.rom Philip J. Kitchen and Don E. Schultz, "A Multi-Country Comparison of the Drive for IMC," Journal of Advertising Research (January/February 1999). Used with permission from Journal of Advertising Research.

表2.4　对整合营销传播活动所遭遇到障碍得的感知

| 简要表述 | 美国 | 英国 | 新西兰 | 澳大利亚 | 印度 |
|---|---|---|---|---|---|
| 通过单一的代理商来推行整合营销传播计划有助于将客户独立的业务部门整合起来 | 7.0 | 7.0 | — | 4.5 | 6.9 |
| 要求员工更像通才 | 6.3 | 6.4 | — | 5.5 | 6.4 |
| 整合型代理商在所有营销领域都缺乏人才 | 6.0 | 6.9 | 6.8 | 5.6 | 7.0 |
| 整合营销传播意味着员工必须发展新技能 | 5.7 | 6.7 | 6.9 | 5.5 | 6.7 |
| 整合营销传播赋予少数人太大的控制权 | 5.5 | 6.4 | 4.8 | 4.0 | 6.4 |
| 客户决定整合营销传播活动的"具体内容"和"具体做法" | 5.2 | 5.0 | 4.8 | 5.3 | 5.0 |
| 客户的员工缺乏推行整合营销传播计划的技能 | 5.2 | 6.3 | 6.1 | 5.5 | 6.3 |
| 客户面临着集中化管理的困难 | 4.8 | 5.2 | 4.9 | 3.2 | 5.2 |
| 客户的组织架构束缚了整合营销传播的推行 | 4.7 | 6.1 | 6.4 | 3.8 | 6.1 |
| 与客户的企业文化相悖 | 4.2 | 4.4 | 4.0 | 3.3 | 4.4 |
| 过于依赖单一的服务供应商 | 4.1 | 5.0 | 5.0 | 4.4 | 5.0 |
| 整合营销传播意味着需要招募更多的员工来管理这些项目 | 3.7 | 4.2 | 3.9 | 4.8 | 4.2 |
| 整合营销传播使得计划调整变得困难了 | 3.3 | 3.9 | 3.9 | 7.4 | 3.9 |
| 给了广告代理商太多的掌控权 | 3.2 | 3.5 | 3.3 | 3.3 | 3.5 |
| 拖入成本有所增加 | 2.9 | 3.8 | 3.9 | 5.6 | 3.8 |

注：所有的数字都是基于10点量表的平均数，其中1＝强烈反对，10＝强烈认同。
资料来源：From Philip J. Kitchen and Don E. Schultz, "A Multi-Country Comparison of the Drive for IMC," Journal of Advertising Research (January/February 1999). Used with permission from Journal of Advertising Research. Philip J. Kitchen and Don E. Schultz, "A Multi-Country Comparison of the Drive for IMC," Journal of Advertising Research (January/February 1999). Used with permission from Journal of Advertising Research.

## 整合营销传播的发展障碍

正如APQC标杆研究所揭示的那样，营销企业在发展整合营销传播活动时经常会面临很多障碍。而根据表2.4的总结，代理商们显然也面临着同样的挑战。需要注意的是，代理商的主管们最认同的主要聚焦于代理商的内部能力，包括要求手下员工更像通才，发展新技能的需要以及在所有营销传播领域的整合型代理商中人才的匮乏。而认同度偏低的则是与客户所面临的难题直接相关的议题，比如与客户的企业文化相悖以及由客户的组织架构所造成的局限性。因此，从这次研究中可以看出，广告代理商的管理者们认为，他们在设计和执行整合营销传播活动进程中面临的挑战更多的是源自内部的原因，而不是客户面临的困难所造成的结果。

# 充分利用顾客信息：关于数据运用的研究

在了解了代理商对整合营销传播策略的想法之后，接下来让我们将注意力转回到客户公司。考虑到顾客信息对于启动或者执行整合营销传播计划的重要性，我们现在有必要了解一下第三项研究，该项研究旨在了解企业究竟如何收集、管理并使用顾客信息来开展有效的以顾客为中心的整合营销活动。与本章前文所讨论过的最佳实践研究一样，本次研究是由APQC在2000年春联合广告研究基金会(ARF)共同进行的。[7]而且，本次研究也采纳了与最佳实践研究相同的对标式研究方法。

APQC的最佳实践研究，尤其是研究过程中所发掘的存在于最佳实践合作伙伴公司和赞助公司之间的一个极为关键的组织架构上的差异促发了人们进行这一新的研究。正如图示2.3所提及到的，70%的合作伙伴公司非常认同"以最高的水准使用顾客数据，帮助企业制定战略方向"这一论述，而对于赞助公司来说，认同的比例只有47%。这一巨大的差异促动了研究人员，他们希望更深入地了解最佳实践公司如何收集并整合相关的多样的顾客数据，以及这些公司如何运用这些数据来指导企业的决策。参与这次研究、成为最佳实践合作伙伴的公司包括贝尔南方(BellSouth)、陶氏化学、伊士曼化工(Eastman Chemical)、联邦快递、万豪酒店、普天寿人寿保险公司、USAA和US West(其中，Dow Chemical、联邦快递和USAA曾经参与过1997年关于整合营销传播的首次研究。这次被邀请来参加关于如何利用顾客信息的新研究，其原因在于它们在整合营销传播的第三和第四阶段，在利用顾客信息的拓荒性努力中取得了最高成就)。参与这一研究的赞助公司则包括英国电信、康派克电脑、富达投资、GTE services、英特尔、Joseph E. Seagrams、Lifeway Christian Resources、米勒酿酒、Pillsbury Company和Southern Company。这次研究的首要目的是通过聚焦整合营销传播进程的第三和第四阶段的活动和实践来了解公司究竟如何运用数据来支撑其战略决策。

图2.4展示的是该项研究中所采用的一般模型。它是由三个部分组成的：(a)顾客数据来源；(b)储存信息的数据库；以及(c)在运营和战略决策过程中对数据的运用。

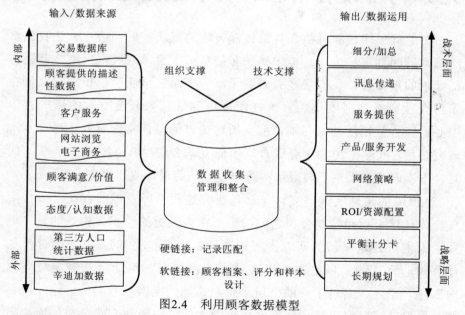

图2.4    利用顾客数据模型

资料来源：From "Leveraging Customer Information," American Productivity and Quality Center (Houston: APQC, 2000). Used with permission from American Productivity and Quality Center.

## 顾客数据来源

参与该项研究的公司收集顾客数据的来源范围非常广泛，而且其类别也非常多样，包括了人口统计数据、交易数据、态度数据、顾客满意度数据以及辛迪加数据。但是，和数据的收集同样重要的是公司对于这些数据所蕴含的价值的认识。这次研究揭示，合作伙伴公司极其依赖这些顾客数据，并且比赞助公司更频繁地使用这些数据。但是，只有一半左右的合作伙伴公司以及少数赞助公司报告说，真正需要这些数据的人可以随时随地接触到公司所收集的这些数据。对于参与这次研究的多数公司而言，如何有效地调取、接触和使用这些顾客数据同样是其所面临的一个难题。因此，对于那些感觉到真正需要数据的人不能充分地接触到数据的公司来说，其原因既有组织方面的障碍也有技术方面的障碍。例如，在有些情况下，数据可能只"储藏"在某一个业务部门，而在另外一些情况下，由于技术方面的原因，调用数据显得很困难或者极其耗时。

## 数据收集、管理和整合

由于研究的这一部分涉及的主要是如何处理数据之类的技术问题，因此，我们在此只是简略地总结与整合营销传播活动发展相关的几点。

- 数据的整合既需要组织支撑——也就是说，企业需要采取措施来推动数据的收集、管理和整合——也需要技术支撑——也就是说，要有硬件、软件和系统来推动散落各处的数据的整合。有趣的是，最佳实践公司更多地依靠人力资源和企业文化来理解顾客数据，获得对顾客的深入洞察，而赞助公司则更多地依赖技术手段来整合数据、提供解决方案。同样的问题似乎也在困扰着世界各地的客户关系管理(CRM)实践。

- 企业要利用"硬数据链接"和"软数据链接"。硬链接主要聚焦数据或者记录的匹配性问题，而软链接则包括顾客

    档案、评分、样本设计以及其他手段，以此推导出对于更大范围的顾客的判断。

- 参与研究的公司对自身的顾客数据整合结果表示满意的还不到一半。即使是在最佳实践公司中，也只有一半左右甚至更少的公司能够将人口统计数据和基本的顾客满意度数据关联起来，或者将人口统计数据与行为数据关联起来，或者将顾客满意度数据与态度数据关联起来。

## 顾客数据运用

    本次研究的第三个组成部分是公司如何利用所能够接触到的数据。表2.2中的表述揭示的是参与研究的公司如何借由一些应用程序来利用这些能够接触到的数据，这些应用程序既有供营销传播管理者使用的战术层面的工具，也有主要供高层管理者使用的战略层面的工具。

    数据运用的下列四种目的是关键：

- 更为有效地接触到顾客；
- 将自身发展成为一个学习型组织，也就是说，要持续不断地改进与已有顾客和潜在顾客之间的接触和关系；
- 更好地支持企业的运营领域，也就是说，为各个领域的管理者提供有价值的信息和背景知识；
- 将企业有限的资源分配给对企业最有价值的顾客。

    表2.5列举的是合作伙伴公司和赞助公司对于其自身在运用顾客数据方面的状况的自我评估。从这一图表就可以清晰地看出，整合营销传播在第一次研究之后不断发展，企业在运用顾客数据方面不断成熟。在第一次研究进行时，只有少量领先的最佳实践公司说，在其内部所有的运营领域都会利用到顾客数据，而到了2000年，这样的做法在最佳实践公司中已经成了常态。除此之外，在最佳实践公司中，有很大比例的公

司说，利用顾客信息确实帮助它们赢得了竞争优势，而且使自身资源实现了最优化分配。

表2.5  公司对自身在决策过程中对整合的顾客数据的运用情况所进行的自我评估

| | 合作伙伴公司<br>(n=8) | 赞助公司<br>(n=15) |
|---|---|---|
| 我们会采取一些战略性措施来促进顾客数据的整合 | 100% | 80% |
| 非营销部门也会使用顾客数据来指导其计划工作、提升其运营表现 | 100% | 50% |
| 对顾客信息的利用帮助我们提升了顾客维持率和忠诚度 | 100% | 40% |
| 对信息的利用为我们提供了竞争优势 | 88% | 40% |
| 我们使用数据来优化资源配置 | 75% | 60% |
| 我们培训员工，帮助他们更有效地利用顾客数据 | 63% | 30% |

资料来源：From "Leveraging Customer Information," American Productivity and Quality Center (Houston: APQC, 2000). Used with permission from American Productivity and Quality Center.

# 总结与预览

在二十世纪九十年代初期和中期，有一些企业就已经开始推行整合营销传播。在本章中，我们提出了一个模型，该模型概括了整合营销传播在上述企业中的一般发展过程。我们还介绍了广告代理商的看法，有时候其看法与营销公司(客户)的看法有所不同。最后，我们重新回顾了整合营销传播中一些领先的实践者，展示了这些公司如何在其整合营销传播活动中采用先进的顾客数据管理和整合方法。回顾了我们所掌握的关于整合营销传播技能和实践的发展状况的知识之后，我们就可以在营销中推行战略性的、基于价值的整合营销传播方法了。

# 参考书目

1. Clark Caywood, Don Schultz, and Paul Wang, *Integrated*

*Marketing Communications: A Survey of National Consumer Goods Advertisers* (Northwestern University Report, Chicago, June 1991); Thomas R. Duncan and Stephen E. Everett, "Client Perceptions of Integrated Marketing Communications," *Journal of Advertising Research* 33, no. 3 (May–June 1993): 30–40; Michael Kiely, "Integrated Marketing Starting Out," *Marketing* (April 1993): 44–46; Glen J. Nowak and Joseph Phelps, "Direct Marketing and the Use of Individual-Level Consumer Information: Does 'Privacy' Matter," *Journal of Direct Marketing* 11, no. 4 (Fall 1997): 94–109; Lou Wolter, "Superficiality, Ambiguity Threaten IMC's Implementation and Future," *Marketing News* 27, no. 19 (13 September 1993): 12–14.

2. Thomas Hunter, "Integrated Communications" (Ph.D. dissertation, University of Salzburg, June 1999); Jerry Kliatchko, "Integrated Marketing Communication Theory and Practice: The Case of the Philippines" (Ph.D. dissertation, University of Navarre, Pamplona, Spain, 2001); Kirsti Lindberg-Repo,"Customer Relationship Communication—Analyzing Communicating from a Value Generating Perspective," publication of the Swedish School of Economics and Business Administration, No. 99, Helsinki, Finland, 2001; Duncan and Everett, "Client Perceptions of Integrated Marketing Communications."

3. "Integrated Marketing Communication: Best Practices Report," American Productivity and Quality Center (Houston: APQC, 1998).

4. Don E. Schultz and Philip J. Kitchen, *Communicating Globally: An Integrated Marketing Approach* (Lincolnwood, IL: NTC Business Books, 2000).

5. Don E. Schultz and Philip J. Kitchen, "Integrated Marketing Communications in U.S. Advertising Agencies: An Exploratory

Study," *Journal of Advertising Research* 37, no. 5 (September–October 1997): 7–19.

6. Much of the data gathering was done using a series of contingent statements on a ten-point Likert-type scale (1 strongly disagree; 10 strongly agree). Most responses came from U.S. agencies (126), followed by British agencies (65), and then agencies in New Zealand (20), Australia (19), and India (13).

7. "Leveraging Customer Information," American Productivity and Quality Center (Houston: APQC, 2000).

# 第 3 章

# 基于价值的整合营销
# 传播的指导原则

正如第2章所探讨的最佳实践对标研究所揭示的那样，大多数公司在通往完全整合的营销传播计划的进程中通常都会经历四个阶段。这一进程对企业和营销传播管理者提出了全新的要求。在随后的章节中，我们会继续探讨样板公司如何成功地从一个阶段进入到下一个阶段。协调营销传播的传统功能要素是一个比较初级的阶段，公司在超越这一阶段之前，必须抓住一些关键要素，本章通过识别和阐释这些关键要素来为整合流程奠定基础。

首先，让我们再来看一看我们将要前进的方向。在前面一章中，我们将整合营销传播定义为"一个战略性的业务流程，企业利用这一流程在一定时间内针对消费者、已有客户、潜在客户以及其他有针对性的内外相关受众来规划、发展、执行和评估品牌的传播活动，使之协调一致、可以衡量，并且具有说服力"。这一定义包含了四个关键要素。首先，它非常明确地提升了营销传播的角色和地位，从传统的战术行为提升到一个战略管理工具，公司可以借助这一工具将有限的资源进行投资，并对其回报进行评估。简而言之，整合营销传播从营销战术上升为经营战略。

第二，这一定义拓展了营销传播的范围。公司的营销传播不再局限于营销专业人士，主要由他们来负责发展针对已有顾客、消费者和潜在顾客的对外传播，新的整合营销传播涉及公司的方方面面，覆盖公司与各个层面的所有利益相关群体之间的关系，覆盖品牌、顾客、产品和服务接触等所有范围。

第三，这一定义表明，整合营销传播需要进行不间断的衡量和评估。整合营销传播的管理工作及其回报证据是整个流程的内在组成部分，必须在所有的传播计划中加以考虑。

第四，整合营销传播"逐渐地"实现其预期结果这一事实使之有别于传统的传播活动。整合营销传播不同于体现以往传播努力的"运动式"方法，是一个持续不断的进程，既能促进长期绩效也能促进短期绩效。单个的促销活动或者事件确实能够取得立竿见影的效果，但是整合营销传播则要求不仅将这些活动视为独立和分散的活动来评估，而且要将之视为持续不断的整体计划的组成部分，这一计划持续不断地为实现结果做贡献——并且一步一步地与顾客建立起长期关系。

理解任何一个新概念，最好的方法显然是去看这个概念的实际运用情况。关于整合营销传播这一新概念的具体实践，最好的例子是英特尔公司推出的"Intel Inside"传播活动。在你阅读英特尔的成功故事时，也希望你能够思考一下该公司是如何有效地调动整合营销传播的各个关键要素，从而在一段时间之后实现高水准的整合。

# 整合营销传播实例：Intel Inside

Intel Inside活动一开始并没有被设定为整合营销传播计划。相反，其初衷是英特尔公司在其历史发展的一个关键时期为了应对一个主要的竞争挑战而策划的。二十世纪八十年代，该公司采用数字来标识其旗下产品，286代表的是公司所拥有的特定的技术水平，386则相对更高一些，而486显然比前两者都要高。随着芯片产业面临越来越激烈的竞争，其他生产商也纷纷采用英特尔的数字式标注来表明其产品的技术含量。竞争对手开始将自己生产的芯片取名为"386式"。为了保护自己的数字免受竞争对手的侵犯，英特尔公司采取了很多措施，包括试图将这些数字注册为商标和品牌。但是，联邦法院拒绝了他们的申请，因此英特尔公司所设计的这些数字逐渐变成了代表芯片技术发展水准的约定俗成的标准名称。

英特尔公司急需找到一种方法来区分其产品，并且保护自己在研发中的投入和知识产权。该公司设计了 Intel Inside 这一标识来告知不同品牌电脑中所安装的芯片是由英特尔公司生产的。当该公司开发出更多更先进的技术，诸如奔腾和赛扬之后，这些产品同样带有这一标识。英特尔公司获得了前所未有的成功。例如，在 Intel Inside 刚刚推向市场之后的1991年，该公司的市值就已经超过了100亿。到2001年，英特尔公司的市值增长到了2600亿。[1] 即使在这其间 Intel Inside 对其市场价值的增加只做出了十分之一的贡献，这一营销、传播和品牌建设活动的净价值也高达250亿美元。2002年，《商业周刊》年度"全球品牌前100位"评选(由Interbrand采用一种由其原创的评估方法进行的调研)对英特尔品牌价值的估值为306亿美元，成为全球第五大最具价值的品牌，仅次于可口可乐(696亿美元)、微软(640亿美元)、IBM(512亿美元)和通用电器(413亿美元)。[2]

尽管该公司一开始只是期望用Intel Inside来将自己的产品与竞争品牌的产品区分开来，但事实上Intel Inside所涵盖的并不只是打造一个全新的标识而已。为了在创造市场价值的同时也创造顾客价值，英特尔公司究竟采取了哪些行动呢？该公司又是如何运作，从而使这个新进入者一跃成为芯片行业的偶像了呢？更重要的是，英特尔的产品极为特殊，其终端用户中大多数人不可能亲眼见到其产品，也不可能轻易地将之与竞争对手的产品加以比较，而且也无法真正理解这一产品的功效和作用，更不知道如何去衡量其价值，在这样一种情况下，该公司又是如何创造出其产品的市场价值的呢？不管你怎么去宣传，芯片不过是电脑的一个部件而已。但是，Intel Inside却成功地给这一部件赋予了一个标志，该标志传达出关于特定生产商、特定渠道和特定消费者的信息，推动英特尔公司攀上了电脑芯片行业的顶峰。归根到底，Intel Inside最终向世人展示了一个品牌的发展历程以及一个科技行业品牌所蕴含的价值，同时也使该品牌成了一个家喻户晓的名字。

　　在整合的第一层级(见图3.1)，英特尔公司做到了"做正确的事和正确地做事"。该公司策划了一个十分简洁的概念，即 Intel Inside品牌，通过一流的创意和平面设计，塑造了一个独特的形象和识别体系，引发了市场的关注。众多电脑购买者在选择产品时通常总是犹豫不决，有感于此，英特尔的做法则让这样的消费者的选择变得简单了，提升了消费者对自己的选择的信心，给了他们所需求和所期望的一切。

图3.1　早期的"Intel Inside"广告

　　在这里，最为关键的要素是英特尔将其营销和传播活动进行了充分的整合。在所有的营销和传播活动中，Intel Inside这个标识都会出现——无处不在，从而为整个活动提供了坚实的基础。每一次广告、公关和内外部传播资料的发展都展现相同的形象和感觉，其平面设计元素既统一又令人印象深刻。每一个人，包括消费者、生产商、渠道、金融界、股东以及员工都能经常看到这一全新的形象。简而言之，在所有的战术层面，Intel Inside都得到了全面、充分的整合，这绝对是充分展示"统一形象、统一声音"这一传播概念和原则的完美案例。图3.1展示的是早期的 Intel Inside广告。如果你将之与你在当今许多杂志上看到的广告相比，那么你一定会发现，英特尔在这么长时间内多么一致地采用这一手法。

但是，Intel Inside的成功显然不局限于"统一形象、统一声音和统一概念"而已。这一活动的真正价值在于它突破了传统上存在于市场和销售之间的多种界限。面对市场，它采取"推"的策略，而通过生产商和渠道，它又采取"拉"的策略。之所以能够取得这样的成功，其关键之处在于英特尔公司给包括戴尔、IBM、东芝和Gateway等在内的电脑生产商提供了优厚的激励条件，当然，这有一个前提，那就是，他们要在其产品中采用英特尔的芯片。英特尔鼓励每一个电脑生产商在其生产的电脑外壳上印上 Intel Inside的标志，从而表明其电脑使用的是英特尔公司生产的芯片。英特尔公司采用了不同形式的广告合作协议，为电脑生产商提供了大力度的激励，激励他们将英特尔的芯片作为其产品不可分割的一个组成部分。

这种大胆的激励方式不仅体现在广告的合作上，而且也延伸到了分销渠道中。为了鼓励零售商和分销商，英特尔推出了区域性的营销发展基金、店内陈列以及诸如此类的推广活动，不管其经销的是哪一个品牌的电脑，只要能积极地展示、推广和销售 Intel Inside的价值，就可以申请和享受。其目的是在生产商和渠道之间尽可能地做到无缝对接。

最后，英特尔大力在消费者营销和传播活动方面进行了很大投入，竭尽全力地说服消费者和终端用户通过寻找 Intel Inside标识来帮助他们确保自己获得了最先进、最可靠的芯片技术，当然，也暗示他们买到的是市场上最好的电脑。这一针对终端用户进行的营销传播活动尤为重要，因为许多购买者，尤其是首次购买者，对于电脑技术通常了解不深，也很难完全靠价格来衡量特定芯片的创新技术。但是，如果这些潜在购买者了解到自己选择的电脑安装的是英特尔的芯片，那么他们的问题也就迎刃而解了，他们的担忧也就烟消云散了。

通过这样一个有效的整合方法，英特尔公司成功地将自己的产品推荐给了电脑生产商，并且通过电脑生产商进入了分销渠道，并最终到达终端用户手里。图3.2所展示的就是这一活动的发展流向。Intel Inside计划起始于企业内部，由一个整合在一起的内部销售、营销和制造团队所负责。然后，该计划整合并协调来自不同领域的所有外部合作伙伴，包括电脑生产商、渠道和分销系统以及参与对外传播活动的供应商。所有

人的努力聚集在一起，围绕着一个终极目标，那就是，影响产品的终端
用户所作出的最终购买选择。

值得注意的是，英特尔和其他在整合营销传播方面取得成功的先行
者一样，也充分地意识到了，整合必须首先从企业内部开始。这也就意
味着，需要将工程设计、生产制造、运营、物流、财务和其他一些部门
整合到一起，让它们将所有精力都聚焦于需要获得大力支持的一个关键
要素上，这个要素就是Intel Inside品牌和传播活动。这就需要公司在内
部针对这一概念本身及其运作进行培训和发展，而且更重要的是，获得
高层管理团队的一贯投入和支持。

接下来，英特尔公司必须将与其直接相关的顾客主要是电脑生产商
整合到这一活动中来。然后是渠道合作伙伴，包括电脑零售商、分销
商、增值零售商、目录销售商，当然还包括使现有消费者和潜在消费者
可能会接触到采用英特尔芯片的电脑产品的其他各种形式和方法。最
后，英特尔大力发展聚焦于外部的传播活动，包括广告、促销、终端、
公关、展会展示、包装以及终端消费者可能会接触到Intel Inside的所有
其他传播渠道。

还有一个很重要的地方值得我们关注，那就是，虽然消费者是最后
接触到这一活动的群体，但是他们恰恰是最关键的群体。归根到底，如
果英特尔不能说服人们打开钱包购买印有 Intel Inside标志的电脑，那就
意味着这个活动并没能达到预期的效果。Intel Inside之所以能够成功，
其关键原因在于，它在每一个阶段都聚焦于终极消费者。这算得上是一
个彻底整合了的活动，将价值链上所有的参与者都连在了一起，共同向
终端购买者提供价值。

整合整个系统，而非个体或者组成部分

图3.2　内外部的协同系统

# 整合整个系统，而非个体或者组成部分

从 Intel Inside这一案例中我们可以清楚地看到，整合营销传播远不只是一种营销或者传播的战术或者技巧而已。它是一个流程或者一个系统，其所涵盖的活动不仅关于公司本身，同时也涉及了公司内部和外部的所有接触点。与其他营销传播方法不同的是，整合营销传播的根本特征是其本身与公司战略密切相关，将公司视为一个整体，并以此作为行动导向，而不仅仅是围绕着营销活动开展工作。

那么，Intel Inside活动究竟在多大程度上符合整合营销传播的由四个部分构成的定义呢？首先，英特尔很明确地将这一活动界定为战略问题，而不仅仅局限于营销领域。第二，该活动涵盖了公司的所有相关部分，包括外部合作伙伴和渠道成员。同一个概念在传播时横跨所有的市场、细分群体、顾客以及潜在消费者。第三，这一活动具有明确的目标，并基于这一目标来展开规划和执行，而且还进行了有效的衡量和评估。最后， Intel Inside已经成为该公司做出的长期的持续不断的承诺。

# 整合营销传播的八大指导原则

诸如Intel Inside之类的案例可以帮助我们对某些要素有所了解，正是这些要素构成了战略性的基于价值的整合营销传播方法。接下来，我们将会深入地探讨整合营销传播的八大指导原则，这些指导原则对于发展和运作一个整合活动起着至关重要的作用。这些原则是从实际运作案例中发展而来的，也有牢固的理论基础，并有对于媒介、渠道和消费品制造商所进行的深入全面的研究做基础。这些原则是全球通用的，不受国家和文化界限的束缚，其所代表的是一个企业无论是在内部还是在外部都必须真诚拥抱和大力践行的核心理念。一个企业只有拥抱和践行了这样的理念，才能在二十一世纪的以顾客为中心的交互式全球市场上获得成功。

## 指导原则一：
## 成为一个以顾客为中心的企业

不管是哪种类型的整合，终端用户或者说消费者都必须处于其中心地位。在日益变得错综复杂的全球市场上，以顾客为中心这一说法有很多很多不同的含义。就整合营销传播的目的而言，所谓以顾客为中心的企业很简单，就是企业始终把产品的最终购买者或者消费者看作是最有效、最重要的考虑对象。尽管批发商、零售商和其他中间环节也有其自身的重要性，但是，对于一个以顾客为中心的企业而言，这些机构的重要性比不上那些最终购买并且使用产品的用户。这些中间环节不过就是价值链上的中间人，尽管也起到一定的作用，但是真正的主角仍然是终端顾客。

多年以来，关于公司的理论你方唱罢我登场，煞是热闹。在这些理论中，有的主张为股东创造资产，具体体现为红利和不断上涨的股价，有的主张企业为员工或者所在社区创造利益。

而我们所持的观点很简单，但也很明确：企业必须聚焦于其终端顾客和消费者。他们才是能够给公司带来收益的唯一来源。顾客所带来的收入能够让公司为员工提供福利，让股东的投入和所冒的风险有回报，让一个运营良好、甘愿承担社会责任的企业为社会做出贡献。除非公司在财务上也获得成功，否则的话，它是不可能回报员工、股东、管理层或者社会的。也因此，本书所推崇的做法是毋庸置疑的，那就是，公司必须关注终端消费者，因为他们才是关乎每个人的回报的真正来源。

绝大多数的企业实行的都是科层式组织架构，这是一种"命令加掌控"的方式，这种方法可以追溯到古罗马军团的建构方式。在这一科层结构中，管理者关注的是推行特定行动方案的行为、要素或者部门，他们通过这一方式指引方向，进行控制。在所有这些独立、分散的活动范围或者领域中，每一个都聚焦于自己最为擅长的部分，而并不一定必然地聚焦于公司所服务的最终顾客。而且，在每一个领域之间，对不同要素进行协调从而让顾客得益的跨职能互动并不多见。公司在本质上是

"眼睛向内的"。员工们受到的培训也是，只有有效地完成自己所负责的不同行动或者任务才算是成功，至于说顾客是否开心、是否满意，这并不是他们关注的重点。

对于这种内部各自为政的企业来说，整合营销传播显然是不合适的，整合营销传播只可能在以顾客为中心的企业中得到发展。图3.3很清楚地展示出了两者的差异。在一个以顾客为中心的企业中，顾客处于一切的中心，所有职能的行动、要素和部门都指向并且聚焦于为顾客提供利益，满足顾客需求或者实现顾客愿望。公司的核心目标就是服务顾客，并让顾客满意，从而提高和维持顾客忠诚度，从顾客那里获取源源不断的收益。

正是因为这些一致的聚焦点，一个以顾客为中心的企业，其员工会通力协作，为顾客提供产品、服务和解决方案。例如，为了让顾客全面满意，很显然，需要企业的生产部门与物流部门和分销部门进行充分的沟通。同样，也需要财务部门与市场部门进行互动。因此，公司一旦决定接受这一理论，开始以顾客为中心，突然之间公司内部的不同职能部门都会意识到，公司需要全面的整合。所有层面的整合因而也就变成了公司的常态，而非特例。

要找到一个推行以顾客为中心的公司案例，最合适的就是戴尔电脑了。从个体消费者到大公司客户，戴尔的商业模式和文化完全是以顾客需求为驱动力的。例如，该公司推出了高级 Dell.com服务为大公司客户提供定制化的产品和服务。客户可以登录定制好的网站，在线购买台式电脑、手提电脑、服务器、存储器以及相关服务。客户公司可以当场看到自己与戴尔公司设定的合同价，看到由公司批准了可以采购的部件和配件名录，回顾购买历史，并且找到戴尔服务专员的联络信息。通过让终端用户看到自己公司和戴尔之间所定合约的相关信息，戴尔与那些直接使用自己产品和服务的人们建立起了一对一的良好关系。[3]通过在线方式购买了戴尔电脑后，戴尔的顾客会及时收到订购信息和配送日期。除此之外，如果顾客有疑问，或者遇到了自己无法解决的问题，打一个电话或者发一个电子邮件，事情就能迎刃而解。戴尔还会给顾客发送邮件进行满意度调查，以此来跟踪其服务质量。该企业成功地

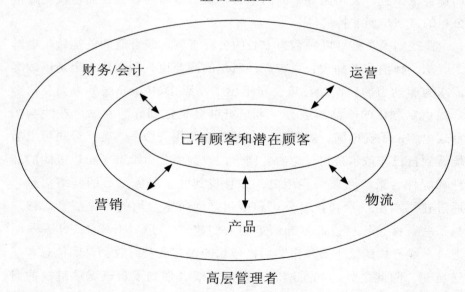

传统企业

高层管理者

| 财务/会计 | 营销 | 研发 | 物流 | 运营 |

整合型企业

财务/会计 运营

已有顾客和潜在顾客

营销 物流

产品

高层管理者

图3.3 传统企业与以顾客为中心的整合型企业之间的差异

设置了一个包含了多个渠道在内的顾客服务反馈系统，使之能够大大有别于(优于)其他竞争对手。

# 指导原则二：
# 使用由外至内的规划方式

通常而言，一个企业在从根本上改变其营销规划方式之前，要想建立一个真正以顾客为中心的系统是不可能的。这背后的原因在于，以顾客为中心不仅意味着服务好已有的顾客，而且还意味着要围绕着已有和潜在顾客成功地建立起一套符合自身特点的商业系统，这一系统包括从预算到规划到运用到递送到绩效评估等诸多流程。这对于许多公司而言，通常意味着脱胎换骨或翻天覆地的变化。

图3.4左边所展示的是最常见的营销规划和预算方法。我们将之定义为由内至外的规划方式。它首先是从企业希望实现的目标开始，然后把不同的活动纳入一系列步骤，希望以此来达到所期望的结果。预先规划好的量化指标或者财务目标决定了营销和传播投入或者花费水准。如果能够达到预期的目标，那么公司就会愿意从销售收入中划拨出一部分来用于进一步的营销和传播活动。

很显然，根据这种由内至外的方式，在营销费用和所期望的销售结果之间发现不了什么关联。事实上，相反的说法倒是正确的，即，是销售的成功带来了市场费用。这实在是最不符合逻辑的一种做法，但恰恰又是所有类型的企业普遍推行的一种做法。由于市场和销售部门之间并不存在事先约定的关系，因此管理层对于其营销和传播的投入是否能够获得任何可衡量的财务回报显然并没有太大的期望。事实上，管理层的看法通常是"如果能够削减市场费用，那么这对于公司的净收益的结果而言是个好消息。那些没有花出去的钱就是省下来的资金，而省下来的资金显然是可以增加到净收益中去的。"

尽管这一方式有很多存在着很大缺陷的假定，但是全世界绝大多数公司都一直沿用这一方式来发展、推行并投入营销和传播活动。而整合营销传播这一方法则完全颠覆了这种由内至外的方式，形成了图3.4右边所展示的由外至内的方式。在这种方式中，营销或者传播管理者不再将已有顾客和潜在顾客视为费用，而是视为公司的收入来源。目标是更好地管理好需求和收入来源的创造过程，而不是只管理好产品和成本。

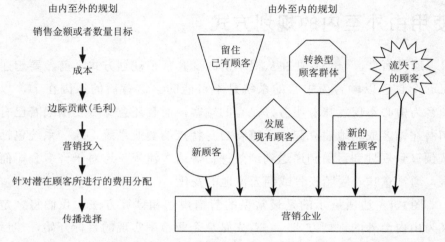

图3.4 由内至外的规划方式与由外至内的规划方式之间的差异

根据整合营销模式，关键的营销传播任务是通过运用不同的营销传播工具、计划和活动来吸引并维持住现有的和潜在的收入。在这里的讨论中，我们将对收入的管理作为市场和传播部门的首要任务，但是事实上，整个公司、所有员工、所有职能部门和企业所有要素都责无旁贷，都要致力于开发、培植和维护来自顾客的收入。

# 指导原则三：聚焦于全面的顾客体验

和以顾客为中心这一要求紧密相关的是公司要做到真正地去理解，战略性的整合营销传播方法需要公司聚焦于顾客对于产品和公司本身而不仅是对于营销传播活动的全面体验。整合营销传播管理者所关注的目标必须从对外传播的传统营销传播活动这种深受局限的观点转移到顾客与品牌和公司之间所建立的完整关系上来。全面的顾客体验所涵盖的范围很广，包括产品或者服务究竟是如何在市场上具体体现的，人们是如何获得这些产品或者服务的，渠道成员及时、有效地提供产品的能力如何，顾客服务是如何进行的，以及公司对其所在的社区产生什么样的社会影响等。

战略性的整合营销传播方法，其目标是全方位地看待顾客体验，也就是说，需要确定所有从正面或者负面影响到顾客接触产品时所获得的体验的各种因素，然后对这些因素分别加以有针对性的管理。因此，一个企业必须确定以下几个方面：

- 根据行为或者其他数据来确定其顾客是谁？是哪些人？
- 顾客对公司的体验如何？
- 为了在其营销和传播活动中给顾客提供满意的体验，公司能够或者应该提供什么东西？
- 为了提供上述体验，公司需要对产品、服务和人员进行哪些调整？

关于这一点，传统的营销传播管理者倾向于认为，"那些并不是我需要承担的责任。它们属于生产部门，或者销售部门，或者渠道合作伙伴，或者公司管理层。"在当今这个互相连结、互相关联、网络化、日益全球化的市场中，这种想法显然无法站得住脚。公司本身就是品牌，而品牌也代表着公司。对于能够对外传递某种信息、提供某种体验或者与产品或服务相关的任何一个因素，公司都必须加以考虑、加以管理、加以衡量。

顾客与品牌及其公司之间不断进行各种沟通，这种沟通的整体范围是极其广泛的，公司针对已有顾客和潜在顾客所策划和实施的正式营销和传播计划只是上述沟通中极微小的一部分而已。公司需要持续不断地以多种多样的方式向其已有顾客和潜在顾客进行传播，这样的活动有的可能是事先规划好的，有的可能并没有经过任何事先规划。对于营销和传播的管理者而言，他们所面临的真正挑战是要将整体的传播系统全都整合起来，而不只是简单地将公司所策划和实施的受控传播的零散碎片加总起来。

简而言之，不管公司做不做整合，最终顾客都会把企业的传播整合在一起。整合营销传播的目的是减轻顾客肩负的整合重担，确保传播出去的印象是对公司有利的。

不管是按计划还是不按计划进行，品牌和公司的整合最终都将发生，因此，对于企业来说，尽可能全面地进行整合显得非常有道理。可能遇到的唯一问题是顾客对公司及其产品整合起来的看法是否是公司希望其顾客所持有的看法，或者这种看法是否会对与顾客之间所建立的长久关系造成伤害。

战略性的整合使得营销和传播所扮演的角色或者所从事的活动大大有别于传统的角色或活动。这种整合所关注的是顾客及其对公司的看法、感觉和体验。而这来自公司和品牌与已有顾客和潜在顾客相互接触和交往的所有方式和方法。

# 指导原则四：
# 将消费者目标和公司目标协同起来

在外部咨询师看来，公司的营销和传播人员总是沉溺在自己的世界里，他们虽然肩负推广公司所生产的产品和服务的责任，但是对于公司的发展方向却不甚了了。二十世纪九十年代末期，一些互联网公司推出了一系列只吸引眼球但又是毫不相干的创意活动就充分暴露了这一问题。有创意？也许有。是有效的营销传播？恐怕谈不上。当时很难找到一家公司，能够既有创意又有有效的业务战略来支撑其发展。

真正的难点在于如何将公司目标和顾客目标协同起来，然后通过开展合适的营销和传播计划来实现这些目标。在一个竞争激烈的全球化环境中持续地经营好一项业务是一个现实的要求，这一要求使得管理层必须在顾客所需要的东西和公司所能提供的东西之间形成平衡。对于一个企业而言，如果无法在顾客需求和愿望与公司相应的定性和定量目标之间选择并保持适度的平衡的话，那么它最终很有可能面临破产的命运。在一个快速变化的商业环境下试图达到这样的平衡，需要将营销和传播的目标与企业作为一个整体的目标更加紧密地协同起来。

在大部分企业里，企业的发展方向主要来自高层管理者。这就意味着要与这一方向步调一致，营销必须积极地参与其中。只有当营销和公司发展方向之间充分地协同起来，才有可能发展出相关的整合营销传播计划。不断变化的市场环境迫使公司不断地调整其目标。例如，当今的商业氛围更看重短期现金流的增加，并将这种追求置于建立或获取股东长期价值的努力之上。主要通过提升公司市值的方法来创造股东价值是另一个趋势和例证。高层管理者为了达成上述两个公司目标，有三个可资利用的战略杠杆：

- 投资或强化产品或服务，即研发措施。
- 投资供应链，即高效顾客响应(ECR)和企业资源规划(ERP)。
- 投资顾客关系，即包括传播、客户关系管理(CRM)以及其他品牌建设措施。

这三个杠杆是驱动整个公司采取行动的关键工具。在以往，因为新产品和创新产品快速地导入市场，因而单靠研发就能推动公司增长。如今，技术领域的进步使得竞争对手能够快速地复制和完善各种创新，这削弱了研发这一杠杆的威力。在这种情况下，单纯地仰仗创新来推动公司的总体增长，其风险颇高。

供应链能够通过消除产品从工厂和分销系统到达消费者手中这一过程中的摩擦来提高速度和效率，从而也推动公司发展。当今的企业在能够帮助企业提高在产品和服务的开发、交付、物流和分销效率的措施方面，进行了大量的投入。这样的措施包括ECR、销售队伍分配模型和缩短价值链。

第三个管理杠杆是提升或者加强公司对顾客的理解能力，完善或加强顾客关系。换句话说，公司致力于在营销和传播方面提高效果，吸引并维持越来越多的盈利性更好的顾客。

从这三个杠杆中，我们可以清晰地看到，营销传播在达成公司整体目标方面确实扮演了一个极其重要的角色。在以往，许多企业内部的营销和传播更多地被置于战术性的支持层面，不被当作战略性措施。帮助公司收集、储存和分析大量顾客数据的新技术的出现，使得公司以顾客为中心变成了可能，有了可行性，从而给营销和传播赋予了一个新的战略性的角色。

但是，营销和传播，如果要体现出战略性，那么就必须证明它们确实能够为企业带来可看得见的回报。这正是整合营销传播方法能够取得成功的关键之处，也是传统的营销做法——即便是曾经被大肆吹捧的CRM——不能奏效的根本原因。关于给企业带来看得见的回报，我们的意思是，整合营销传播需要超越传统意义的营销传播目标，比如建立品牌知名度或认知度。这还包括，必须同时实现管理层设定的财务目标。例如，如果高层管理者在营销和传播方面进行了投入，那么这些活动的目标必定是获得具体的可以衡量的财务结果，比如，收入增长率、净利润增长率、市场份额提升、单位顾客的收入提升等。与公司目标完全协同的整合营销传播目标，必须实现下列目标之一：

- 确保短期和长期现金流的增加超过用于实现这一目标所采取的营销和传播活动的花费。
- 加速现金流的流动，也就是说，及时地获得来自已有顾客和潜在顾客的收入，或者提高获取这些现金流的速度。
- 稳定日常的现金流。对于许多企业来说，现金流通常会呈现峰谷互现的现象，某一个月是高峰，而下一个月则是低谷。营销和传播如果有能力将这些现金流均等化或者使之平缓化，则可以大大地降低公司的运营成本。
- 通过提高公司或者品牌的净资产来创造股东价值。强大的品牌资产已经获得了金融市场的认可，通常能够提升公司的股价，而这两个方面显然都能够为股东创造价值。[4]

在全球范围内的每一个行业、每一个类别中，我们总是能够观察到许多营销传播活动完全脱离了此处所列举的四个公司目标。营销传播管理者是用公司的财务资源来实施传播计划或购买传播资源。因此，用这些投入已经产生、能够产生或者将会产生的财务性结果来衡量所实现的回报是非常重要的。这一主题，我们在本书中将一而再、再而三地加以探讨。

# 指导原则五：确立顾客行为目标

营销和传播计划看上去很复杂，事实上，公司想从中获得的无非下列四个结果：

- **获得新顾客**。这显然是一个相当容易理解的营销目标，一直是众多传播活动的主要关注点。
- **留住并维持现有的顾客**。不管怎么说，管理好现有顾客的目标之一是确保这些顾客目前的活跃度和所带来的收入。在有些产品类别中，在既定的一段时间里，顾客购买一个产品的次数是有限的。例如，一个车主通常是以一年为期限来续订车辆碰撞险的，正如杂志读者每年只需订阅一次，至少对供自己阅读的杂志是如此。因此，在这些情境下，营销者最主要的任务就是在试图让顾客购买额外的产品或者服务之前，先确保维持住顾客当下所带来的生意。
- **从现有顾客身上维持和提升销量或者利润**。一般来说，这意味着让现有顾客购买更多产品，使用更多产品，或者找到当下所购买的产品或服务的不同用途，所有这一切对于公司来说都意味着销量或者价值的增加。其中的挑战是刺激那些早已在使用这些产品或者服务的顾客产生更大的需求。
- **让现有顾客在公司所提供的产品或者服务组合中进行转换**。在这一点上，营销者的目标是让现有顾客购买公司提供的定价更高或者利润率更高的其他产品或者服务。商务型酒店通常会推广其提供专门服务、定价更高的行政套房带给客人的利益，而汽车制造商则会竭尽全力说服汽车购买者升级到配置更精良的车型。

在所有四个方面的营销传播活动中，至关重要的是营销传播必须影响到现有顾客和潜在顾客的购买行为。营销传播活动要么假定顾客的某一行为当前就能够让企业获利，因而大力强化这一行为；要么改变顾客行为，鼓励顾客尝试该公司的产品或服务，或者提高其消费量。整合营销传播过程中的一个关键就是对顾客行为施加影响，因为正是现有顾客和潜在顾客的行为才能给公司带来收入。因此，采用这种方法，我们可以通过理解整合营销传播的两个关键特征来建立一个通用的衡量系统。首先，要将整合营销传播的目的设定为对现有顾客和潜在顾客的行为产生影响。其次，对顾客行为要以财务指标进行衡量和估值。影响现有顾客和潜在顾客的行为，使之发生可以衡量的改变，这是整合营销传播的目标，这一目标为我们提供了一个很好的检查点，来检查和评估潜在的整合营销传播计划和方案。随着我们不断深入地探讨整合营销传播过程，我们会不断地提及行为方面的影响或者改变这一概念。

## 指导原则六：视顾客为资产

与第四项原则和第五项原则所讨论的财务问题紧密相关的概念是，公司必须开始把顾客视为真正的资产。在绝大多数情况下，顾客是给企业带来收入的主要来源。企业几乎所有的其他活动和措施实际上只是成本中心而已。因此，营销和传播管理者也是资产管理者，理解了这一点才能抓住以价值为导向的整合营销传播系统的关键所在。也就是说，这些人负责或应该负责顾客的获取、发展和维护，而顾客是公司收入的来源。

一旦公司开始将顾客视为收入来源，它会合乎逻辑地采取下一步行动，那就是，将顾客视为资产。那样做意味着要针对现有顾客和潜在顾客进行投资，并期望或预计这些投入能够产生回报。这样，整合营销传播的管理者也就能够同样采取下一个步骤，即真正理解对广告、直复营销或者公关的投资并不仅仅是为了促进购买而已。相反，这是针对现有顾客和潜在顾客进行投资，希望他们能够投桃报李。例如，真正有效的营销传播管理者购买电视广告时段并不期望从这一行动中获得任何直接回报。相反，他们深知，这些投资是投向顾客的，这些顾客可能看到或者听到电视广告，维持或增加贡献给企业的收入。

图3.5所展示的正是这样一个闭环系统的概念。公司通过不同形式的

营销和传播活动向顾客投资，而这些活动带给企业的收入或维持或增长，这些收入就是这些活动所产生的可以衡量的响应。为了使得以顾客为资产的系统真正实现闭环，整合营销传播管理者必须找到一些方法来衡量一个顾客或者一个顾客群体的真正价值。战略性的整合营销传播方法所使用的是财务价值。我们首先需要确定一个顾客群体以往的财务价值(左边框框)。一旦了解了其财务价值之后，管理者才可以做出合理的财务决策，确定对该顾客群体进行多大投资就能维持住他们所购买和使用的产品，使他们不断增加所购买和使用的产品，或者使他们在公司的产品或服务组合中进行转换。因此，如果能够明确一个顾客群体的初始价值，那么也就可以针对这些顾客进行相应数量的投入。最后，在传播活动完成后还需要进行衡量和评估，以此来了解这些投入所带来的收入方面的变化，从而使公司在其营销和传播投资方面实现闭环。在这一过程中，最后这个环节是非常关键的，因为它帮助整合营销传播管理者有效地达成公司所设定的各种财务目标，从而使营销传播方面投资有所回报。

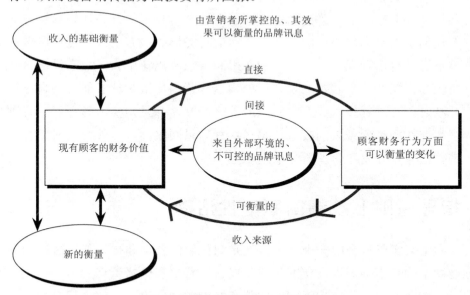

图3.5 闭合系统的整合营销传播

由于整合营销传播属于一种闭环系统，因此营销传播管理者才能最终真正解决那个老问题，即："我知道我的广告投资中有一半是浪费了，但是我不知道究竟是哪一半。"[5]而且，更让人欣喜的是，管理者还可以有一定信心地说，如果计划和评估得当，那么经过一段时间之后，他们就可以有效地识别究竟哪一半广告投资是浪费了，从而采取必要的措施予以纠正。

这一闭环系统有一个内在的要求，那就是，对公司的增量回报。没有哪一个理性的公司在投入资源时希望亏钱，而为了赚钱，公司必须获得比其对营销和传播活动的投资更大的回报。除非一个公司的营销和传播投入能够带来增量回报，否则的话，该公司所能期待的最好的结果只不过是保本，但是，在当今这个竞争极为激烈的市场上，这显然不是一个令人满意的目标。简而言之，公司用于增加回报的成本必须小于所增加的回报。如果公司在营销上投入了10美元，而因此获得的新增销售为100美元，而如果其产品成本和相关费用只有50美元，那么，公司所投入的10美元所带来的回报是40美元。一句话，公司所拿回来的大于所投出去的，或者说，公司产生了增量回报。

屡见不鲜的是，营销和传播管理者总是与公司的财务计划脱钩，或者他们从未努力将自己的工作和公司的财务健康挂起钩来。他们所做的只不过是将由管理层分配下来的费用和其他资源花出去，根本没把这些资源当作能够产生回报的投资。如果这些营销传播管理者能够将自己提升到对顾客进行投入并产生回报的战略高度，并且切实地管理好现有顾客和潜在顾客所带来的收入，那么这种增量回报的方法就会变成整合营销传播流程开发和管理的一个重要工具。

## 指导原则七：精简职能性活动

企业实现整合的一个巨大挑战是如何厘清营销和传播赖以进行的职能性结构和活动的混乱状况。多年以来，营销和传播管理者为了强化自己在企业中的地位，在不同的职能和技能领域中设立了越来越多的人为区隔。正如我们在第1章中所看到的那样，根据陈旧的4P模式，推广被分为三个完全独立的职能——销售、广告和公共关系。[6]随着新的推广方式的兴起，负责该方式的管理者又试图将它们分开，成为独立的实体。

类似的例子很多，在二十世纪七十年代是促销，八十年代是直复营销和数据库营销，九十年代是赞助项目、事件营销、电子营销和潜伏营销。当下，一些公司将电子营销从其他推广活动中分离出去，但是取得成功的寥寥无几。在我们看来，营销职能领域内部划分出了太多的独立领地，这显然就扰乱了整体的营销努力，使得每个领地各自为政，为争地盘和预算而斗得你死我活。在大多数情况下，这些人为的区隔主要集中于对信息传递系统的发展——包括通过广告、公关、数据库营销等手段来传递讯息——但是，却不从根本上考虑如何改进或者加强整体的营销和传播策略。

因此，对于大多数企业而言，整合过程中所遇到的主要障碍几乎与外部顾客无关。在太多的公司里，管理者因为将其职能领域分隔成多个独立的毫无相关的预算单位或者用工单位而削弱了几乎所有的整合努力。在很多情况下，管理者说千道万，就是不愿意为了公司或顾客的利益而放弃自己的责任或技能领域。

让我们从消费者角度出发来考察一下这种现象。我们发现，顾客思考或描述公司所进行的营销和传播活动时所使用的说法完全不同于内部管理者所使用的说法。当被问及有关营销传播时，顾客通常会说公司总是在试图做两件事。首先，公司不断地向顾客进行传播就是希望顾客在下次购买某种产品或者服务时能够记住并使用到该公司所传播的讯息。其次，公司不断地制定激励计划，即给予你某种类型的奖励，以此来回报你做了某件事情或采取了某种行动，比如现在就购买而不是等以后再购买，让你买正在折价的某一款产品，或者去商店试用一下某一个新产品。换句话说，从顾客看来，公司真的只在采取两项基本的营销和传播行动：传递讯息、设计激励计划。

基于价值的整合营销传播对照顾客的视角而将营销传播管理者多年来创造出的不同类型的职能要素整体捋了一遍，并将它们合并成下面两个部分：

- **讯息**：公司希望现有顾客和潜在顾客能够铭记在心的品牌概念、理念、联想、价值以及其他认知。

- **激励计划**：公司所给予的短期交付物或激励计划，其目的
  在于回报顾客所采取的某种行动，公司认为这种行动对公
  司本身和消费者或客户来说是有价值的。

聚焦于讯息或者激励计划的想法能够极大地帮助营销传播管理者更
好地策划各种活动；这种想法使得营销传播的整个策划和发展过程变
得简单可行。例如，如果管理者希望为推广某些产品或者服务而传递讯
息，他可以采用广告、促销、公关、赞助或者其他营销传播传递方式
中的任何一种。对于激励计划也一样。激励计划的形式可以多种多样，
可以是折扣券(促销)，告诉人们某个零售店正在搞临时促销(广告)，提
供免费电话号码让大家获得试用样品的新闻稿(公关)，甚至可能是赛车
比赛优惠门票，在那里可以进行汽车试驾(赞助或者事件营销)。简而言
之，通过将这么多不同类型的传播方法打乱重组，可以精简成讯息和激
励计划两个方面，这样的话反而可以产生更多的传播选择。

将不同的营销传播领域推倒重来，其最大价值可能就在于，这么做
会迫使管理者更多地进行战略性思考，而不只是专注于传播战术而已。
当然，这并不是说战术性的要素不重要。战术也重要，但不能也不应由
战术来驱动营销传播努力，而且，战术与营销传播被衡量、被评估的方
式几乎没有什么关联。

# 指导原则八：
# 将所有的营销传播活动聚合起来

在任何一个营销和传播活动中，其核心必然是聚合。直到二十世纪
九十年代中期，人们所提及的聚合更多地是指将所有传播行动整合到一
个大伞下面。如今，聚合已经被赋予了一个全新的意义，那就是，将传
统的营销传播与电子营销和传播活动有机地融合在一起。

随着电子商务和电子传播的不断发展，许多营销者仍然将其视为独
立、有区别的营销和传播要素。他们将网站开发、电子商务、电子邮
件、电子式消费者研究和其他职能划分为企业内部分散的独立单位。

在早期，这种做法可能有一定的合理性。从事技术驱动的传播方式的人一般不同于从事广告、促销等更加传统领域传播工作的人。独立于传统的渠道之外来斟酌、创造、规划和发展互动营销和传播活动也许是很重要的。尽管这种区分在企业内部仍然是有一定道理的，但是从顾客的视角来看，这样区分毫无意义。看到品牌电视广告的，到网站上访问的，以及在线购物的，都是同一批顾客。换句话说，传统的营销和传播与电子形式的营销和传播如今已经呈现出越来越明显的聚合趋势，而且这一趋势将会持续发展。这种"虚拟和实体"之间的融合，或者说具体地点的物理零售点和电子商务的虚拟空间的结合，几乎已经影响到了每一个企业。

有聚合之势就有整合之需。聚合必定将会发生，而且发生速度快于我们的计划或期待。由此看来，整合就不只是一个听上去很美的想法，不只是一个能够为公司省钱的做法。对于每一个企业来说，要想在二十一世纪的市场上拥有或保持生命力和竞争力，整合显得至关重要。

## 激励问题

我们对整合营销传播八项原则的讨论忽略了使得该方法富有价值的一个关键要素，那就是激励问题——在整合营销传播进程中，如何对员工、管理者、渠道合作伙伴以及其他对象所付出的努力和所参与的活动进行奖励。之所以会忽略这一激励问题，原因很简单：目前，营销传播管理者对公司内部的激励政策几乎没有任何发言权。但是，激励确实是一个关键的驱动力，它决定了公司是否能够更好地进行整合，是否能够更好地以顾客为重心，是否能够更好地开发和满足顾客的需求和愿望，等等。哪里有激励，哪里就有努力。因此，如果一个公司的激励制度不符合其整合方法的要求的话，那么不管你如何规划，如何努力，如何因为这个概念而热血沸腾，整合都只能是一句空话。

这一点上，主要的问题在于，企业通常都是因为某人完成了某些任务而来奖励某人的，而不是因为某人把顾客服务好了或者让顾客满意了而来奖励某人。造成这种困难的是因为企业以产品或内部为中心。如果客户服务人员的奖励办法是看他们每小时所处理的来电数量的话，那么顾客的需求和要求就会被置于第二位，或者更低的优先度。如果销售人员的报酬的计算办法是看他们在特定时间内推销出去的产品的数量是多少的话，那么完成这一任务显然就会比了解顾客的真正愿望或者需要更重要。得到奖励的是把产品卖出去，而不是服务好顾客。如果营销管理者因为买到更优惠的媒体时段而受到奖励的话，那么这些媒体选择在合适的时间到达正确的目标对象方面是否真正有效果这一点的优先度就不会高，就会变成等而下之的考虑。如果一个广告公司是因为其创意获奖而不是因为其广告能够影响顾客行为从而给公司带来收入而获得奖励的话，那么其实这反而并不是客户的最大利益所在。为了避免上述情形的发生，必须调整整个企业的激励措施，要转而强调对顾客的获取、维护、发展和转换，这既包括现在也包括未来。营销传播管理者为了获得合理的报酬和激励，必须给自己所在企业的活动赋予财务性价值。尽管他们自身可能并不肩负解决激励问题的责任，但是他们还是应该不断地呼吁，努力帮助公司找到有助于实现充分整合的方法。

# 整合营销传播流程：五个步骤

深入理解了用以驱动以价值为导向的整合营销传播的八项原则之后，让我们将注意力转向充分整合的传播活动赖以发展的完整流程。正如我们大家早已注意到的那样，以往营销传播的执行过程中充满了互不关联、通常毫无关系的各种活动。广告代理商把自己的专业领域看作一个独立的单位。直复营销公司和公关公司均是同样看法。企业也同样认为这些都是有区别的专业领域。但是，整合营销传播则不一样，这种传播采取多种传播方法，以顾客为重心，以获取、维护、发展或者转换顾客为整体目标，致力于为公司创造更多更恒久的销售收入。由于整合营销传播需要企业在思维方式方面进行变革，因此，如果能够遵循一个更清晰、更一致的流程，那么其执行会是最有效果的。在这里，我们会向大家介绍一个由五个步骤构成的整合营销传播流程，这一流程在过去几年时间里被全球各地许多公司的实践证明是卓有成效的。这一流程是一系列内在关联的、以顾客为中心的管理步骤，企业通过这些步骤能够完成完全整合的营销传播活动的策划和执行。

　　图3.6对这一流程进行了简单明了的总结。它包括了五个独立但又相互关联的活动或者步骤，其中涉及许多传统的营销和传播的职能领域。但是，这些职能通过一种更有效果也更有效率的新方法结合在一起，使得总体效果远远超过了各个部分的加总。回想一下整合营销传播的指导原则六，该原则强调要建立闭环的计划系统，以此来追踪营销传播投资所带来的增量收益(或者损失)。这五个步骤所构成的流程，其设计原则就是为了促进对上述增量进行短期和长期的追踪和评估。

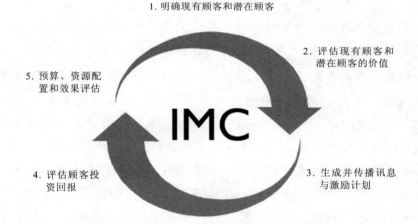

图3.6　由五个步骤构成的整合营销传播计划流程

　　图3.7更全面地展示了每一个步骤的具体组成部分，是按流程图的方式来展示的。不过，该流程是一个闭合的系统，一个阶段的输出结果会用作下一个计划周期的输入。

## 第一步：明确现有顾客和潜在顾客

　　正如指导原则五所指出的那样，整合营销传播需要通过行为数据，即他们已经做过的事情，或者因为受到某种影响在未来可能采取的行

动，来明确现有顾客和潜在顾客。在整合营销传播流程的第一步，营销
传播管理者不仅需要根据行为来明确顾客，而且还需要理解这些行为之
所以产生的原因。基于此，第一步就需要收集不同类型的信息，包括人
口统计信息、地理区域信息、心理统计信息和其他相关数据。

　　这里的重点是对这些数据进行聚合和整合，从而更好地理解设计传
播活动需要针对的人或者企业。要根据顾客的行为将他们进行聚合，这
样才能发展出与每个群体密切相关的传播活动。正如图示3.7中所展示
的那样，顾客被聚合为三个不同的群体：现有顾客、竞争对手的顾客以
及新顾客(尚未建立起紧密关系的新顾客)。下一章我们会深入地讨论不
同目标顾客群体的界定方法。

---

### 究竟谁是顾客？

在有关营销传播的各种讨论中，有一个共同的主题，那就是，明确
究竟谁是顾客。例如，有些生产商把渠道合作伙伴 —— 即与其有直
接销售关系的批发商或者零售商 —— 看作客户，而把从零售商那里
购买其产品的人看作消费者或者终端用户。在有些复杂的价值链
中，例如在b2b营销过程中经常看到的价值链中，在产品或者服务最
终到达终端用户手中之前的客户关系链是相当长的。

　　在这里，我们采用顾客这个说法来指称购买或者使用一个产品
或者服务的所有个体或者组织。如果必须在价值链的不同层级上进
行必要的区分的话，我们会采用不同的说法 —— 渠道客户(指的是中
间商)或者消费者和终端用户(指的是那些最终消费或者使用产品或
服务的人)。

---

## 第二步：评估现有顾客和潜在顾客的价值

　　由于以价值为导向的整合营销传播重点关注营销传播活动所造成的
财务影响和效果，因此，该流程的第二个任务就是为现有顾客和潜在顾
客确定一个预估的财务价值，即明确他们为公司贡献的收入。这一步骤
非常关键，因为它是一个基础，公司以此来决定将其有限的资源分配给

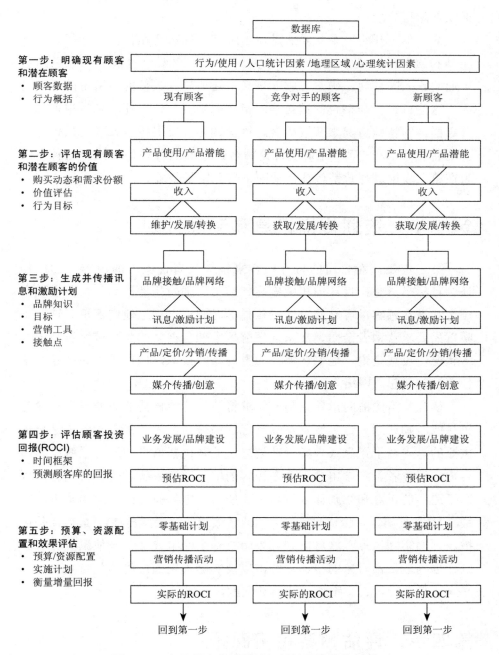

图3.7　五步骤整合营销传播规划过程的具体细节

谁以及如何分配。

第二步一开始，企业要清楚地了解其目标顾客在目前是如何使用其产品和服务的，还要考虑到未来的潜力，这都要以目前或未来贡献给企业的收入来体现。确定了收入规模，还要建立具体的可衡量的行为目标，这些目标要与整合营销传播的指导原则五一致，那就是，根据每个目标群体的特殊情况来获取顾客、维护顾客、发展顾客或者转换顾客。我们将在本书第5章中详细地讨论顾客价值的这种评估方法，这种方法为在第三步中进行营销传播活动的策划奠定了基础。

## 第三步：策划传播讯息和激励计划

第三步要针对公司的目标顾客来策划具有说服力的内容并加以传播。目标当然是：设计出相关度高、感染力强的传播活动，从而在现有顾客和潜在顾客最容易接受这些传播的时间点上到达他们那里。这一步骤首先要求营销者全面、深入地理解每个顾客群体的品牌接触和品牌网络状况，也就是说，他们在哪些地方与品牌接触，他们关于品牌建立了什么样的联想"网络"？

整合营销传播的指导原则七要求将各种营销传播的职能要素精简为讯息或激励计划。这一原则对于整合营销传播流程的第三步而言是至关重要的。内在于讯息或者激励计划方法的是传播信息的递送系统，即向客户、消费者、终端用户和潜在顾客的信息递送系统。营销者只有策划好了适当的讯息和激励计划策略，才能够决定如何最好地运用基本的营销工具(产品属性、价格政策、分销或者渠道策略以及传播)。最后，是传播计划的实际执行，这可以划分为两个基本的组成部分：使讯息或者激励计划到达目标对象的传递系统，以及实际采用的最终的创意执行——文字、平面设计、文案格式和活动主题，等等。

## 第四步：评估顾客投资回报

在整合营销传播方法中，财务性价值是非常关键的指标。通过应用整合营销传播的指导原则六以及将顾客视为资产的做法，营销传播管理者就能建立一个实在的基础，在此基础上就可以估算公司所有的营销传播活动的财务结果。在整合营销传播中，管理者不仅能够证明营销传播投资确实获得了正回报，而且还能够细化到，到底哪一个项目的效果最好，效率也最高。

　　第四步将结果划分为短期回报(业务发展)和长期回报(品牌建设)。例如，一方面，公司在设计激励计划时通常会从短期来考虑，使之几乎能够立即产生增量收入。而在另一方面，品牌不是一朝一夕建立起来的，因此，营销者还必须在一个相对较长的时间框架下来衡量品牌资产方面的回报。

## 第五步：事后分析和未来规划

　　整合营销传播流程的最后一个步骤自身又分以下几个步骤：

1. 确定一个相关的时间段，在市场上执行整合营销传播计划；
2. 当计划实施后对计划进行评估；
3. 制定一个再投资的策略。

　　在整合营销传播流程中，营销传播不再被视为一个一成不变的计划，也就是说，其起始和终结并不完全跟随企业财年或者财务报告期。因此，整合营销传播方法认为，营销传播是不间断的、持续进行的。它永远不会完成，也永远没有终点。

## 总结与预览

　　接下来的章节将详细地描述整合营销传播流程中的每一个步骤。但是，本章的这一简短概述也能够给予你足够的信息，帮助你确定你自己所在的公司内部的营销和传播活动是否与这里所介绍的整合营销传播流程一致。如果你认同以价值为导向的整合营销传播原则、方法和流程的话，那么欢迎你继续读下去。如果你不认同的话——或者说，如果你的公司在采取必要措施迈向整合方面尚未准备好的话——那么你可以把这本书扔在一边。你可以继续一如以往地策划你的传播活动，执行你的传播活动。一旦你和你的公司准备改变自己的思维模式了，你就可以再捡起这本书来读。好吧，希望我们在下一章里再见。

# 参考书目

1. "Intel Annual Report," 2002, intel.com.

2. "The Best Global Brands," *Business Week*, August 5, 2002: 92–95.

3. "Success One Account at a Time," *Business* 2.0, April 9, 2001.

4. Rajendra K. Srivastava, Tasadduq A. Shervani, and Liam Fahey, "Market-based Assets and Shareholder Value: A Framework for Analysis," *Journal of Marketing* 62 ( January 1998): 2–18.

5. John Wannamaker, cited in Rajeev Batra, John G. Myers, and David A. Aaker, *Advertising Management*, 5th ed. (Englewood Cliffs, NJ: Prentice Hall, 1996).

6. William Bolen, *Advertising* (New York: John Wiley & Sons, 1981).

# 第二部分

## 第一步：
## 明确现有顾客和潜在顾客

# 第 4 章

# 根据顾客行为来
# 明确现有顾客和潜在顾客

以价值为导向的整合营销传播流程的第一个步骤是使用顾客行为数据库来明确和界定现有顾客和潜在顾客。这一任务中隐含着这样一个观点，那就是认为现有顾客和潜在顾客应该被视为个体，而非市场整体。我们不应该按照细分市场、人口统计因素、地理区域、社会阶级或者其他一些人为标准来对顾客进行分类。也许是因为技术的不断成熟使得复杂的统计分析成为可能，营销者也就习惯于过多地依赖基于这些因素的市场细分方法。整合营销传播策略扭转了这样的趋势，将顾客更主要地视为能够给公司带来收入的个人。这一点不仅适用于消费品制造商，同样也适用于b2b企业。不管顾客如何购买，是通过折扣店、展览会，或者直接从销售人员那里购买，还是通过电话或者网络定期重购办公用品，所有的传播都必须围绕着人来展开——依靠人、为了人、关于人。如果营销者看不到购买决策背后的真正重要的个人的话，那么他们通常也就无法真正地理解传播的目标。通过聚焦于人而不只是市场或者细分群体，整合营销传播才得以避免落入陷阱。

## 将个体聚合成不同的行为群体

基于价值的整合营销传播也以现有顾客和潜在顾客的行为为基础。

营销者会把那些在使用产品上表现得非常相似的现有顾客和潜在顾客，以及在很多方面都很相近以至于使得讯息或者激励计划的通用成为可能的现有顾客和潜在顾客，聚合成一个群体。这种聚合过程使得营销者在发挥不同形式的传统媒介的效率的同时，仍然能够聚焦具体的根据行为来界定的现有顾客群体和潜在顾客群体(在有些情况下，甚至可能是个人)。从图4.1中可以很容易地看出，这种聚合方式与传统的市场细分方法相比有什么不同，前者从能够明确的个体出发，然后将这些个体聚合成行为相似的群体。

按照通常的做法，市场细分从整个市场出发，然后借由分析或其他细分原则，将整体划分成能够管理的不同群体，以实现营销和传播的目的。例如，美国的人口普查在传统上一直根据人口统计因素和地理区域因素进行人口的划分。人口统计方法根据年龄、性别、教育、收入等因素来把人口分成不同的群体。人口普查还根据地理区域，即州、城市、乡村或者市区等因素来分析和报告人口状况。由于这些信息最开始是由政府收集的，然后对公众开放，因此相对而言其成本并不高，营销者很容易得到。

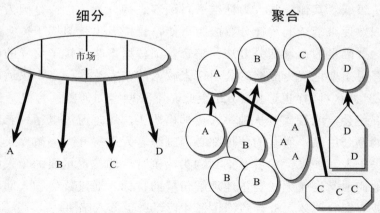

图4.1　市场细分与聚合方式之间的差异

尽管就分类目的而言，人口普查信息确实是非常有用的，但是它并不能为我们提供太多有关现有顾客和潜在顾客的洞察。为了弥补普查信息的缺失，许多公司要么通过调研，要么通过来自第三方的辛迪加信息供应商的额外信息来完善自己所拥有的有关地理区域和人口统计的数据。这种做法当然是很有用的，但是，其假定是，一个市场是由完全同质的大众组成的，可以根据年龄、性别、收入和地理区域等因素加以细分。

---

#### 一对一的未来？

一对一营销是一种高度个体化的营销方法，这种方法利用顾客数据库、基于顾客过往的行为或者所表述的偏好来传递定制化的营销信息、交付物或者产品。这一说法的创始者唐·佩帕斯和玛莎·罗杰斯将之解释为一种"以不同的方式对待不同的顾客"的能力。[1]

尽管我们认为在一个复杂化、全球化、网络化的市场上，一对一营销的概念和原则确实是一个站得住脚的方法，但是，我们同时也发现，这一方法只适用于数量有限的类别。一对一营销，对于很多企业来说，都是不实用的，在财务上也不具有可行性。作为一个通行的原则，除非营销者与现有顾客和潜在顾客之间能够保持直接的、连续的接触，而且产品或者服务可以相对容易、相对廉价地进行"定制"，否则的话，对于传播计划的执行而言，一对一营销通常并不是最实际可行的方法。这很显然会引发这样一个问题，即是否所有的传播都必须体现针对性、具体性和直接性。答案显然是否定的。事实上，在接下来的章节中，我们对使用相对宽泛、相对通用的品牌价值主张，以及使用可以通过大众媒介系统得到最佳执行的方法，提出了有力的论证。

---

b2b营销者也会使用细分方法，其所依据的是标准产业分类(SIC)。这一数据库也是由政府收集的，根据行业或者生意类型、员工人数、销售收入和其他因素对商业企业进行分类。如果只是想对市场获得一个宽泛的理解的话，那么这些数据还是有意义、有帮助的，但是，如果是为了通过理解现有顾客和潜在顾客的价值以实现营销和传播目的的话，那么这些数据通常就不是很给力了。

整合营销传播超越了市场细分的概念，它基于个体在市场上的行为而将这些个体聚合成为不同的群体。从本质上讲，不同的顾客群体是根据其所作所为，而不是营销者所发展出的人为的分类手法，来界定的。换句话说，必须首先从人出发——辨别其活动和行为，然后根据这些结果形成自然的市场群体。例如，营销者能够识别哪些顾客群体或者公司群体在购买，他们是如何购买的，在什么时候购买，购买了多少，将来还可能购买多少。

公司通常会基于顾客和品牌之间的关系的强度来发展聚合计划。例如，公司一开始可能会将现有顾客和潜在顾客聚合成为三个简单的群体：现有顾客、竞争对手顾客和新兴使用者。可以将所有现有顾客视为一个单一的目标，或者也可以将他们再细分为次级类别，例如高购买量/高利润率的使用者和偶尔购买或者低利润率的使用者。同样，竞争对手顾客也可以再划分为竞争对手的忠诚用户以及其先前行为所预示的迁移(三心二意)者。新兴使用者对于传播来说是特殊的挑战。这些人刚刚接触到某一品类(他们包括新妈妈群、刚刚搬入宿舍的大学生以及刚刚退休的老人等)，因此，他们和任何一个竞争对手之间都未曾建立起强有力的关系。但是，正是因为刚刚接触到这品类，他们可能会有一些特定的信息需求，要想接触到他们也许需要借由不同于现成途径或渠道的途径或渠道。

一旦界定好了现有顾客和潜在顾客，并且根据其行为进行聚合之后，营销者就可以利用传统工具来完善行为信息，这些工具包括人口统计信息、地理信息或者心理统计信息。这些数据有助于更好地诠释我们已经观察到的行为，从而帮助营销者理解这些行为之所以最有可能发生背后的原因。

我们认为，与传统的细分方法相比，聚合方法是一种更为丰富、更具洞察力的方法，因为这种方法将顾客视为人，而不是简单的人口普查中的细分群体。我们发现——市场也已证明——关于顾客究竟做了什么，其表现如何，或者其与产品或服务相关的过往历史之类数据，比起有关其年龄、性别、收入或者所在街区之类数据，要有用得多。而且，关于行为的数据，尤其是在成熟的西方市场，今天获取起来比以往要容易得多。在很多情况下，营销者已经捕捉到了最佳顾客的姓名和地址，或者已经能够从第三方那里获取类似信息。

**作为预测指标的行为**

　　新的研究手段为营销者利用顾客行为数据，并以之为基础来制定传播计划，提供了充分的理由。研究者安德烈娅·奥瓦斯发现，当人们被问及其购买意愿或者其实际购买行为时，其回答通常并不能精确地代表其在市场中的真正行为，因此，其回答对于预测其未来行为而言就不那么有用处了。例如，利用过去发表过的学术研究以及由行业赞助的研究中关于200个产品和65000个消费者的数据，奥瓦斯发现，购买意愿在预测未来行为方面作用甚微。根据其研究团队的说法，"……人们在预测其自身的长期购买行为时通常都是不靠谱的，无论所针对的是哪一类别产品，新产品也好老产品也好，耐用品也好易耗品也好，都是不靠谱的。"[2]因此，只要时间和空间条件允许，还是应该采用行为数据，因为这些数据告诉我们顾客在过去做了什么，而不是任由顾客自己说未来将会做什么。

# 找到营销者进行整合营销传播计划时所需要的数据

　　整合营销传播流程的第一步中有一个压倒性的目标，那就是，获得有意义的洞察，洞察公司希望服务的个人或者企业的需求、愿望和希望。顾客数据是这种洞察的源头活水。营销者通常都已经收集了关于其现有顾客和潜在顾客的海量数据，这是当今企业经营模式所发生的巨大改变之一。在过去二十五年间，数据的收集、处理和分析等各个方面都发生了令人惊叹不已的变化和进展。因此，如今我们所面临的问题已经不再是数据缺乏。从现有顾客和潜在顾客身上获取更多数据也不再是什么难事了，大量的数据源源不断地流入企业。相反，如今我们所面临到的数据方面的真正挑战反倒是如何把企业所拥有的数据组织起来，使之开放给所有需要的人。

　　绝大多数公司都存在"信息孤岛"，散落在各个部门。一些数据在市场研究部门那里；一些数据在销售部门那里；还有其他类型的信息在客服部门、会计部门和传播部门那里。真正的问题在于，很少有公司能够成功地系统化地将这些信息群岛连接起来，从而形成对其顾客的全面而又富有洞察的了解。那么，企业应该如何将有关其现有顾客和潜在顾客的不同来源的信息关联在一起？又应该如何使用这些信息呢？宝马汽车的经验可以为我们提供某种答案。

### 分享顾客财富

　　根据以伦敦为中心的Dunnhumby数据库咨询公司，英国宝马公司早在二十世纪八十年代初期就开始大量收集并整合不同形式的顾客数据。该公司从不同的来源收集了大量的信息，这些来源包括新车和二手车的购买记录、保修和服务记录、宝马贷款服务记录、直邮和网络来源以及包括竞争对手销售数据等外部信息。宝马最终打造了一个巨大的营销数据库，使自己能够更好地理解顾客，并且告知员工自己的产品在市场上的表现究竟如何，从而使得自己在市场上拥有了强大的竞争优势。

　　该数据库用于许多不同的目的。很多时候，宝马公司用该数据库来预测什么时候顾客可能会想换车。由于拥有了这些数据，经销商就可以和顾客进行交流，并且帮助他们规划如何购买下一辆车。数据库中的信息还会被运用到广告中去。Dunnhumby总结，在过去几年间，不同形式的宝马广告活动的顾客响应率已经增长了两倍。之所以会有如此巨大的提升效果，其关键原因在于分析师们能够有效地对顾客进行细分，并能精确地确定目标对象，进而主动接触那些更有响应意愿的顾客。

　　最后，为了确保品牌在客户服务方面的卓著声誉，宝马将数据库中的信息开放给呼叫中心的前台服务人员。因此，无论顾客的宝马车是通过哪个渠道购买的，公司的客服人员都可以掌握有关这些顾客的终生价值的细节信息，以及他们和宝马打交道的全部信息。[3]

# 现有顾客和潜在顾客的数据来源

我们可以从多个来源获取有关现有顾客和潜在顾客的数据。那些在应用数据方面表现优异的公司通常都最擅长开展既有效果又有效率的整合营销传播活动。而这一点从我们在第2章所讨论到的关于如何利用顾客信息(LCI)的研究中，在整合营销传播方面被视为标杆的最佳企业身上也可以得到证实。在那一章中，我们介绍了一个模型，该模型由三个部分组成——企业对数据的收集、管理和应用(见图2.4)。在这里，我们会更深入地回顾一下该模型的每一个组成部分。

图2.4左边一栏列举的是企业通常用来收集现有顾客和潜在顾客信息的不同来源。这些数据来源被放在一条线上，以其来自内部还是外部来加以区分。为实现开展一个全面的整合营销传播活动这一目标，绝大多数公司都采用内外结合的方法。每一种类型的数据都有其独有的用途和特征。图表中的名单当然并没有穷尽所有的数据来源，但是它至少涵盖了LCI研究中最佳实践企业所普遍收集的主要数据类别。

如此浩若烟海的信息确实令人头晕目眩。而且，尽管数据足够海量，但是在很多情况下，这些数据中只有很少一部分被转化成了关于顾客的知识。因此，我们所面临的问题通常是究竟从何处入手。正如前面已经提及的那样，有关现有顾客和潜在顾客的最具价值的信息是关于他们在过去究竟做了些什么的信息。也就是说，因为整合营销传播活动需要围绕其某些产品或服务来展开，因此我们就需要了解与这些产品或服务息息相关的顾客行为、购买情况或者活动究竟是什么。

我们发现，与任何其他类型的信息相比，行为数据几乎总是能够提供更具价值的顾客洞察，洞察到他们未来将会采取什么样的行动。习惯成自然，人如此，企业亦然。他们在过去所做的一切，在将来很可能会重演。这并不是说，态度数据——人们如何看待一个公司或者品牌——就没有任何价值。但是，通常而言，这样的信息缺少预测能力。例如，众所周知，人总是无法真正预测其在未来的场景中将采取什么样的行动(见本章前面提及的奥瓦斯所进行的研究)。因此，营销者与其采用态度数据来预测顾客在未来可能会采取什么样的行动，还不如利用这些信息来解释顾客之所以这么做其背后的原因，以及他们在未来可能还会这么做的原因。

# 充分理解现有顾客和潜在顾客

许多公司收集海量的数据，可能仅仅是因为这些信息原本存在或者唾手可得。公司通常会在理解顾客这一精神指引下，尽可能多地收集各种数据，他们似乎都怀着这样一个想法，那就是，总有一天自己将会或者能够"慢慢地把这些数据梳理清楚"。在当今的市场上，收集数据就好比是直接从消防水龙头里喝水。面对如此之多可以轻易获取的数据，公司反而变得无所适从了，在很多情况下，甚至反而呆若木鸡。相应的解决方案是找到终极的数据库或者技术，然后，在界定和完善数据的过程中，在使用任何结果时避免徘徊不前！

如果以整合营销传播的视角来看待这些收集来的信息的话，那么营销者需要做的是根据其本身所蕴含的战术性和战略性价值来把数据区分开来。用于支持战术性决策的数据是以营销活动应该如何执行为基础的，包括媒介形式、递送系统、讯息和交付物等。战略性信息和数据有助于企业作出究竟应该做些什么这样的决策。要确定某些数据是否值得收集、值得保留，营销者可以采用下面这个很简单的三段式测试：

1. 这些数据能够帮助我们公司与现有顾客和潜在顾客建立更紧密的关系吗？我们能够为顾客提供满足其合乎情理的愿望或需求的产品或服务，而不只是提供我们不得不推销的产品或服务吗？我们能够以有意义的方式来与他们进行沟通和交流吗？

2. 这些数据能够帮助我们发展成为一个学习型组织吗？我们能够真正理解顾客的行为，并且利用这些知识在未来为顾客创造令人满意的体验吗？这些数据能够帮助我们吸取过去的失败教训，利用过去的成功经验吗？我们正在获取的数据能够帮助我们与时俱进，顺应顾客，顺应其未来的愿望和需求吗？

3. 这些数据能够帮助我们，无论是在当下还是在未来，更好地配置我们有限的资源吗？这些数据能够让我们做出更好的营销传播决策吗？我们能够确定哪些工作更重要，哪些工作是次要的，以及为什么是这样的吗？我们所收集、管理和分析的这些数据能够帮助我们在未来更有效地管理好公司有限的资源吗？

如果我们所关心的数据在上述三个关键领域的所有方面或任何一个方面是有价值的，那么，我们收集、管理和分析这样的数据就极有可能是值得的。

### 人的态度必然会影响到其行为吗？

任何一个有关顾客行为的研究都不可避免地会碰到这样一个问题，那就是，人的态度到什么样的程度才能够导致某种行为。在营销和传播界这是一个不时出现、颇有争议的问题，其根源是四十年前最早产生的一个假设，该假设是为了解释清楚广告究竟是如何产生效果这一问题而发展出来的。当初的假设认为，消费者接触到企业的传播活动会经历某种心理过程，比如，从初步知晓到深入了解到有所偏好等，而这一过程到了某一节点，就会导致某种行为。这一假设在真实的市场环境下从未得到过验证。正是因为该假设无法将态度上的变化和市场行为关联起来，才引发了这么多的争论。我们先把这方面的讨论搁置一边，来简短地回顾一下一个著名的营销概念，即效果层级模型，该模型最早是由罗伯特·拉维奇和盖瑞·斯泰纳在1961年提出的。[4]

正如图4.2所展示的那样，效果层级模型(或传统的以广告为基础的模型)假定，人在做出购买决策之前在态度上会经历一系列变化阶段。人们接触到了广告信息之后被认为会经历一系列相连的步骤，从初步知晓到最后行为或购买。该模型进一步假定，营销传播是驱动这一变化的有力工具。因此，为现有顾客和潜在顾客提供的信息或者接触机会越多，那么他们走完这一系列步骤、最终购买营销者所推广的产品或服务的速度就越快。对这个效果层级模型的接受和认同形成了营销和媒介计划领域的许多关键假定，包括到达率(reach)和到达频度(frequency)、声音份额(share of voice)和其他因素等(见第8章)。

尽管这样一个传统模型确实易于理解也便于应用，但是它本身却存在着很多问题。它是四十多年前的产物，当时的营销传播工具要少得多，竞争态势也没有现在这么激烈，因此这一模型忽视了竞争讯息的影响，忽视了未被衡量的传播形式的影响。但是，该模型所面临的最大的挑战则在于，其本身仍是一种假设，因此，尽管被普遍接受，但是事实上几乎没有什么科学依据能够表明，它能够正确地评估人类思维对于广告或者营销传播做出反应的方式。

在理解营销传播所带来的影响中还有一个关键的要素，那就是，真正需要理解的是，最终带来销售的是消费者的行为，而不是其态度上的变化。因此，整合营销传播首先着眼于使用消费者行为数据，然后通过态度方面的信息或材料来诠释这些行为。本质上讲，要从效果层级模型的另一端开始，然后反向操作——这是一个莫大的改变。

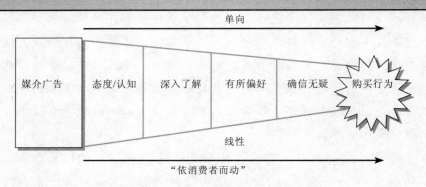

图4.2　传播的效果层级模型(以广告为基础)

在一个整合营销传播活动中，如果要确保营销传播具有战略性价值，那就必须对现有顾客和潜在顾客的当下和未来行为产生影响。营销者不能预先假定这种情况必然发生，也不能预先假定必然会发生购买此产品或服务的行为。营销者需要将顾客行为视为一个给定的条件，然后试图强化或者改变这些行为。因此，在对顾客过往行为有了一定的认识之后，营销者就知道应该做些什么以便影响到他们未来的行为，并且也知道在未来对其活动进行评估时应该衡量些什么。

　　体现这种管理顾客行为的方法的一个最出色的案例就是Dunnhumby公司所发展的流程。[5]该公司和自己的许多客户共同合作，从诸如超市、汽车制造商和服装零售商之类企业获取顾客购买数据，建立起超大的多维矩阵，从三个乃至更多维度来设想顾客行为。接下来，该公司又将实际顾客行为数据或者个体顾客在一段时间内的购买行为数据填入这些矩阵。这些信息通常来自某些类型的顾客忠诚计划所收集到的数据。

　　通过将其顾客置入这些矩阵区间，Dunnhumby可以确定对营销者和顾客都最有利的矩阵区间。由于营销企业了解顾客目前所占据的矩阵区间，所以就可以发展出有针对性的营销和传播活动，旨在将那个顾客或顾客群体"转移到"该矩阵中更理想的位置上。在有些情况下，比如，就超市的顾客而言，就可以观察到顾客每周从一个矩阵区间转移到另一个矩阵区间的情况。因此，营销者就获得了实时的结果，从而能够清楚地了解不同的营销和传播活动其效果究竟如何。

# 在整合营销传播情境下理解数据库

　　在过去十到十五年间，全球范围内的营销者都不约而同地听到了对数据库的呼吁。在二十世纪八十年代中后期，一个企业，如果没有建立顾客数据库，或者不能在一对一的基础上与顾客发展关系，就注定会失败，对此，无人质疑。事实上，真相并非如此。我们从LCI研究中发现，有许多最佳实践公司要么依靠其老式电脑系统，要么将电脑、信息系统和各种方法论拼凑在一起，以此来识别和理解已有顾客和潜在顾客，并对他们进行营销和传播。正如第2章所揭示的那样，强大的公司能够依靠公司内部以顾客为导向的文化来克服各种技术上的缺陷。

　　当直复营销和数据库营销如日中天之时，许多公司不得不认同数据收集和数据管理所应允的好处。这些公司投入了大量的财力来购置或者租赁电脑，安装功能复杂的软件，雇佣大量信息技术人才，滴水不漏地收集所有能收集到的数据。然后，他们将所有数据全部塞入计算机化了的系统之后就开始守株待兔，静候成功发生。很不幸的是，成功的兔子始终难以捕捉。个中原因？他们把重心放在了数据和技术上，而不是如何应用数据来洞察现有顾客和潜在顾客，如何对他们的行为产生影响。当然，这并不是说所有的数据库系统都是糟糕的，毫无用处的。但是，在这里需要提醒大家的是，建立数据库的目的仅仅是为公司管理者提供信息和知识而已，并不是解决他们所面临的营销问题。

整合营销传播对数据库的态度很简单。有些公司确实需要数据库，而有些公司则并不需要数据库。事实上，即使是在二十一世纪的电子化、网络化市场上，也有这样的少数公司，他们哪怕只拥有有限的一点关于现有顾客和潜在顾客的信息(通常是顾客究竟买了什么，以及什么时候买的)，也照样活得有滋有味。要成功地理解现有顾客和潜在顾客，关键并不在于企业拥有多少数据，而在于如何有效地利用好现有的数据。根据整合营销传播的观点，关于现有顾客和潜在顾客，一旦能够获得两条数据，那么就应该充分地利用这些数据来更好地理解现有顾客和潜在顾客，或者，来发展更好、更相关的营销和传播活动。简而言之，如果所收集的信息不能让顾客的生活有所改善，那么何苦费那么大劲去收集它呢？

## 数据审计

在一个相关数据库的建立过程中，第一步通常是数据审计。在和全球范围内各种类型的企业二十多年的合作之中，我们尚未找到一个仍然需要更多数据的公司。我们所看到的是，许多企业已经有了其所需要的数据，但是(a)并不知道这种信息在公司内确实存在，(b)这种信息无法用于营销和传播目的，或者(c)无法将这些数据加以整合或分析，从而为公司提供新的或者有用的顾客洞察。最终的结果是，有志于开展整合营销传播活动的管理者有几个共同的假定，首先，公司必须先建立一个数据库；其次，公司必须通过研究来获得更多数据，从外部供应商那里购买数据，或者采用其他方法来获取数据。对此，我们的建议又是什么呢？要抵御住这样的诱惑！最可能的情况是，你会发现你所需要的数据大部分在公司内部其实早就有了。那么，赶紧去找到这些数据。我们将此称为数据审计。图4.3所展示的是数据审计的整个过程，该过程从了解公司内部的每个领域都已经有了哪些数据开始。

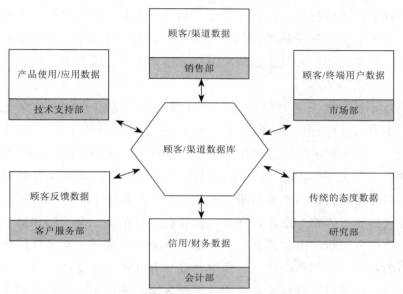

图4.3　部门作为企业内部的数据来源

　　无论公司在哪里与顾客接触，通常都会产生数据，可供人使用。因此，首先要由内部开始了解。要和销售部门谈、和会计部门谈、和客户服务部门谈。要问他们拥有哪些有关现有顾客和潜在顾客的数据。你可能很快就找到你所需要的一切，而且通常所费不多。当然，你所面临的挑战是，当你找到了所有的信息之后，你如何将这些信息整合起来。

　　过去叫US West Direct的Qwest公司向我们简要地展示了何以做到这一切。Qwest希望改变一下推销其黄页广告空间的方式。过去的做法通常是，销售代表基于手头现有的广告类别来推销广告空间，这些类别标准包括面积、色彩、折价券等。为了更好地掌握其顾客需求，该公司进行了一次市场调研。基于调研结果，该公司将自己的顾客进行了聚类分析。Qwest的营销管理者发现客户多种多样，有的希望增加业务，有的因为提供利基服务或利基产品而需要其广告的尺寸要小一点但是版位要多一点，有的是b2b客户，有的搞不清楚自己的广告应该放在黄页的什么地方。在聚类内部，管理者发现客户有着相似的需求。这些简要发现的一个应用结果是，公司用其来培训销售代表，让他们通过问客户几个简单的问题，然后就能快速地将该客户放置在一个合适的群体中。公司还对销售宣传材料上的信息进行了相应的改变，使之更聚焦于顾客需求，而不是公司所推销的产品。只是依靠这样一项研究，Qwest就提升了其广告销售额，并且还显著地削减了销售成本，因为整个销售过程变得更加有效率了。[6]

另外一个案例是时代公司，即世界上最大的媒介和娱乐公司美国在线时代华纳的出版业务分支。时代公司内部设置了营销信息部门(MID)，管理着好几个能够互动的订户数据库。该公司既利用现有的内部数据，又充分利用大量外部力量，来锁定和吸引新的读者群和订阅者，努力使其营销活动的效果最大化。例如，如果一个顾客同时订阅了《时代》和《人物》杂志，那么该公司就会试图向他交叉销售另一本他有可能也会中意的杂志或者相关产品。MID部门的员工负责管理和处理公司的数据，确保新的计划、账单、续订和其他工作都能够尽可能精确地完成。这些员工同样需要负责改进顾客清单的质量，所采用的手段包括获取新的潜在顾客以及更深入地挖掘数据库，以此来获得更多有关现有读者和订户的洞察。一个公司需要有效地整合并利用多个数据库来和现有顾客和未来顾客进行沟通，并且获取更多关于其行为的洞察，在这一方面，时代公司带了个好头。[7]

## 数据库的种类

我们前文已经向大家阐述了这样一个道理：对于整合营销传播活动的开展而言，数据库乃锦上之花而非雪中之炭。这样说必然会引发大家提出这样一个问题，那就是，在传播活动开展过程中，究竟哪些种类的信息，收集起来或者整合起来是最有用处的。图4.4给出了答案。这一框架是由位于得克萨斯州达拉斯市郊区欧文镇的数据库营销服务公司Targetbase发展出来的。在对一个公司在发展有效的营销传播活动时所

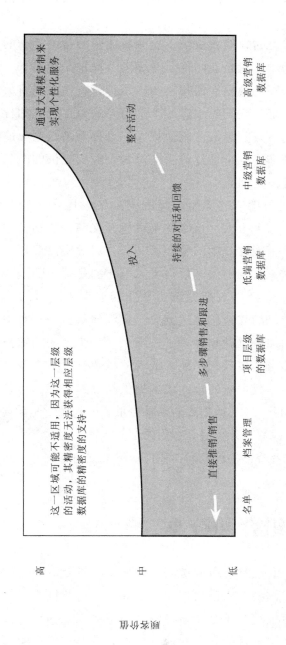

图4.4　找到合适种类的数据库

资料来源：Used with permission from Targetbase, Inc.

需要的数据库的层次和精密度进行行之有效的评估方面，上述框架被证明颇为有效。

究竟需要哪种种类的数据库取决于企业所需要的营销活动的种类。图表的纵轴展示的是顾客对企业的价值有多大。横轴是相对于不断升高的顾客价值的不断升高的数据库的精密度。尽管该案例主要将数据库视为公司所做的一项投资，它同时也表明了所需要的数据管理的程度，从顾客名单的简单罗列一直到高级营销数据库，这种营销数据库能够让企业为高价值的个体顾客提供个性化的服务，为企业所提供的产品和服务进行一定程度的大规模定制。

高度整合的营销传播活动需要中级到中高级数据库。这并不意味着，如果不对技术进行大投入，那么就不可能开展整合活动。这真正意味的是，为了开展真正能够互动的整合活动，公司确实需要建立一个相对全面的数据库。这一框架中尤其值得大家关注的是那根凹陷的曲线，其所代表的区域表示数据库可能无法为企业创造真正价值的地方。例如，如果一个公司唯一的兴趣就是达到第一层级的整合——对不同类型的向外营销传播活动加以合并和协调——那么，一个精密的数据库所带来的价值很可能无法与其投入相匹配，或者，该数据库给企业带来的增量回报至少不足以为该数据库的投入成本提供充分的依据。

一个更关键的问题，比对数据库的需求更重要的问题，是如何利用现有顾客和潜在顾客的数据来获得对其行为的更多洞察。而这一点通常需要从多种来源来聚合或者整合各种数据，我们接下来就讨论这一话题。

# 顾客数据的组合和分享

明确现有顾客和潜在顾客所要做的大部分工作是获取数据和信息，但是，要获得真正的洞察，则需要按照一定的方式对数据进行组合和分析，这样才能提供有关现有顾客和潜在顾客的更多深入的细节性信息。把数据组合起来，其主要目的在于获得关于现有顾客和潜在顾客的更完整的画像。通常，当两个数据组合到了一起就能产生新的知识，产生第三种、第四种、第五种甚至第六种知识。正是这种协同反应真正能够帮助营销者更好地理解公司的现有顾客和潜在顾客。

为了获取更有价值的顾客洞察，使得公司能够明确现有顾客和潜在顾客，我们要利用所有现存的数据，围绕两个维度创造出这样一个由四个象限构成的矩阵：

- **横轴是从可衡量数据到隐含数据**。量化的数据能够提供关于大量现有顾客和潜在顾客的具体的结构化信息。隐含数据则是通过研究调研的方式或者通过零散的顾客接触和评论而获取的。
- **纵轴是从可观察数据到推测信息**。通过观察而来的信息基于真实的有可追溯性的顾客行为和数据。推断信息则是通过调研和其他抽样技术所获取的信息。

将这两种形式的数据组合到一起，就能发展出图4.5所展示的这一矩阵。在这里，公司通常所收集到的不同类型的数据被分别放置于四个象限中。尽管这里所展示的矩阵并没有涵盖所有的情况，但是它确实展示了整合营销传播管理者在其企业内部可能找到的各种数据类型。它还给为分析和计划目的而进行的数据组织工作提供了一个有效的手段。

当然，这些数据，只有在以某种方式进行过分析，并发展出了有关现有顾客和潜在顾客的洞察之后，才真正算是有价值的。这通常需要通过某种数据收集、管理和整合过程才能完成。我们可以再回头看一下图2.4中所展示的IMC模型。将企业内部所有的数据都整合成有关顾客的有用的和能用的信息这一任务，需要借助企业的组织推动力和技术推动力。组织推动力是指企业内部能够让数据整合和洞察变成可能的因素，通常包括企业文化(以顾客为中心的程度、高层管理者的支持程度、不同部门、单位、战略业务单位即SBUs之间的协同与合作程度等)。技术推动力则包括电脑硬件和软件之间的兼容性、数据传输系统、数据收集设施等。这两种推动力对于数据整合的成功都是不可或缺的。

对于许多企业而言，顾客洞察取决于其数据相互关联的方式。这些关联既可能是硬性的，也可能是软性的。所谓硬关联是指这样一些活

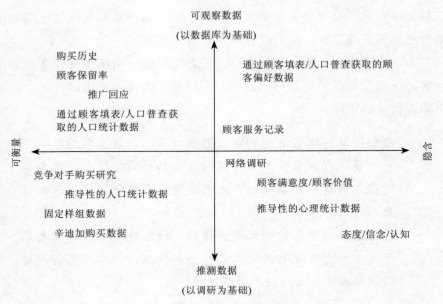

图4.5　可观察/可衡量数据矩阵

资料来源：From "Leveraging Customer Information," American Productivity and Quality Center (Houston: APQC, 2000). Used with permission from American.

动，它们能够确保不同类型的数据之间在物理属性上相匹配，这些数据包括顾客购买记录和第三方人口统计数据之间的相互匹配。软关联是这样一些活动，它们需要人为的干预或行动才能确保成功。顾客画像、顾客评分以及为收集数据而进行的样本设计都是软关联。所有这些方法都高度依赖设计或者发展不同类型的模型和算法从而提供有用结果的人，他们的技巧和能力决定了一切。

最后，真正处于所有数据收集过程核心的是数据的管理和整合活动，这些活动将不同来源的数据整合起来，为接下来的分析做好了准备，这种分析能够为公司提供富有价值的顾客洞察。这也是下一部分的主题。

# 形成顾客洞察

截至目前，营销者一直致力于获取有关顾客的洞察。让我们再一次回顾一下图2.4。右边一栏列举了如何应用数据聚合来发展企业活动和策略的方法。这些产出或者应用方式被排成一列,从战略层面一直到战术层面。很显然,对于整合营销管理者显得重要的主要战术层面的产出是对现有顾客和潜在顾客进行细分或者聚合,这展示在系列的顶部。有了现有顾客和潜在顾客的聚合之后,营销者才可能来发展信息传递和服务交付系统等。在系列的另一端是业务战略层面的产出,利用对顾客数据的分析来进行方法各异的长期规划,甚至包括发展"平衡记分卡"。[8]

## 总结与预览

在对图2.4右边一栏进行回顾之后,我们可以清楚地发现,一个企业通过不同形式和不同来源来收集有关现有顾客和潜在顾客的数据,这个过程显然是其探索顾客接触管理方法、提高这方面水平的努力。毋庸置疑,这也正是新的整合营销传播的精髓所在——更好地管理公司与其现有顾客和潜在顾客之间的每一次接触,无论这种接触是预先计划好的还是没有计划的。在下一章中,我们会对这一接触管理概念进行更深入的讨论。当然,此刻,我们需要明确的是,对企业所收集来的有关其现有顾客和潜在顾客的数据进行分析,对于营销传播活动是否能够得到有效整合而言是至关重要的。这种分析还决定了这些活动的整合与营销传播努力所关注的个体之间是否具有真正的相关性。

## 参考书目

1. Don Peppers and Martha Rogers, *The One to One Fieldbook* (New York: Doubleday, 1999): vii.

2. Andrea Ovans, "Market Research: The Customer Doesn't Always Know Best," *Harvard Business Review* 76, no. 3 (May–June 1998): 12–13.

3. "Case Study: BMW," dunnhumby.com.

4. Robert J. Lavidge and Gary A. Steiner, "A Model for Predictive Measurements of Advertising Effectiveness," *Journal of Marketing* 25, no. 6 (October 1961): 61.

5. Clive Humby, personal conversation with author, London, September 14, 2000.

6. Don Peppers and Martha Rogers, "Smart Marketing: Remove the Burden of Choice," altagerencia.com/freestuff; articulos; peppers_burdenchoice.htm.

7. Kelly Mayer, resident at Time Inc., personal conversation, September 2002.

8. The balanced scorecard is a set of financial and nonfinancial measures by which organizations track performance over time. The use of such a scorecard expands the focus of the organization beyond summary financial measures and focuses attention on the "people, systems, and procedures necessary to improve future performance." Robert S. Kaplan and David P. Norton, *The Balanced Scorecard* (Boston, MA: Harvard Business School Press, 1996).

# 第三部分

## 第二步：评估现有顾客和潜在顾客的价值

# 第 5 章

# 如何确定顾客和
# 顾客群的财务价值

整合营销传播流程第二步的目标是确定现有顾客和潜在顾客的财务价值，以便进行明智的营销传播投资。设定了这一目标，基于价值的整合营销传播就有别于营销传播计划的传统方法，这一点应该是非常清楚的。整合营销传播方法论有一个内在的前提，那就是，营销传播可以提升到与企业战略活动相关的层面，而不仅仅是作为一个战术性的职能而存在，成功与否完全碰运气。企业必须将作为战略工具使用的整合营销传播视为必要的投资，而不是不得不发生的费用。最后，这一点也清晰地表明为什么顾客是公司价值链上最关键的一环。顾客及其价值以及其所带来的收入之所以被视为企业进行投资的基础，正是因为这些才是为企业带来财务回报的主要因素之一。

从战略角度而言，顾客对于公司而言具有资产价值。任何一个营销传播活动要想取得成功，讯息的创意能力和传播的执行系统都是非常重要的，但是这些方面在推行整合营销传播的企业中还扮演着新的角色(见第7章和第8章)。

本章所关注的正是作为企业资产之一的顾客，正是顾客为企业的传播投入提供了真正的持续不断的财务回报。另外，我们也会提供一些基本的要素，这些要素能够帮助整合营销传播管理者实现角色的转变，从简单地分配企业传播资源到成为管理好来自顾客的收入的管家。

# 确定财务价值

　　整合营销传播流程的第二步要求整合营销传播管理者发展出一套能够确定现有顾客和潜在顾客的财务价值的方法论。这首先需要理解每个顾客聚类群体的购买变化趋势以及其购买量在与公司或者品牌相关联的产品类别中所占的份额。这一方法必须理解市场当下对公司产品或者服务的需求度有多大，当然也必须涵盖对潜在的市场需求的预估。正如第3章所探讨过的那样，顾客的需求应该用财务指标——即预计的收入——而不是数量、产品单位或者产能估值来体现。用这种财务视角来看待顾客价值，整合营销传播管理者才能为每一个顾客群确立适当的行为目标。对于有些群体来说，可能只要维持住当下的消费水准就足够了，而对其他一些群体来说，公司可能更希望提升其消费水准，或者说服他们转而购买盈利率更高的另外的产品线。对于产品的非使用者，可以制定计划促使他们尝试购买，并希望他们在未来能够成为持续的购买者。所有这些情境有一个共同的关键点，那就是，需要一个初始的基线价值评估，这种评估为管理者提供一个财务方面的立足点和出发点，从而确定整合营销传播流程第四步和第五步所涉及的顾客投资回报。

　　要确定回报，管理者首先必须对顾客的初始价值有个基本了解。这一点至关重要，因为只有了解了这一点才能够为管理者提供一个基线，以此来确定公司在不同的时间节点上究竟愿意为某一个现有顾客、潜在顾客或者顾客群体进行多大的投资。了解了这一点还能进一步帮助管理者明确衡量公司从针对这些顾客所做的投资中已经获得的回报或者有可能获得的回报。

# 将顾客视为资产，将传播视为投资

　　囿于会计规则的规定，绝大多数企业目前仍然将营销传播活动当作企业或者业务部门的费用。公司决定，在一定时间内，通常是一个财年，其在营销活动上愿意投入多少花费，然后将此数额设定为一个预算科目或者至少是预期会发生的费用。公司会发展出一个预算管理系统，通过控制和财务限制手段来调节费用的支出。

之所以会采取这种做法，是因为，在绝大多数企业中，营销传播都被视为围绕着成本的活动，也就是说，是必须得到有效管理、分摊和监管的一项费用。之所以设定预算，是因为这么做可以更好地约束营销或者传播的管理者，免得其花费超出已经计划好或者批准了的数额。如果通过费用合并、优化或者只是不花费掉最初预算过的数额而把预算节省下来，那么这些节省下来的预算就会使总费用直接减少，而公司的净利润直接增加。

由于营销传播被当作成本性职能，因此，通常而言，高层管理者对于营销传播投资能否获得任何财务回报基本上是不抱任何希望的。此言不虚，尽管高层管理者会要求营销传播管理者针对其营销和传播活动"给出价值证明"。这里面的挑战在于如何证明是因为某个营销传播活动的投资产生了效果而使得销售或毛利、数量或其他财务指标得到了提升。这在整合营销传播流程中是一个非常重要的因素，我们将在第四步和第五步予以详细讨论。

我们可以再一次回顾一下图3.7的第二步。在第一步中，基于行为而将顾客聚合成现有顾客、竞争对手的顾客和新顾客等类别。第二步则列举了营销者希望通过传播活动来实现的行为目标。很明显，不同的现有顾客和潜在顾客给企业带来的收入是不同的。有些顾客管理起来成本更高，因此其所带来的利润率可能不那么高。有些顾客获取的成本更高，因此其所带来的收入可能在很久之后才能盈利。流失的顾客显然无法带来任何收入，因此要吸引他们回来可能需要额外的投资。营销者一旦以此类特性来看待现有顾客和潜在顾客，他们就可以开始规划不同类型的营销和传播活动，以此来影响不同类别顾客的行为。而且，他们会开始意识到，不同的营销传播活动将需要不同程度的投资，也将产生不同程度的回报。

将现有顾客和潜在顾客视为公司当下或者未来的收入来源，这一点对于真正理解营销传播的新方法——以价值为基础的整合营销传播是至关重要的。营销者如今需要提出以下问题：

- 要影响到哪些顾客行为，期待产生什么样的结果？
- 要获取什么样的现有顾客和潜在顾客，需要付出多大的代价？
- 哪些顾客能够有回报，回报多大的价值？
- 要维护哪些顾客？
- 公司通过投资营销传播活动，能够把哪些顾客转移到盈利率更高的产品线上去？

在试图对这些问题做出解答的时候，有一点是非常清晰的，那就是，整合营销传播方法的营销传播目标是通过营销传播活动尽可能地影响由顾客带来的收入。顾客被明确定位为企业的资产，这一资产与能够为企业创造收入和利润的其他资产毫无二致。企业投资建造工厂是期望其产出将会在未来给公司带来收入。研发和信息系统方面的投资则是期望其产出——以创新、产品改进或者成本降低等形式来体现——将会给公司带来正收入。整合营销传播以同样的方式来看待营销传播活动。因此，企业的所有资产都必须是用来产生收入和利润的；顾客之所以被视为资产，是因为他们也能产生收入，因此也需要被当作资产来管理。这是一个难得的经验，很多公司，包括联邦快递、普天寿、万豪和英国的超市集团乐购等都亲历过。

### 乐购之道

现在，全球范围内的众多超市正在采用各种形式的顾客忠诚计划来收集有关购物者的数据。但是，在绝大多数情况下，这些数据很少得到利用，被用来影响购物者忠诚的情况更是罕见。而英国领先的超市连锁公司乐购可以算得上是其中的特例。1994年，乐购意识到需要对其会员卡项目进行改进。在数据分析公司Dunnhumby的帮助下，乐购决定更好地利用会员卡使用者所提供的数据，从而更深入地了解顾客的价值、行为和需求。

乐购会员卡所收集的顾客数据包括顾客花费了多少钱，在什么地方和什么时候花费的，究竟购买了哪些产品。乐购在会员卡和商品信息的基础上将顾客聚合成精确界定的相关性很高的营销群体。

该公司通过采用市场细分方法来调整其价格、产品和促销方案，以便更好地适应不同顾客群体的需求。根据Dunnhumby的说法：

> 举例说，乐购由于对那些手头紧的购物者真正关注什么有了比较深入的了解，从而能够确保其购买的产品具有真正的竞争力。由于深知哪些促销措施对顾客来说更奏效，乐购和旗下供应商在确保提升整体回报的前提下，尽可能地削减店内促销的数量。货架上陈列哪些产品都是有的放矢地定制的，其决策基础是理解顾客如何在不同品牌间进行转换，其中的微妙之处是一般的产品数据根本无法提供的。

> 最开始，根据数据来把不同的促销资料和折价券发送给不同的消费者家庭。1995年只分六种定制方案。时至今日，每周的定制方案已经超过了10万多种。顾客所收到的产品目录都是基于其自身行为而有针对性地定制的，这些行为包括他们过去所做过的一切，哪些产品是他们不会购买的，他们在具体产品上的花费情况，以及他们对其他产品的响应度等。

> 乐购如今已经发展成为全球范围内最成功的大型超市之一，世界各地的零售商都在纷纷效仿其对顾客数据的利用。该公司应用来自店内各个领域的数据的能力很强，是其中一个显著的成功要素。[1]

# 建立一个评估现有顾客和潜在顾客之价值的方法论

一个有用的评估顾客价值的方法论必须提供一个历史的财务价值视角、当下的财务价值视角和未来的财务价值视角。在很多情况下，传统的财务价值评估方法论都只局限于历史数据，也就是，顾客在过去究竟具有多大价值。然后用过去的价值来预估现有顾客或者潜在顾客未来可能具有多大价值。尽管这些方法都是很有价值的，但是它们都没有考虑到顾客维护和成长的局限性。换句话说，它们假定，营销者既能掌控营销活动也能掌控顾客和市场。

传统的价值评估方法论进一步假定，所有的顾客都是平等的，或者具有相等的价值。就营销视角来看，对每一个被研究过的产品类别而言，上述说法都是不成立的。在现有顾客和潜在顾客中，总有一些顾客的价值高过其他顾客。他们在该产品类别上的花费比别人更高。企业从他们身上获得的利润也更高。他们对品牌具有更高的忠诚度。他们就是比一般的顾客更好一些。

举例说，在绝大多数产品类别中，都存在着所谓的"80/20法则，"或者帕雷托法则(以意大利经济学家维尔弗雷多·帕雷托为名)。该法则简洁明了地指出了公司的销售、利润或者净收入中有80%是来自20%(左右)的顾客的贡献。由于该法则已经成了几乎所有市场聚合的基础，因此无论我们怎么强调它也不为过。换句话说，相对少数的顾客对于公司的成功起着至关重要的作用，这在几乎所有的公司都是这样。在《并不是所有顾客都是生而平等的》一书中，加特·哈尔贝格引用了一项研究结果，该结果表明，在酸奶类别中，16%的美国家庭消耗了全国酸奶消耗总量的83%。[2]同样，他还引用了Folger咖啡公司所进行的一次研究，其结果表明，15%的家庭消耗了占总量70%的咖啡。我们大家熟知的一家信用卡营销公司做了进一步的研究，分析了每个顾客群体的利润贡献率。该研究发现，在所有活跃着的信用卡使用者中，12.8%的活跃用户为信用卡公司贡献了高达90%的利润。

表5.1显示帕雷托法则也适用于服务业。该表从一个度假酒店获取了最近一年的顾客数据。该酒店根据19420个顾客中的每个人在酒店逗留期间的花费金额来对顾客进行分类，根据顾客花费多少进行降序排列。然后，所有这些经过分类的顾客被归为十个数量相同的聚类群体，每个群体拥有1942个成员(这种总数除以10的划分方法被定义为十分位分析)。这一做法很清楚地表明，有些顾客给酒店创造的利润要高过其他顾客。事实上，前3个群体，即30%的顾客，其花费金额相当于酒店总收入的80%。十分位分析是用来对顾客进行分类的一个常见方法。我们会在本书后面的部分对此进行更详细的介绍。

表5.1　根据总收入对酒店顾客进行十分位排序

| 十分位 (%) | 客人数 | 累计客人数 | 总收入 | 累计收入 | 占总收入的比例 | 最低花费 | 平均花费 |
|---|---|---|---|---|---|---|---|
| 10 | 1,942 | 1,942 | $13,501 | $13,501 | 57.5 | $2,322 | $6,952 |
| 20 | 1,942 | 3,884 | $3,257 | $16,758 | 71.4 | $1,248 | $1,677 |
| 30 | 1,942 | 5,826 | $1,987 | $18,745 | 79.9 | $843 | $1,023 |
| 40 | 1,942 | 7,768 | $1,402 | $20,148 | 85.9 | $613 | $722 |
| 50 | 1,942 | 9,710 | $1,045 | $21,192 | 90.3 | $468 | $538 |
| 60 | 1,942 | 11,652 | $790 | $21,983 | 93.7 | $348 | $407 |
| 70 | 1,942 | 13,594 | $602 | $22,585 | 96.3 | $278 | $310 |
| 80 | 1,942 | 15,536 | $487 | $23,072 | 98.3 | $226 | $251 |
| 90 | 1,942 | 17,478 | $349 | $23,421 | 99.8 | $100 | $180 |
| 100 | 1,942 | 19,420 | $40 | $23,460 | 100.0 | $0 | $21 |
| 总计 | 1,9420 | | $23,460 | | | | |

注：30% 顾客 = 80% 以上的总收入。

需要注意的是，这一分析方法仅局限于顾客花费，并没有关于顾客年龄、性别、家庭构成、消费历史、地理区域或者其他信息来帮助我们更好地解释这些花费的规律和模式。但是，因为顾客行为和不同行为的财务价值是整合营销传播的核心和本质所在，所以，这种方法为确定顾客资产的价值开了个好头。

## 顾客品牌价值评估

位于得克萨斯州欧文镇的数据库咨询公司Targetbase发展出了一套创新性的价值评估方法，远远地超越了简单的十分位分析法。这一方法试图确定全面的顾客品牌价值(CBV)。[3]Targetbase首先确定是一个顾客(或者一群顾客)相对于品牌利润率所代表的财务价值。正如图5.1所展示的那样，CBV价值评估方法是基于以下四个因素的。

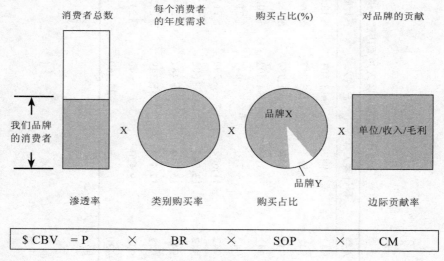

图5.1 计算顾客品牌价值

资料来源：Used with permission from Targetbase, Inc.

- **渗透率(P)**。公司所拥有的顾客数量占该产品类别的顾客总数的比例。
- **类别购买率(BR)**。每个顾客对产品、服务或者品牌年度(或者其他时间段)平均需求量。

- **购买占比(SOP)。** 营销企业的顾客的购买量占顾客总购买量的比例。换句话说，该类别中顾客的所有购买量中，多少比例是属于营销者的品牌或者公司的？举例说，如果顾客在密封胶带上总共花了100块钱，那么其中多大比例是花费在本公司品牌的胶带上的？

- **边际贡献率(CM)。** 顾客的总购买量中有多少为公司带来了收入，该收入能够成为该公司边际贡献的一部分？这是整个价值评估中的关键要素，因为它关乎企业所获得的实际的财务回报，而不仅仅是零售过程中产生的销售金额而已。由于公司投入真金白银来购买各种形式的营销传播活动，因此，弄清楚当所有成本考虑进去了之后企业实际上获得多少真金白银作为净收益，这是至关重要的。

顾客品牌价值是通过下列公式计算出来的：

$$CBV = P \times BR \times SOP \times CM$$

## 顾客品牌价值评估的实际案例：打印器材营销商

下面将要展示的这个案例来自一个真实存在的公司，但是，为了演示需要，所有的数据都被遮蔽和简化了。Hampston打印器材公司(HPSC)专门为台式打印机、传真机以及其他打印设备提供墨盒。公司的目标市场为小型公司和家庭公司，采用零售分销和直复营销销售相结合的方式向现有顾客和潜在顾客销售产品。尽管该公司的品牌享有很高的知名度，但是它也逐渐意识到，自己所在的这个类别，随着更多公司的进入，其市场越来越饱和了，越来越"同质化"了。公司新上任的市场总监认为，该公司可以更好地管理其营销资源，使之更有针对性地瞄准其细分群体中价值最高的顾客。结果是，她提出了几个关键的问题，这些问题也是众多营销者不得不面对的：

- 从目前看和未来看，对于HPSC来说，究竟哪些产品用户是最重要的？

- 我们希望他们能够采取什么样的行动？
- 我们需要为他们投入多少资源？

通过采用公司内部的数据库和外部的行业数据，营销团队在其东南部销售大区找出了10万个其打印机可配置该公司墨盒的用户。然后，他们发现其中4万个用户在过去一年内至少购买过一次Hampton的墨盒产品。他们还估算出，在该区域总共有20万台打印机(即每个用户平均拥有2台打印机)，而每台打印机每年平均需要购买12次墨盒。基于此，每个用户的年度需求是24个墨盒。

根据这位营销总监的估算，在过去一年购买过Hampton墨盒的4万个用户中，公司购买的占比(SOP)为65%。也就是说，在所有Hampton的顾客中，有些有着很高的品牌忠诚度，而其他则在两到三个墨盒生产商之间来回转换。顾客有时候会因为零售商一时缺货又不愿意等待Hampton上门配送而购买了其他品牌的墨盒。也有一些价格敏感度比较高的顾客则可能在竞争对手产品进行促销时购置了很多，作为存货慢慢使用。平均而言，Hampton的顾客每年会从该公司手里购买15.6个墨盒，而从竞争对手那里购买的墨盒数量平均为8.4个。

这位营销总监了解到，以往的传播基本上都是聚焦于提升市场份额和销售数量的，并没有考虑对公司利润率的影响。她打算向高层管理者提出一个不同的策略建议，在其计划中不谈单位或者数量，而是谈对公司的盈利贡献。

她和公司首席财务官一起努力，算出了每个墨盒的毛利为6.5美元，符合行业的平均水准。这意味着该区域的每个典型购买者每年有可能为公司创造156美元的毛利(24×\$6.5)。现在面临的问题是，Hampton产品的购买者购买该公司产品的花费只占其总花费的65%。余下54.6美元的毛利是属于竞争对手的。

在这里，我们把以上涉及的数据总结如下：

## 渗透率(P)

市场上可识别的所有顾客数＝100,000

购买Hampton品牌的顾客数＝40,000

Hampton品牌的渗透率(100,000/40,000)＝40%

## 购买率(BR)

每个顾客平均拥有的打印机数＝2

每台打印机每年平均补充的墨盒数＝12

每个顾客的年度平均需求(2×12)＝24

## 购买占比(SOP)

Hampton品牌的购买占比＝65%

每个顾客对Hampton的需求 (2×12×0.65)=15.6

## 边际贡献(CM)

每只墨盒的毛利＝$6.5

## 顾客价值(CBV＝P × BR × SOP × CM)

每个类别顾客的平均价值(2×12×6.5)＝$156.00

每个Hampton顾客的平均价值(2×12×0.65×6.5)＝$101.40

这位营销总监马上从这些数据中发现了以下两个机会：

- 提升该公司产品在该区域购买者中的渗透率，即抓住6万个尚未使用过Hampton品牌墨盒的打印机用户
- 提升Hampton品牌的购买占比，这意味着要尽可能争取35%的流失客户

但是，这位营销总监同时又发现这两个机会似乎过于宽泛了。光凭她手头所拥有的资源，要追逐整个市场绝对捉襟见肘。她发现，通过分析公司内部所拥有的顾客数据库，可以有针对性地确定具体的机会。她首先通过使用情况对所有数据库中的顾客进行了聚类分析，发现了三个颇具特色的群体：

- **重度使用者。** 20%的购买者每年会购买34个甚至更多墨盒，平均购买42.4个墨盒。

- **中度使用者**。60%的购买者每年购买14到33个墨盒。
- **轻度使用者**。20%的购买者每年购买不到13个墨盒。

接下来，她又根据顾客的购买行为，即这些顾客对他们主要购买的品牌究竟有多高的忠诚度，再将他们进行聚类分析。这一次，她同样发现了三个群体：

- **忠诚用户**，15%的购买者几乎只购买其所偏好的品牌。
- **摇摆不定者**，50%的购买者会在两到三个中意的品牌中转换。
- **唯价格论者**，35%的购买者从不考虑墨盒的品牌，只购买有促销活动的品牌。

基于上述结论，这位营销总监进一步发展出了图5.2所展示的战略制定矩阵。事实上，她仅仅是将关于用户使用情况的数据和购买行为聚类做了一个交叉列表(在这里，我们也同样出于演示的目的而把数据简化了，并且假定该矩阵中的每一个部分都是平均分布的)。她考虑了早先计算出来的CBV分析信息，因此能够确定基于适当的行为目标而给予每个群体的潜在奖励。

| | 重度使用者 (20%) | 中度使用者 (60%) | 轻度使用者 (20%) | 总和 |
|---|---|---|---|---|
| 忠诚用户(15%) | 3,000[a] | 9,000 | 3,000 | 15,000 |
| 摇摆不定者(50%) | 10,000 | 30,000[b] | 10,000 | 50,000 |
| 唯价格论者(35%) | 7,000 | 21,000 | 7,000[c] | 35,000 |
| 总和 | 20,000 | 60,000 | 20,000 | 100,000 |

图5.2　战略制定矩阵

注：a. 每个顾客的潜在利润值为42×\$6.5=\$273
目标：争取并留住
b. 每个顾客的潜在利润值为24×0.65×\$6.5=\$101.4
目标：转化为忠诚用户
c. 每个顾客潜在利润值为7.5×\$4.5=\$33.75
目标：尽可能以最划算的方式留住

从该矩阵中，我们可以看到有以下三组不同的群体：

- **甲组**。该组所代表的是那些对品牌高度忠诚、使用频率也最高的购买者，他们绝大部分的购买是固定于某个特定品牌的。由于每个客户平均每年购买42个墨盒，因此他们所代表的财务价值也是非常重要的，每个用户每年所贡献的毛利高达273美元，而整个市场上每个用户的平均毛利则为156美元。很不幸的是，该群体在整体用户中所占的比例大约只有3%。因此，这位营销总监并不觉得投资于这一群体会带来显著的增长点。那么，针对这一群体所设定的目标就应该是尽可能地争取到那些尚未使用Hampton产品的用户，而且更重要的是，要确保该公司能够维持住那些已经在使用自己产品的用户。这位营销总监深知，要让那些对其他品牌有着很高忠诚度的用户进行转换并非易事，因此她需要考虑是否应该把营销资源用到别的领域，以获得更好的回报。

- **乙组**。该组所代表的是那些消费量低于平均数的用户，其每年使用量仅为7.5个。而且，当他们真正需要添置新墨盒时，他们似乎更愿意购买那些正在进行促销的产品。这位营销总监意识到，这一类顾客对Hampton来说并不会带来多少财务增长机会。假定吸引他们来购买自己的产品需要给出2美元的折扣，那么这就使得每销售一个Hampton的墨盒，其毛利由6.5美元下降到4.5美元，因此每一个这样的顾客一年所代表的利润就只有33.75美元了，而且，这还是在这些顾客所购买的全都是Hampton产品的前提之下。尽管这位营销总监并不愿意彻底放弃这一群体，但是她也意识到，最重要的是要使用尽可能划算的方法来留住他们。

- **丙组**。这一组因为其所涵盖的数量很大，因此带来的利润增长机会也极大，所以吸引到了这位营销总监的注意。就经济利益而言，这组的情况相当于普通的Hampton产品购买者，即每一个顾客代表了101.4美元的利润。但是，由于这一组成员的数量大，因此，这位营销总监意识到，她需要竭尽全力去保护和提升公司品牌在这些用户中的占有率。除此之外，她还意识到，相对于吸引其他组中的人群去转换品牌而言，将这一组中摇摆不定的购买者吸引过来购买Hampton产品的可能性更大一些。

从HSPC的案例中可以清楚地看出，CBV能够让整合营销传播管理者更好地界定究竟哪些顾客才是最有价值的，哪些顾客的潜力最大，哪些顾客是需要加以保护的，并要尽可能地留住他们所带来的收入，等等。这种形式的价值评估分析其实并不十分复杂，也不困难，但却可以帮助营销和传播管理者打造一个基础平台，开展其营销传播活动，包括应该设计什么样的活动来达到目的，究竟愿意进行多大的投入，如何来衡量回报，以及——最重要的——公司应该如何把有限的财务资源分配给营销传播的目标顾客，分配给传播以外的投资选择上。

顾客品牌价值对于某些类别来说尤其适用，在这些类别中，通常会有一个容易界定的现有顾客和潜在顾客群，他们基于相对可预测的消费和重购规律来持续不断地购买某一个产品或某一项服务。因此，对于诸如快消品、工业材料、汽油、航空旅行等领域，这一方法尤其有用。而对于有些类别来说，其中顾客的购买通常是无计划的，或者是很难预测的，顾客所选择的产品可能并不来自多个供应商，那么这一方法的用途就可能没有那么显著。这些类别包括金融服务、汽车、家庭装饰品或者管理咨询服务等。

# 创造顾客和市场价值

到现在为止，我们基本上还是把现有顾客和潜在顾客视为被动的对象，可以被营销传播者玩弄于股掌之上的对象。换句话说，营销传播管理者在创造那些能够管理现有顾客和潜在顾客行为的传播活动方面，不论工具、专长还是技巧和能力都是应有尽有。尽管这种看法似乎已经成了一个普遍的共识了，但是，其与真理之间却相差甚远。价值只存在于其认同者眼里。是顾客在决定其个人从产品和服务中所获得的东西究竟价值几何。是现有顾客或潜在顾客在决定某种价格/价值关系，在决定其自身或其公司使用产品和服务是否显得合适。是现有顾客或潜在顾客决定着其对品牌或公司的忠诚度。简而言之，是顾客，而不是营销者，真正在掌控着整个市场。这一切，随着企业越来越快地朝着更为网络化、更具互动性、更加以对话为驱动的市场方向发展，会越来越明显。

　　那么，在顾客看来，营销者创造什么价值呢？在大多数的营销传播规划方法中都有这样一个假定，认为企业所提供的产品或服务中内在就有某些形式的顾客价值。因此，长久以来，营销传播管理者的任务就是直接把这些价值找出来，将其传播给现有顾客和潜在顾客，就万事大吉了。或者，在有些情况下，利益点或者价值可能是深藏在产品或者服务里面，因此传播者需要努力将其挖掘出来，然后再拿这些利益点或价值去说服现有顾客和潜在顾客，引发他们拥有产品或服务的欲望，促使他们认同产品和服务的价值。无论是哪一种情况，价值总是由营销者来确定的，或者至少是由营销者预先来确定现有顾客或潜在顾客应该考虑何种价值，确定何种产品或服务特征是有价值的。传统的广告聚焦于在每一个品牌身上找到一个独特的卖点(usp)，或者找到所谓"内在戏剧性"，这一做法基于这样一个长期以来一直存在的假定，即是营销者在掌控其所提供的东西及其内在价值。是营销者在决定产品或者服务的配方或组成部分、分销方式、价格、价值的沟通对象以及何时对其价值进行沟通，等等。

　　与这一假定相关联的是这样一个营销者共同秉持的信念，那就是，如果营销者所拥有的资金足够充裕，其营销传播活动设计得足够讨巧，其所给到的时间足够充分，那么他们就能够把任何一种产品或者服务成功地推销给顾客。谈到这里，你也就明白了为什么当下那么多推广计划都是建立在这样一些概念基础上的，比如"创意"、"声音份额"、"深度分销"和营销者所能掌控的其他因素。正如本书第1章所指出的那样，俨然已经过时但却仍然坚不可摧的营销4P模式，其实都是在谈掌控问题。如果营销者能够在产品、定价、分销和推广四个方面都做到尽善尽美，那么顾客就会购买并且一直购买我们的产品。简而言之，这是一个由营销者掌控的系统，在这样一个系统中，营销者掌控着所有市场要素，包括资金、原材料、制造技术、信息技术、渠道、媒介和传播。而顾客不过是被营销者所操纵的一个小卒子而已，根本逃不出公司传播活动的影响。

但是，现实却不是这个样子的：在当今这个互动性极强的环境中，营销者的掌控正在快速失去。在这一全新的市场上，其主要驱动力为互联网、移动无线通信、及时通信以及其他技术方面的进步(特别是影响日隆的社交媒体——译者注)，顾客已经占了上风。他们可以通过各种形式、多个系统来了解信息、购物和消费，既包括传统的零售商店也包括电子商务网站。人们已经不再局限于那些能够就近获取的产品和服务，也不再局限于特定时间段内才能获取的产品和服务。事实上，现有顾客和潜在顾客可以从世界各地，在合适自己的时间内，通过自己设置的系统来发现、评估和购买各种产品和服务。时间和距离，曾经都是由营销者来掌控的，如今这种掌控却分崩离析了，由个体的顾客和潜在顾客取而代之、尽在掌握了。

那些成功地迎合了这批新型顾客的企业大大地提升了其品牌在顾客心目中的价值，这些企业通常都找到了对产品进行个性化设计的方法。例如，Lee牌牛仔服就推出了为顾客量身定制的服务，根据其具体需求来定制牛仔服。顾客在购买戴尔电脑时也可以指定其所需要的部件。在亚洲和欧洲市场，诺基亚所采取的手机个性化策略是增加手机封套和铃声的选择。即使是My Yahoo也试图对其为顾客提供的网络服务的品牌进行个性化设定。

除了掌控产品以外，传统的营销还试图掌控整个价值链。在《竞争优势》一书中，迈克尔·波特提出了一个传统过程，在该过程中营销者、渠道和媒介通常会共同创造所谓"价值链"，在这一价值链中，随着产品或服务从销售者转移到购买者那里，一路上就会有许多吸引人的特性和要素不断增加进来。[4] 根据波特的说法，在传统价值链中，营销者或者营销系统及其合作伙伴通过生产、分销、仓储以及其他方法创造基本产品或服务的顾客价值。其假定是，营销者在该过程中的每一步都会为终极顾客创造价值。当然，创造价值的各个企业都希望其付出能够有回报，能够得到某些收入或毛利。因此，在实际产品最终到达终极用户手上时，其价格往往是其实际生产成本的三倍到二十倍。传统的营销还假定价值链是线性的，从制造商那里，一路经过各个增值步骤，直线地到达最终用户。

当然，这种看法是有问题的，在很多情况下，一些代价不菲的"附加价值"并不是顾客想要或需要的。在当今这个互动的市场环境下，是消费者而不是营销者在掌控价值链的大部分环节。比如，一个顾客可能觉得，从一家本地书店那里购买一本书实际上并不能提供多少额外价值。而作为另一种选择渠道，亚马逊的网上书店则能够提供更多的选择、更具竞争力的服务以及更简易方便的购买和配送系统。同样，一家木门制造商可能决定在更大范围内的供应商那里选择购买一批标准化的铰链和硬件。而FreeMarkets On-Line则可以组织起大批不同类型的供应商，验证这些供应商是否有能力根据必要的质量标准来提供所需要的各种硬件，然后设计在线的竞标活动，让不同的供应商来争取这家木门制造商的订单。在这种情况下，买卖双方发生了角色互换。硬件制造商并没有针对其终端用户即木门制造商进行推销，相反，在FreeMarkets的帮助下，顾客本身在掌控整个采购过程。潜在的卖家需要通过竞标的方式来按照其所能接受的价格来为终端用户提供其所需要的价值。

掌控力真的已经由卖家转向买家了，汽车行业是这方面另一个很好的例子。2000年，戴姆勒克莱斯勒、福特汽车和通用汽车宣布了一个三家联合打造的覆盖全球范围的集中的b2b供应商交易系统。其努力结果是建立了一家名为Covisint的新公司，该公司的目标是要成为一个核心枢纽，让原初设备制造商(OEMs)和不同规模的供应商共同聚集在同一个商业环境下，使用同样的工具和用户界面。在公司形成之初，人们预测说Covisint将会成为一个比肩eBay的互联网领导者，可以为需要将产品推销给汽车行业的供应商提供一个通用的竞价和采购系统。该公司可以帮助提升供应链的有效性，并且帮助供应商和制造商降低成本。这个新组建的公司必然会面临很多挑战，但是其形成体现了一个二十一世纪的新概念：供应商和制造商一旦能够紧密结合、加强合作，那么双方在知识方面和力量方面都会获得很大的提高。

# 了解整合营销传播的5个R

　　"创造价值"确定者的转变颠倒了传统的价值链，这一点对于我们理解整合营销传播是至关重要的。由于整合营销传播将顾客置于企业的中心地位，因此它也改变了有关价值的整体概念。价值创造不再像传统模式那样，只是线性地展开。相反，是顾客在决定价值，并且有所选择地从营销系统中创造价值，只选择那些对其来说具有最大价值的要素。人们可能会将此称为需求链，而不是供应链。在图5.3中，我们将这一"顾客价值创造"视觉化为一系列的圆圈，围绕着现有顾客或者潜在顾客，他们或者企业以特有的方式来挑选、组合并组织产品和服务，以期创造出最大的个人价值或者组织价值。

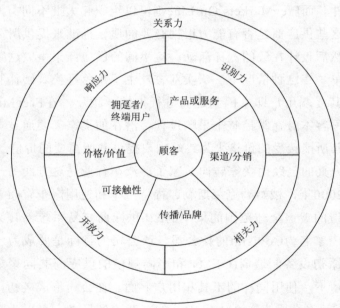

图5.3　整合营销传播的价值创造圈

　　位于该系统中心的是现有顾客或者潜在顾客。围绕着顾客的则是传统的营销价值创造系统，包括产品/服务情况、价格、渠道或分销系统、传播和信息等。最开始展示的价值创造要素包括了传统意义上的4P。但是，我们还加入了其他一些更相关的要素，例如品牌拥趸者、品牌推荐者和兴趣社区的影响，以及可接触性，即产品或服务的获取方式。我们在围绕着顾客的第一个圆圈中所展示的附加价值并没有穷尽所有的要素，但是它们可以充分地展示出有关现有顾客或者潜在顾客的新概念，即是顾客在选择其所要增加的价值，并基本上靠自己的力量来进行大部分价值提升。

第二个同心圆包括了我们所谓"整合营销传播中的5个R"的第一层。传统的营销理论聚焦于包括产品、定价、渠道和推广在内的4P，而整合营销传播则聚焦于以下四个"力"：

1. **相关力(Relevance)**。这一要素是指营销主在给顾客提供其需要和想要的产品和服务时与顾客之间的切合度有多深。除此之外，营销者还需要进一步进行更切合其需要、更有吸引力和意义的沟通，当然还包括更切合其需要、更有竞争力的价格，以及更切合其需要的分销系统，从而让顾客更方便地获取产品或者服务。

2. **开放力(Receptivity)**。这一要素在战略性的整合营销传播中有两个方面的含义。一方面，营销者希望在现有顾客和潜在顾客最愿意接受各种信息的时刻接触到信息。也就是说，如果是推销汉堡，那么最佳的接受时间就是顾客饥肠辘辘之时。因此，所面临的问题就是究竟应该在什么时候，在哪一个接触点上进行接触，从而才能使得顾客更开放、更愿意接受讯息或者激励计划呢？开放力还包括一个企业对于新想法、新概念和新的商业经营方式的开放程度究竟有多高。这里蕴含的一个关键在于，整合营销传播并不只是关于企业究竟希望如何进行传播这样一个简单概念，相反，它是关于顾客本身究竟希望如何和企业沟通或者希望接受什么样的传播。这就需要营销者更善于接受新的思维模式和方法。

3. **响应力(Response)**。在整合营销传播情境下，这一要素也有两个方面。首先提出的问题是，现有顾客和潜在顾客对于公司所提供的东西如果要做出响应，其容易和方便程度如何。和公司打交道容易吗？在每一个可能的接触点上，公司能够有效地推动交易过程吗？其次，响应力体现的是企业在感知、适应和响应现有顾客和潜在顾客需求和愿望方面做得究竟有多好。在这个互动的市场环境下，营销者的关键技能已经不再是营销和传播活动的规划、发展和执行能力了。相反，关键在于营销者是否能够对顾客的需求和愿望做出恰如其分的响应。

4. **识别力(Recognition)**。与开放力和响应力一样，识别力也有两重含义。首先，它反映企业在重要的接触点上识别出顾客，并立即与企业所储存的有关该顾客的知识关联起来的能力。换句话说，当一个顾客拨打企业的免费电话时，接电话的客服人员是否能够立刻调取该顾客在交易和服务方面的历史信息，以便更好地进行这场对话呢？或者说，公司是否能够识别出回访其网站的用户，而且是否有将这一次的访问与其过去的行为关联起来的能力呢？其次，识别力还指顾客是否有能力从众多品牌中清晰地辨别出并选择该企业旗下的品牌。现有顾客和潜在顾客熟悉该品牌吗？他们能够将该品牌与其具体的需要和用途关联起来吗？他们能够理解该品牌与竞争对手的品牌之间有什么差别吗？

图5.3所展示的就是围绕着现有顾客和潜在顾客的5个R中的头4个R。取决于现有顾客或者潜在顾客究竟如何通过第一个圆圈获得价值，第二个圆圈展示的是顾客从公司所获得的额外价值的类型，其差别源于不同的组织架构、企业发展重点、变革意愿以及其他因素。简而言之，头四个R所反映的是营销者希望为顾客提供的额外价值。

在这一新的价值创造圆圈系统的最外圈则是一个要素——关系力(Relationship)，即第五个R。

5. **关系力(Relationship)**。这一要素在营销中代表了很多含义。例如，客户关系管理(CRM)、顾客关系营销以及一对一营销，这些营销趋势其实都围绕着关系。不幸的是，在营销中，这一术语基本上是指营销企业可以在根据数据、分析和主要基于信息技术而形成的不同形式的传播的基础上，与顾客之间建立起一种关系。而在基于价值的整合营销传播中，是顾客在建立关系，而不是营销者。是顾客在决定他希望跟谁做生意，在什么时间和什么情况下做生意。理解以顾客为中心的整合营销传播，顾客的力量是其中关键所在：顾客做主，营销者来响应。

让我们用一个实际的案例来回顾一下这5个R。网上社区网站women.com提供对女性而言非常重要的采编内容和电子商务服务。通过聊天室和公告栏，该网站获取了不少有价值的消费者洞察，包括消费者的人口统计和心理统计状况和行为信息。该网站利用这些信息更好地理解消费者的所思所想。通过收集人口统计之外的信息，该网站能够为个体消费者提供量身定制的广告、促销和采编内容。通过这种方式，women.com在相关力和识别力这两个要素上都有所提升。其成员可以在任何一个她认为最合适的即她最希望获取相关信息的时候登录该网站，这就有了开放力。该网站和消费者之间保持各种对话，让消费者来倾诉，而women.com所做的主要就是聆听和学习，以此来提升响应力。诸如women.com之类的能够聆听消费者心声从而和消费者之间建立起紧密关系力的品牌，比起一个与消费者没有任何关系的品牌显然要更有效。

采用整合营销传播的5R，而不再沿用传统的4P营销模式，会大大地改变管理者思考和开展营销传播活动的方式。我们曾经建议过，企业需要改变过去看待现有顾客和潜在顾客的价值的方式，同样，它们也需要改变营销和传播活动的规划方式。

# 三个关键问题

在探讨了整合营销传播流程的第一步和第二步之后，营销传播管理者应该可以给出下述三个关键问题的答案，这些问题是基于目前所获取的有关现有顾客和潜在顾客的信息梳理出来的：

- 公司最佳的现有顾客是谁，为什么？

- 公司最佳的潜在顾客是谁，为什么？
- 为了维持与现有顾客和潜在顾客之间的密切关系，营销者需要哪些信息？

# 总结与预览

　　一个营销者，如果能回答出上述三个问题，基本上可以走到第三步了。但是，在我们进入下一个步骤之前，还需要完成一项重要的任务，那就是，总结一下评估顾客价值的方法。价值评估始于营销者对顾客的看法，尤其要考虑到顾客给公司带来的收入及其对公司毛利所做出的贡献。用这些标准来界定顾客，可以让营销者意识到谁是或者谁才可能是公司最重要的现有顾客和潜在顾客。但是，为了发展出更有效的营销传播活动，营销者还必须理解顾客对于品牌、产品或者企业的真正看法。这就引进了一个有关市场的"互惠"的观点，该观点要求营销者通过顾客的视角而不只是企业的立场来看待价值。战略性的、基于价值的整合营销传播方法的目的是设计和执行有效的营销传播活动，而要实现这一目标，营销者就不得不完整地了解顾客。因此，在开始探讨第三步之前，我们会先讨论一下"互惠"这一概念以及该概念究竟如何关乎整合所面临的挑战。这就是我们下一章的讨论主题。

# 参考书目

1. "Case Study: Tesco," dunnhumby.com.
2. Garth Halberg, *Not All Customers Are Created Equal* (New York: John Wiley and Sons, 1995): 39–40.
3. Much of the customer valuation methodology described in this chapter first appeared in *Measuring Brand Communication ROI* by Don E. Schultz and Jeffrey Walters (New York: Association

of National Advertisers, 1998). Used with permission of the publisher.

4. Michael E. Porter, *Competitive Advantage: Creating and Sustaining Superior Performance* (New York: Free Press, 1985).

# 第 6 章

# 整合与互惠之间的关系

**本**书行文至此，我们主要聚焦于营销管理者对于整合所采用的方法。我们考察了营销者的目标，并且展示了一些方法，企业可以用这些方法来明确，对于其营销传播投资而言，究竟哪些现有顾客或者潜在顾客才是最有利可图的。在这一过程中，我们已经意识到，推动传播产生价值的方法并不只与营销者期望获得的结果相关。其实，一切都与互动性相关，也就是说，在公司与其现有顾客和潜在顾客之间要形成一种对话机制。我们同时还发现，真正的成功源于双方之间所建立的长期关系，而非短期的销售数量变化。

而互动性就意味着共享——在营销者与顾客之间，营销者与渠道之间，管理团队与员工之间，以及企业与股东和利益相关者之间，动态地进行价值、意义和信息方面的共享。然而，遗憾的是，绝大多数的营销手段并不是建立在共享的基础上，而是建立在独赢的基础上。即便是我们口头常用的术语也在无意间透露出事情的真相，我们会不时地用到诸如"目标市场"、"争取市场份额"、"从侧翼进攻竞争对手"、"广告轰炸"、"挥泪大甩卖"以及数以百计的其他委婉说法，这些说法都暗示着一种"胜者王侯败者寇"的营销冲突。那么，过去六十多年发展成形的营销和传播手段是否有希望发生改变呢？营销者是否能够将其态度从务求独赢转变为乐于共享呢？

答案很显然，没门儿！我们真正需要的是一种全新的思维模式，一种全新的企业文化，以及全新的营销和传播方法。本章着重解决的是制定一种新计划的挑战，这种计划旨在促使营销者和消费者走到一起，建立一种新型的双向关系，这种关系是以共享和互惠为特征的。

# 营销者和消费者之间建立互惠关系的需求

　　长期以来，对于一个公司而言，营销和传播所创造的主要价值是对某些竞争优势的识别和传播，公司依靠这些优势使自己所提供的东西与竞争品牌区分开来。并没有足够的证据表明，公司开发竞争优势符合消费者的根本利益，比如定价过高、产品品质下降或者说徒有其表的产品更新，这些结果都不利于消费者。而这一切都是营销者过于聚焦其竞争优势的开发，而不注重提升顾客心目中的价值所带来的。在一个互动的市场上，是顾客掌控了绝大部分的选择权，而且，他们有着不可胜数的品牌和解决方案可供选择。整个世界已经趋近于经济学家们所谓的"完美市场知识"的状态。这种力量转换意味着竞争优势已经丧失了其意义，因此营销者必须强调共享价值——与顾客和终端用户共同分享的价值。为什么会发生这样的变化，接下来的章节提供了理论上的解释。

## 亚里士多德的正义观

　　在公元前四世纪的古希腊，亚里士多德及其学生界定了两种类型的正义：一个是矫正的正义，即对犯罪行为做出适当的处罚，另一个是分配的正义，即由所有参与的个人和群体平等地分享投入和价值或者回报。亚里士多德这样写道：

　　　　因此，正义至少包括四个相关项，即作为(分配)正义对象的两个人和体现(分配)正义的两个份额。份额之间，一如人之间，皆应均等，因为份额之间的比例要与人之间的比例相等，如果人是不均等的，其所拥有的份额也就不会是均等的；只有

均等的人占有或分得了不均等的份额，或者不均等的人获得了
均等的份额，争吵和抱怨才会随之而生。[1]

接下来，他还写道：

> 因此，正义，在某种意义上关乎比例；因为，比例并不只
> 有数量上的比例，同时还有通常的质量上的比例，因此，比例
> 是比率上的均等，至少包括四个相关项。[2]

亚里士多德所描绘的这些基本要素，其实就是今天我们所称的买卖
关系，或者说得更好听一些，客户关系。只要处于该关系的双方中的任
何一方认为，自己从这一关系中所获得的回报，其价值等同于自己的投
入的话，那么双方都会因此而感到满意。而如果任何一方感到自己的投
入或者回报是不对等的，那么这一关系也就被打破。

## 亚当斯的社会交换观

基于这一亚里士多德的正义观，通用电气公司的行为科学家斯
泰西·亚当斯在1963年发展出了经济上的分配正义概念：

> 在相互之间属于交换关系的人当中，只有当每一方所获得
> 的利润与其投资之间是成正比的，才能实现分配正义。利润等
> 于在交换中所获得的一切减去这一过程中所产生的成本。而成
> 本是在交换过程中放弃的一切，比如说放弃在另一种交换中可
> 能获得的回报，或者作为交换中的某一具体职能而要承受的负
> 担，例如某种风险，不仅包括潜在的真实损失而且还包括不确
> 定性所带来的心理上的不适。交换中的投资是由交换中的某一
> 方带到交换关系中来的相关属性。这些属性包括技能、努力、
> 教育、培训、经验、年龄、性别以及种族背景。[3]

概括而言，对于一个由A和B所组成的一对一组合关系，只有当双
方之间的关系按照下列公式存在的情况下才能实现分配正义：

$$\frac{A的回报-A的成本}{A的投资} = \frac{B的回报-B的成本}{B的投资}$$

亚当斯进一步指出：

> 当比例之间出现不均时，交换双方就可能产生不公平的感受，其中一方或另一方还可能因此而受到损失。在这里，具体遭遇相对损失的那一方就是其投资所获得的利润率更小的那一方。[4]

亚当斯通过提供一个关于不公平的理论而发展出其概念。他的前提是，任何时候，一旦两个人进行交换，其中一方或者双方都感到整个交换过程不公平，这种可能性始终存在。因此，对于交换关系中的某一个人而言，当他感到自己的结果与投入之间的比率以及另一个人的结果与投入之间的比率不对等时，不公平也就随之产生了。基于这样一种情形，根据亚当斯的说法，那个感受到不公正的人有可能采取下述六个措施中的任何一个[5]：

1. 这个感到不公平的人可能提升或者降低其投入，当然这取决于其所感到的不公平对其自身究竟是有利的还是不利的。

2. 这个感到不公平的人可能提升或者降低其结果，当然这取决于其所感到的不公平对其自身究竟是有利的还是不利的。

3. 第三种方式是，从认知上来扭曲投入或者结果。换句话说，这个感到不公平的人可能会从认知上来扭曲其投入和结果，而扭曲的方向与其实际改变其投入和结果的方向一致。

4. 感到不公平的人也可能只是从该关系中抽身而出，彻底切断这一关系。

5. 面对不公平，那个感到委屈的人可能试图改变或者从认知上扭曲另外一方的投入和结果，也可能会试图迫使另一方退出。

6. 另外一种方式是，感受到不公平的人可能会换掉他用来进行对比的一方，这种方式尤其适用于在这一关系中还存在第三方这种情形。

## 互惠理论和客户关系

根据亚当斯的假设，顾客在一个存在广泛选择的互动化、网络化市场中会致力于寻求从少数几个卖家那里购买产品和服务，与其建立一种互惠的关系。顾客期待自己的支付能够获得价值，但是，只有当双方都能感受到其相互之间的价值交换是平等的，也就是说，每一方从这一关系中所获得的回报等同于他们认为自己所投入的一切，在这一前提下，顾客忠诚才会形成。因此，我们所推行的整合营销传播方法将之称为"品牌关系"，即"在很长一段时期内，买卖双方通过产品或者服务的价值交换所建立起来的关系。"正是这样一种互惠性界定了买卖双方的关系，尤其是在这样互动的环境中。买卖双方孜孜以求的是互惠，正是这种双方共享的价值创造了持续不断的关系。

在一个互动化、网络化市场中，关系可以快速而又简便地得以确定，因此这就为营销者所希望发展出的一切提供了坚实的基础，包括围绕着顾客互动和共享价值而建立的品牌、公司和产品。正如亚当斯所描述的那样，双方都在致力于寻求"公平"，而当关系中的所有参与者都能够获得符合其投入比例的回报之时，那么公平就产生了。在不断聚合的整合营销传播市场上，营销者和顾客之间的每一次品牌接触和每一次的传播活动都会推动并不断完善互惠关系的发展。

### Nordstrom的双赢购物体验

在讨论互惠性这一问题时，我们似乎很难在市场上找到真正的平等关系的例子。在一个典型的零售环境中，消费者通常都是"自己动手丰衣足食"，自己来筛选各种商品，自己做出购买选择，而且在很多情况下，还需要自己排长队去付款。但是，Nordstrom所提供的个人购物助理服务则致力于帮助顾客摆脱某些购物负担。Nordstrom为购物者所提供的个性化接触服务完全是免费的。购物助理可以满足顾客提出的有关服装、鞋子或者饰品的任何要求。如果一个顾客在Nordstrom的杂志广告、报纸广告或者邮递广告中发现了一个自己感兴趣的商品，那么购物助理就会帮助他找到这一商品。如果商店里没有备货，那么购物助理就会到网上去找，直到找到为止。

> 值得注意的是这一买卖关系是互惠的：购买者希望购买商品，而Nordstrom的店员责无旁贷地帮助顾客找到其希望购买的商品。同样的关系也延展到线上。在Nordstrom.com，一个消费者可以和客服专员实时地进行网聊，而该专员负责回答顾客的任何问题，然后帮助他找到所需要的商品。

需要注意的是，亚当斯还指出，一个关系中的投入和结果通常都具有高度的主观性。基于结果和投入之间的关系，关系中的一方可能认为是公平的，而另一方则可能会认为是不公平的或者是失衡的。换句话说，真正重要的是所认知的关系，而在一个双方都拥有众多选择的互动市场上，这种关系的意义非同寻常。要知道，认知通常是由传播创造的，这就使得整合营销传播成为营销者的战略性资源库中的一个重要武器。

亚当斯进一步指出，认知到的不公平最终会造成有张力的关系。而要缓解这种张力，有好几种方法。例如，如果A感到自己所获得的回报比B要少得多，那么A就可以采取下列措施中的某一个：

- **减少自己的投入**。顾客可能只在促销时购买该品牌，或者时不时地购买竞争品牌；营销者则可能略微降低一下产品质量，或者对于原先一直是"免费的服务"，开始向顾客收费。

- **提高自己的结果**。顾客可能试图就产品或者服务的价格进行讨价还价，或者要求为其所支付的价格提供额外的服务，以此来增加自己的回报；营销者则可能会拒绝接受某些类型的信用卡，或者更多地考虑某一现有顾客的终生价值，而非当下的财务回报，以此为来自该顾客的收入有所减少这一点提供合理依据。

- **放弃关系**。顾客可能会永久性地转换到其他品牌、产品或者服务那里；营销者也可能会"解雇"某些顾客，因为他们要求过多的服务，而其购买量又不足以维护双方关系，或者不再有利可图。

# 互惠模式的实际运用

既然我们已经证明了买卖双方能够共享平等的价值，形成一个互惠的市场，那么接下来的一个问题是，如何在当今的营销环境下将这一概念真正付诸实践。在美国全国数据库营销中心所召开的研讨会上，有人曾经发表过一篇论文，该论文提出了一个模型，营销者利用这一模型可以对互惠性进行改造，使之作为一个实用的规划工具来使用。[6]

图6.1所展示的模型是两种价值之间的平衡，一种价值是以行为为基础评估出来的一个顾客对于品牌的财务价值，一种价值是态度研究推算出来的该品牌在顾客心目中的价值。在整合营销传播流程的第二步(见第5章)，我们基于下列公式来衡量顾客对于品牌的价值：

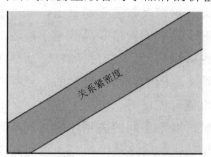

顾客对于品牌的价值(行为层面的：渗透×品类购买率×购买份额)

关系紧密度

品牌对于顾客的价值(态度层面的：与顾客需求、想法和环境之间的吻合度)

图6.1　关系框架

资料来源：From Don E. Schultz and Dana Hayman, "Fully Understand Consumer Behavior Using Your Database" (National Center for Database Marketing Conference, Chicago, July 30,1999). Used with permission from Targetbase, lnc.

$$渗透率(P)\times购买率(BR)\times购买占比(SOP)\times边际贡献(CM)$$

在图6.1中，纵轴(顾客对于品牌的价值)是计算出来的，包括在一段时间内从顾客那里所获得的收入和边际总贡献。横轴则代表了品牌对于顾客的价值，即顾客是如何看待品牌及其所提供的价值的。这种对于顾客的价值大部分是态度层面的，具体包括与需求、市场及其消费者所在的环境之间的吻合度。但是，还有很大一部分必须是财务价值，因为这正是品牌为顾客所创造的价值之所在。正是因为这样一种双重特征，使得品牌价值成为营销者最难界定的指标之一。

而根据整合营销传播方法，确定品牌为顾客提供的价值需要考虑下列三个主要因素：

- 顾客需求(顾客在选择这一产品类别时究竟希望获得哪些利益？)
- 顾客想法(他们对产品、营销者以及品牌价值主张的态度如何，动机是什么，有什么样的感受？)
- 环境(究竟哪些限制和影响因素决定了不同类型的购买行为的界限？)

图6.1中比较宽的对角条所界定的是营销者和顾客之间能够形成或实际形成的关系紧密度。关系越紧密，双方所共享的价值也就越大。因此，当顾客对于品牌的价值和品牌对于顾客的价值都很高的时候，双方之间的关系也就越牢固，越有持续性。而这条线之上或之下的区域都表明，品牌和顾客之间的关系是失衡的，意味着某一方所体验到的真实价值或者认知价值可能比另一方更大或更小。只有当两者处于一种合理的均衡状态之时，双方之间的关系才能互利互惠、天长地久。

在一个互动化、网络化的市场上，对顾客价值的这种认识是正常现象，而不是特例。比如说，几乎所有类型的直复营销者或者网络营销者都能快捷而简便地算出每一个顾客的价值，只要掌握这几个信息：顾客的购买率、购买频度以及产品的利润率，然后从顾客的花费中减去获取顾客所需要投入的费用以及提供顾客所要求的偶发的或者持续性的服务而需要投入的费用。当然，这里的挑战是，营销者虽然清楚顾客究竟购买了什么，但是通常却不清楚他们为什么原因而购买。这时候，就需要互惠关系这种概念来发挥作用了。

从顾客的视角看来，对品牌价值的衡量通常是态度层面的，尽管也可能会从视觉上或实际上展示出一些明显的价值差异。鉴于当今世界市场上充斥的产品或服务都大同小异，消费者心中大都有杆秤，用来衡量不同的品牌价值选择，并根据这种衡量结果来做出购买决策。从前文所讨论到的三个因素(需求、想法和环境)来看，顾客和品牌之间的关系的紧密度确实能够得以识别和确定。

　　一个互动化、网络化、由对话驱动的市场，其美妙之处自然在于营销者的能力，营销者得以持续不断地测量顾客与品牌之间的长久关系的紧密度，得以不断调整其营销活动，从而使之更加契合个体顾客的需求。比如说，只要在每一次品牌接触点上简单地问几个问题，营销者就可以了解顾客对品牌和品牌关系的真实态度。这样的即时反馈已经在很多企业，包括Lands'End、L.L.Bean、USAA以及其他网络营销和直复营销公司，得以实践，这种实践极大地改变了营销者和顾客进行互动的时间框架。营销者可以不再依赖传统的消费者调研方式，而是几乎在转瞬之间就能够清晰地知晓自己与不只是最重要的顾客而是所有顾客之间的关系。

　　再回头看一下图6.1，一旦了解了顾客的价值，理解了双方关系的本质，营销者基于顾客对于品牌的价值和品牌对于顾客的价值来对顾客进行分类，就有了可能性和可行性。这样，品牌关系的实际紧密度就能够得到理解和有效管理了。如果这种关系说松不松说紧不紧，那么就要加以强化。如果这种关系已经比较紧密了，那么就要保持下去。营销者通过深入地理解自己与理想的现有顾客和潜在顾客之间必不可少的互惠性，可以更加积极、更加主动地与顾客发展长期的关系。

# 互动市场上的互惠模式

　　证明任何一个模式都要看其在市场上的表现。一家美国教育服务提供商的实际案例能够最好地展示本文所讨论的互惠方法。[7]

　　该公司采用了一系列不同类型的促销手段来吸引争取新顾客，这些手段包括传统的广告宣传、直复营销、网站和互联网主页。该公司通过传统的课堂授课和基于互联网的远程学习项目来为顾客提供各种教育服务。因此，我们可以立即从中看到该企业及其所提供的产品和服务具有互动化和网络化特征。

　　通过采用互惠模式，公司从三个主要方面来提高收入：

- **注册者的数量。** 每年平均有63800个注册者。
- **学生在册的时间长度。** 注册后头两个月大约有24%的学生退出，半年后大约60%退出，一年后77%退出。
- **每个在册学生的月平均收入和利润。** 平均而言，每个学生每月收入大约为381美元，税前利润为39美元。

该公司根据收入和税前利润情况把学生分成7个群体。该公司发现，高收入并不总是等同于高利润，反之亦然。关键在于学生和公司所提供的服务之间的匹配程度。因此，有些学生一开始很愿意为了自己的教育投入大量资金，但是一旦课程不能满足其期望，马上就会抽身而退。而另一方面，其自身愿望和学校所提供的课程比较匹配的学生，尽管其所投入的资金可能并不是很高，但是由于其退学率相对较低，持续注册率相对较高，因而其所带来的收入能够持续，所以他们反而是最盈利的。基于这些数据，该教育中心详细地评估其所推出的每一个项目给不同的顾客群体带来的不同价值。图6.2展示的就是这一结果。

该中心的注册记录是一流的，每个月的注册数超过7600个，每年超过91000个。但是，顾客维持率却并不尽人意。该公司每个月流失的学生平均高达7700个，年度总数高达92400个。简而言之，由于同一时间段流失的学生人数超过了注册学生，因此事实上年度注册量是在不断下降的。而且，尽管每个学生所带来的平均收入还是非常不错的，但是，如果进行进一步的分析，就会发现，只有少量学生为公司创造了极高的利润，其他学生压根就没有给公司带来任何收益。换句话说，在在册时间长度和教育中心所获得的回报之间存在着一种反向关系。因此，在这里，顾客忠诚度对公司的利益显然反而是不利的。

回头看一下等式的另一端，即该教育中心对于顾客的价值，我们发现了一些有趣的结论。

进一步的研究发现有两类不同的学生。首先是"非品牌"学生，即那些其自身需求与教育中心所提供的活动并不匹配，而且对自己在该中心的体验也不是很满意的学生。第二类即"品牌"学生，在他们眼里，其自身需求与该中心所提供的服务是比较匹配的，因此他们对该中心所

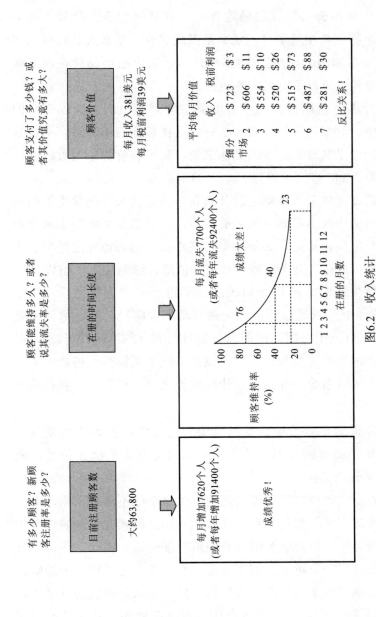

图6.2　收入统计

资料来源：From Don E. Schultz and Scott Bailey, "Building a Viable Model for Customer/Brand Loyalty" (ARF Week of Workshops, New York, NY, October 7, 1999). Used with permission from Targetbase, Inc.

提供的服务相对也更为满意一些。

然后，该中心根据学生们对于公司的财务价值将这两个群体再进行细分。这一分析使得公司能够明确地界定，究竟哪些学生是最"脆弱的"，即最可能终止其在册学习，要么是彻底放弃，要么就是转移到别的教育中心去。正如图6.3所展示的那样，该教育中心的品牌在顾客满意度方面显然与其竞争对手有很大差距。

通过采用互惠评估模式，该中心能够了解到学生们之所以离开的真正原因。其中，40%是因为对该中心有着这样那样的不满意，也就是说，该中心不能满足其真正需求。具体来说，其不满意的原因大约有15条之多，其中有5条能够代表将近一半人的退学原因。这样一来，该中心所面临的问题就变成了"能够通过营销和传播方式来明确学生不满的具体原因，从而最终找出那些最脆弱的学生，并避免其他学生未来可能的不满情绪吗？"换句话说，如果该中心能够真正明确地界定导致学生退学的问题，那么就有可能主动减少其不满情绪，遏制住流失趋势。

对于造成学生不满意的15个原因进行了进一步的分析之后，该中心发现，其中有8个可以通过营销和传播行动加以解决。其他原因主要是组织方面的问题(该中心所提供的教育项目所固有的结构性问题)，对此，营销传播管理者鞭长莫及。该中心找到了三个关键性的解决方案：改进传播，改进运营系统，开发可以让区域管理者直接执行的直接系统方案。

最后一步分析则是对"可恢复的价值"的评估，所谓"可恢复价值"是指如果做出必要的变革，该教育中心可能获得的潜在价值。图6.4所展示的就是这一分析。

尽管该中心能够明确地界定那些迫使学生退学的不满意因素，并且其重要性也能确定下来，但是光靠消除这些不满意因素并不能确保学生即刻满意，重新为这一教育服务供应商创造全部价值。因此，还需要进行另外的分析。在这一分析中，需要确定，对于三个与营销相关的解决方案的每一个来说，如果其潜在损失得以恢复，那么其价值会有多大。这一分析是针对图6.2中所展示的七个顾客群体而做的，从而帮助公司确定每个群体对收入和盈利所产生的潜在影响。最终的结果是，该公司

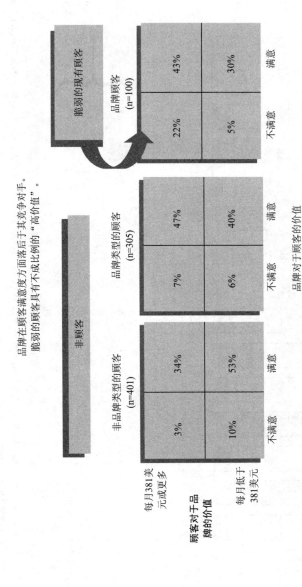

**图6.3　品牌对于顾客的价值**

资料来源：From Don E. Schultz and Scott Bailey, "Building a Viable Model for Customer/Brand Loyalty" (ARF Week of Workshops, New York, NY, October 7, 1999). Used with permission from Targetbase, Inc.

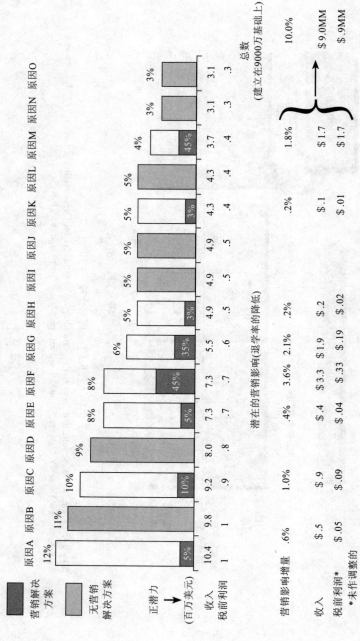

图6.4 对价值恢复的合理贡献

资料来源：From Don E. Schultz and Scott Bailey, "Building a Viable Model for Customer/Brand Loyalty" (ARF Week of Workshops, New York, NY, October 7, 1999). Used with permission from Targetbase, Inc.

可以聚焦于那些能够产生最大财务影响的营销活动。

如上所述，如果这些营销解决方案都付诸实施，那么该公司就可以期望在收入和利润方面都得到显著提升。对此，该教育中心的管理者给出了自己的答案：做出改变，让学生流失所造成的损失明显降低。

图6.5总结的是在品牌给顾客提供的价值和顾客为品牌所带来的价值之间达成平衡的概念。7个顾客群体根据顾客和学校及其所提供的服务(横向轴)的匹配度以及他们为公司所创造的税后财务价值(纵向轴)再加以组合。下面所展示的就是涵盖了这些群体的四象限：

聚焦于顾客盈利性(对于品牌的价值)和与
品牌定位的吻合度(对于顾客的价值)

| 顾客对于品牌的<br>价值(税前利润) | 细分群体7<br>59%的顾客<br>43%的收入<br>46%的税前利润 | 细分群体5-6<br>22%的顾客<br>29%的收入<br>46%的税前利润 |
|---|---|---|
| | 细分群体1-3<br>10%的顾客<br>16%的收入<br>2%的税前利润 | 细分群体4<br>9%的顾客<br>12%的收入<br>6%的税前利润 |

品牌对于顾客的价值(与定位的吻合度)

图6.5　管理顾客的品牌价值

资料来源：From Don E. Schultz and Scott Bailey, "Building a Viable for Customer/Brand Loyalty" (ARF Week of Workshops, New York, NY, October 7, 1999). Used with permission from Targetbase, Inc.

- **群体1-3：吻合度低、财务价值低**。这些顾客并不适合该企业。营销活动也无济于事。

- **群体4：吻合度高，财务价值低**。这些顾客意识到了学校所提供的服务是有价值的，但是，他们要么没有能力要么没有意愿在培训上做更大的投入。

- **群体5-6：吻合度高、财务价值高**。这些学生显然最适合学校目前提供的服务。他们愿意为了完成自己的培训而在时间和金钱方面都进行必要的投入。

- **群体7：吻合度低、财务价值高**。这一群体愿意为培训支付高额费用，但是发现该学校所提供的课程远不能满足其技能水平和期望。

从这个分析中可以清楚地看出，在一个新的由顾客驱动的市场上，要更好地管理好顾客和品牌关系，就必须完整地理解顾客。而且，正如这一案例所展示的那样，不能单纯依靠单一的活动，而是必须"打组合拳"，对各种讯息和刺激措施组合使用。很显然，如果希望传播讯息能够有效地解决各种问题，那么就必须对这些讯息进行整合，协同作战。尽管营销者有其对于该教育中心的价值的看法——那就是，它究竟能够带来多少收入和利润——但是，这些看法是毫无价值的，除非他们同时也能够认识到顾客体验的价值。换句话说，真正了解两个群体之间的互惠程度才是此中关键。通过真正了解学生的不满所在，该中心才能开始制定有效的营销解决方案，有望因此阻止那些因为对教育中心的诸多方面心存不满的脆弱群体的流失。

## 总结与预览

在一个互动化、网络化、由顾客驱动的市场上，互惠性分析对于管理客户关系来说确实是至关重要的，但是，尽管如此，它却引发了一些非常重要的问题，主要是关于公司是否有能力开展必要的营销和传播活动，为所发现的问题提供有效的解决方案。这就直接将我们带到了整合营销传播流程的第三步：生成并传播讯息和激励计划。

## 参考书目

1. J. Barnes, ed., *Complete Works of Aristotle*, Revised Oxford Translation (Princeton, NJ: Princeton University Press, 1983).
2. Ibid.
3. J. S. Adams, "Inequality in Social Exchange," in *Advances in*

*Experimental Social Psychology*, ed. L. Berkowitz (New York: Academic Press, 1963), 2:267–88.

4. Ibid.

5. Ibid.

6. Materials and illustrations in this section were first presented by Don E. Schultz and Dana Hayman at the National Center for Database Marketing Conference, "Fully Understand Consumer Behavior Using Your Database," Chicago, July 30, 1999.

7. Materials and illustrations in this section were first presented by Don E. Schultz and Scott Bailey at the ARF Week of Workshops, "Building a Viable Model for Customer/Brand Loyalty," New York, NY, October 7, 1999.

# 第四部分

## 第三步：
## 生成并传播讯息与激励计划

# 第 7 章

# 通过品牌接触和
# 品牌网络进行营销传播规划

整合营销传播流程的第三步抵达了任何一个营销传播活动的核心：生成并传播讯息和激励计划。将第一步(明确顾客)和第二步(评估顾客价值)产生的成果作为输入，营销管理者可以说"万事俱备"了，完全可以开始制定一个有效而又有力的传播计划了。事实上，到这一时刻，绝大多数基础工作已经完成了，营销者已经能够全面深入地理解营销活动所针对的产品或者服务了，也彻底了解了竞争对手所提供的一切，而且还真正地理解了传播计划将于其中执行的市场的结构和运作情况。但是，要真正开始着手生成讯息和激励计划，管理者必须更深入地理解顾客是如何与品牌进行接触的(品牌接触)以及品牌又是如何被顾客所认知的(品牌网络)。这些正是本章所要讨论的话题。

## 品牌接触

传统上，营销传播管理者启动传播过程的第一步总是确定关于讯息或激励计划的合适的"创意"内容，然后就是选择一个传播系统，比如广告，最后才是选定一个具体的媒介形式，比如电视或者杂志广告。乍一看，这种做法还是蛮有道理的。因为它假定所有的顾客基本上都是一样的，因此选择这一类的大众媒介进行传播显然是一个有效的接触顾客的方法。而且，这种做法还进一步假定，目前市场上只存在着数量有限的几个传播手段(平面媒介、广播电台和电视、直邮等)，而且绝大多数消费者都会时不时接触到这些媒介，因此，为了通过传播使品牌脱颖而出就得依靠传播的创意因素。如此一来，媒介选择就不显得有多么重要了，因而也就不那么受关注了。

但是，如今，传播系统几乎发生了一场大爆炸。新媒体形式几乎是日新月异，从大事件营销到活动赞助到鼠标垫到卫星光柱到互联网上的各种手段层出不穷，令人眼花缭乱。消费者所见或所闻的几乎每一件东西——帽子、衣服、手机屏幕和公共汽车候车亭——都摇身一变，成了一种传播媒介。最终的结果是，在当今的市场上，创意——或者营销者想要说什么——的重要性已经远远不如怎么说、在哪里说。正是因为这一巨大转变，整合营销传播彻底反转了传统的规划流程。商业的第一要务是理解现有顾客或者潜在顾客究竟是在何处听到、看到或者了解到产品或服务，然后抓住这些接触点，利用其作为提升第5章所介绍的相关力、开放力和响应力的最大机会。只有到了这个时候，营销者才能确定创意，或者其讯息究竟要传达什么内容。

## 对品牌接触进行分析

正如我们在之前几章中所看到的那样，一旦营销者认同说消费者的购买行为会受到其与品牌的全部接触——诸如口口相传以及公司推出的传播活动之类因素——的影响，那么，他们就会明白为什么了解人们和品牌究竟在何时、何地以及如何相互接触这一点，变得那么重要了。

顾客"接触"品牌或者被品牌打动的方式很多，包括但不局限于直接体验(或者是通过以往的购买经历，或者是使用过样品)、与一线员工的接触、实际使用真正的产品或者服务，以及不同形式的营销传播活动。[1]

如果想真正理解这些品牌接触点，营销者可以采用品牌接触点审计这个主要的方法。审计可以帮助营销者发现顾客究竟是如何与公司及其所提供的产品或服务进行接触的，这些接触可能是通过营销部门的讯息和激励计划，也可能是通过其他接触形式——例如口口相传或者对产品的实际使用——这些都不在营销者的掌控范围之内。

为了进行品牌审计，我们将"品牌接触"定义为任何构成顾客体验的因素，这种体验的对象是被顾客归为该品牌的所有产品或者服务内容。可以用以下两个问题来确定什么是品牌接触：

- 如果顾客对该品牌的体验中有一个具体的因素表现很好，那么这究竟是谁的功劳？

- 如果顾客对该品牌的体验中有一个具体的因素表现不好，那么这究竟应该责怪谁？

如果对这两个问题中的任何一个的回答是"我们公司"或者"我们品牌"的话，那么这种体验就算是品牌接触。图7.1所展示的就是一个科技产品的典型的品牌接触图。[2] 正如该图所展示的那样，整个品牌不仅是由那些传统的传播要素所组成的，还包括内部员工、口口相传、销售陈列、售后服务支持等。简而言之，它包括一个现有顾客或者潜在顾客与产品或者服务之间可能发生的所有接触，这些接触发生的时间点可能是在购买之前、使用过程中和实际体验过产品之后。

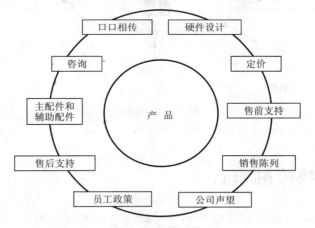

图7.1 品牌整体

资料来源：From Lisa Fortini-Campbell, "Communications Strategy: Managing Communications for the Changing Marketplace" (presented at Northwestern University, Evanston, IL, October 19, 1999). Used with permission from Lisa Fortini-Campbell.

**CIGNA公司的品牌接触**

　　CIGNA保险公司推出了一个名为"将承诺和表现协同起来"的活动，该活动是建立在品牌接触基础上的。CIGNA认为，该公司通过各种传播系统向现有顾客、潜在顾客、员工以及其他利益相关者做出了一系列的承诺。承诺(接触)的发生不分时间，也不分地点，只要该公司接触人，或者有人接触该公司，这些接触还包括广告和员工沟通等。图7.2总结了这些接触点。一旦CIGNA界定了所有这些承诺之后，接下来就要检验该公司对这些承诺的兑现程度如何。正如图所展示的那样，CIGNA对其销售实践、信息系统甚至员工招聘实践都进行了深入的分析，旨在了解该公司所做出的承诺兑现得多么有效果，将来如何继续保持这些承诺。所有这些要素都有助于CIGNA形成对其品牌接触情况的总体理解。[3]

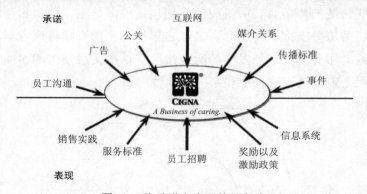

图7.2　将承诺和表现协同起来

资料来源：Used with permission from CIGNA Insurance.

## 开展品牌接触审计

　　品牌接触审计可以帮助营销者了解现有顾客或者潜在顾客究竟如何以及在何种情形和条件下接触到品牌、产品或者服务以及企业本身。丽萨·福尔蒂尼-坎贝尔建立了一个由三个步骤构成的流程。该流程具体如下：[4]

1. 以现有顾客或者潜在顾客的视角来界定所有的品牌接触，不管这些接触对于企业来说是可控的还是不可控的，也不管营销者是否对其直接负有责任。简而言之，营销者必须全面地了解现有顾客和潜在顾客可能接触到的所有不同形式的传播。

2. 以现有顾客或者潜在顾客的视角对所有的品牌接触进行组织，排出优先顺序。福尔蒂尼-坎贝尔明确地指出了一些具体的"真情时刻"，即一些具有决定性的节点，这些节点要么刺激顾客全心接受该品牌(由于一次正面接触的结果)要么刺激顾客抛弃该品牌(由于一次负面接触的后果)。这一步骤要明确哪些接触会强化正面的品牌形象，哪些接触会把顾客赶跑。图7.3所展示的就是这一信息。

    在图7.3中，第一栏，要全面地列举该审计流程第一步中所描述的所有接触点。这些接触点当然包括各种形式的企业对外营销传播，例如广告、产品目录、店内陈列，等等。还包括其他接触点，比如打给顾客服务部的电话、会计部门寄出的账单、与送货人员和技术人员之间的互动以及与第三方之间的接触，例如媒体上刊登的故事，其他用户的口口相传，等等。

    在第二栏中，要对每一个接触点进行打分，用高中低来表明该接触点对顾客如何评价品牌的重要性。例如，产品的实际使用或者是个人对品牌或服务的体验几乎总是比各种形式的媒介传播更重要，因此应该获得更高的分数。

    第三栏代表的是顾客在这一特定接触点上所留下的印象。做法很简单，就是要明确现有顾客或潜在顾客所留下的印象究竟是正面(是)的还是负面(否)的。毋庸置疑，整合营销传播管理者希望能够给顾客留下更多正面而不是负面的印象。

    图7.4是将前三栏所收集到的信息画成了一份品牌接触的优先性网格图。这种方法简明扼要，可以识别究竟哪些品牌接触点才是最重要的，因而应该优先加以管理。举例说，I和II象限的品牌接触对于营销传播管理者来说是首要任务，而III和IV象限的品牌接触，其优先性就显得低一些。

| 品牌接触 | 重要性评估 | 印象评估 | 顾客期望 | 顾客体验 | 所传播的讯息 | 目前配置的资源 |
|---|---|---|---|---|---|---|
|  |  |  |  |  |  |  |
|  |  |  |  |  |  |  |
|  |  |  |  |  |  |  |
|  |  |  |  |  |  |  |

图7.3　品牌接触一览表

资料来源：From Lisa Fortini-Campbell, "Communications Strategy: Managing Communications for the Changing Marketplace" (presented at Northwestern University, Evanston, IL, October 19, 1999). Used with permission from Lisa Fortini-Campbell.

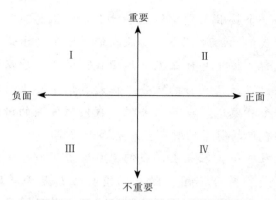

图7.4　所有品牌接触的优先性网格图

资料来源：From Lisa Fortini-Campbell, "Communications Strategy: Managing Communications for the Changing Marketplace" (presented at Northwestern University, Evanston, IL, October 19, 1999). Used with permission from Lisa Fortini-Campbell.

　　品牌传播如果希望获得长期成功，那么很重要的一点是现有顾客或者潜在顾客在所有接触点上所接触到的讯息都得到充分的整合和协同。那就意味着改进网格图中I和III象限中的品牌接触的最简单方法是将其与II和IV象限中的正面接触进行协同和整合。即使这些接触很难管理和掌控，也有必要进行整合和协同。为了真正解决一些不整合的负面接触问题，甚至有必要将资源从一个预算项目转移到另一个预算项目，这样才能确保品牌在未来取得成功。

3. 让顾客在每一个接触点上都能够获得更好的体验。为了做到这一点，企业必须深入地分析实际的顾客体验。这包括完成图7.3中的最后四栏，也就是要回答以下四个问题：

- 顾客在每一个已经确定了的接触点上究竟有什么样的期望？他们希望我们的品牌拥有什么样的品质或者提供什么样的服务？他们期望我们具备什么样的知识和专长？在他们心中，我们的品牌和企业是什么样的形象？

- 在每一个接触点上，顾客的真实体验究竟如何？也就是说，我们是否能够达到他们的期望，或者说我们提供给他们的体验不同于其原先的预期吗？

- 每一个接触点究竟传递了什么样的讯息呢？也就是说，关于我们的品牌、公司以及我们对他们的承诺，每一个接触点都传播了些什么呢？尽管我们的广告承诺说会为大家提供快速而又友好的服务，但是我们实际上所提供的是否是一个糟糕或缓慢的服务呢？我们所传递的讯息与顾客在受到我们的引导后所期望的是否一致呢？

- 在每一个接触点上，我们究竟配置了哪些资源，资源的配置是否符合不同接触点的重要性？是否与顾客密切相关呢？我们是否在收效甚微的传播上花了过多钱，而在那些对于顾客体验来说至关重要的接触点上却投入不足呢？是否存在着一种品牌接触，其投入巨大但是其效果却是负面的？(如果真有这种情况，公司就不仅仅是浪费了资源，而且还可能因为对这一接触点投入太多而把顾客赶跑了。)

一旦完成了上述一览表和优先性网格图，我们就可以从多个方面对其加以运用。有一点很清楚，那就是，其结果可以用来决定哪些接触点在传播讯息和激励计划方面，以及在帮助营销传播管理者生成每个传播活动的内容方面是最有效的。我们除了可以将这些结果运用到营销传播方面，还可以以之为起点，发展出相对精细的顾客满意度衡量计划，有效地发现需要加强和改进的地方。比如，一览表就可以让公司比较全面地理解哪些领域应该纳入顾客满意度提升计划。同样，优先性网格图则可以指导公司如何衡量每一个领域或者每一个接触点的优先性。对顾客期望和真实体验进行比较分析可以提供一个有力的(通常也是痛苦的)信号，显示企业运营和传播工作之间存在着严重的落差和失调现象。除此之外，对于优先性网格图的检视也可以帮助公司了解其所设定的优先性与现有顾客和潜在顾客心中的优先性是否一致。最后，网格图还能帮助公司了解资源在当下是如何配置的，或者在现有顾客和潜在顾客当中是如何配置的，从而帮助管理者确定资源在哪些领域的配置是有问题的。

### 让体验和期望相匹配

绝大多数公司都已经意识到了顾客的期望和顾客的真正体验之间存在着巨大的鸿沟，但是很少有公司知道应该如何跨越这些鸿沟。在底特律和芝加哥都开设有分公司的Brand Imprinting研究公司为这一问题提供了一个很好的解决方法。通过对顾客进行密集的访谈，该公司不仅试图了解到顾客对于品牌是如何感受的，而且还试图了解到他们对于品牌是如何采取行动的(我们可都记得，顾客价值评估的基础是行为，而不是态度)。这样做之后，研究人员能够着手解构需求是如何产生的，并且勾勒出顾客的整个过程。然后，该公司向客户展示该客户所希望塑造的品牌形象和特定顾客心目中该品牌的形象之间是有差异的，并且分析了差异背后的原因。这一类顾客信息反馈可以帮助该客户公司根据顾客心目中的品牌形象来调整其销售过程。

我们可以来看一个具体的例子。在为奥迪车在佛罗里达州所进行的一次研究中，Brand Imprinting接到的任务是深入了解顾客究竟是如何发现奥迪这个品牌的。研究人员发现顾客主要是出于对该品牌、对于汽车的好奇心而发现该品牌的。似乎是好奇心，而不是对这一类汽车的期望，引发了顾客的需求。Brand Imprinting推断说，如果好奇心引导顾客发现了该品牌，那么顾客在汽车经销商那里的体验就是整个销售过程中最重要的一个环节。但是，当研究人员亦步亦趋地跟随顾客经历了整个购买过程之后，他们发现，展厅里的绝大部分汽车都是车门紧锁的。如果不通过销售人员的帮助，那些潜在车主显然无法真正体验到奥迪车的内在感受的，而这有悖于"好奇心"的最初期望。研究人员进一步发现，试车体验是能够促使顾客的好奇心转化为对汽车的需求。带着这样的洞察，奥迪最终决定让汽车经销商打开车门，鼓励更多人试驾汽车，从而彻底改变了顾客在汽车展示厅中所获得的体验。

在另一个为青少年服饰公司Union Bay所进行的研究中，Brand Imprinting试图了解品牌应该如何在零售环境中更好地进行展示。通过对青少年购买者服饰购买过程的观察以及一对一的访谈，研究人员发现绝大多数青少年在购物时都不是非常自信的。他们比较纠结单件的服饰如何搭配才合适或者才显得"酷"。Brand Imprinting的结论是，该品牌的门店从某种程度上讲没能适应那些缺乏自信的购物者。Union Bay把握机会，弥补了顾客期望和真正体验之间的差距。他们将上衣和裤子摆放在一起，这样青少年们就可以很容易地确定哪些服装适合搭配在一起，而百货店的销量也因此得到了提升。[5]

# 了解顾客希望品牌以何种方式、在什么时候与之接触

到目前为止，我们所讨论的关于顾客如何与品牌进行互动的一切都显示，品牌接触并不完全掌握在营销者手中。这意味着，为了找到有效的品牌接触点，营销者必须停止夸夸其谈，开始侧耳倾听！基于这一原因，整合营销传播生成讯息和激励计划的方法必须始于了解顾客希望如何接受品牌信息。这就需要采用全新的顾客研究方法，不再只是围绕着品牌或者企业，而是围绕着顾客需求来进行研究。研究问题聚焦于潜在顾客希望以何种方式从公司那里获取关于品牌的信息或资料。要根据个体顾客的偏好来对各种不同的品牌接触点进行排序。然后，将最终的结果与公司当下传播投入进行对照。在我们所研究的绝大部分公司中，我们发现，这些公司所采用的传播系统中有50%到60%与顾客的偏好和愿望并不一致。这就意味着——不管公司传播的讯息是什么——营销传播管理者只依靠协同传播系统和顾客偏好就能够潜在地提高顾客响应、降低传播费用。这一点对于营销者的启示是简洁而又美妙的：与现有顾客和潜在顾客倾心交谈，了解他们希望与你接触和交流的时间与地点，而不要只考虑自己方便与否！

在了解品牌接触时需要考虑的最后一点是，我们建议营销传播管理

者需要时刻牢记，只有当人们感觉到自己对某一局面至少能有某种掌控的时候，他们通常才会感到更加舒适和放松——因而才显示出更高的开放性和接受度。例如，最近的一次研究发现，当献血者可以自主地选择自己到底用哪一只胳膊来抽血时，他们才会感觉更自如，不那么不安。[6] 同样，不管是在住酒店时决定用闹钟叫醒还是让前台叫醒，还是在飞机上选择用餐时间，一旦可以自主选择，顾客就会感觉更自在，能够很好地做出响应。在顾客眼中，有选择不仅能够提高其价值，而且还能提高品牌的价值。选择赋予了顾客对品牌接触的某种掌控权。如果他们能够选择在何时何地获取营销传播信息，那么他们通常会更为主动、更投入地参与到其过程中去。如果在获取营销资料时可以自主地选择电子邮件、电话或者直邮方法，那么顾客就会感受到有某种掌控权。这样，当传播到来之际，顾客就不会将之当作垃圾邮件随手扔掉，而是会认真地对待，仔细地研究。

## 确定品牌接触的相关力和开放力

对于现有顾客和潜在顾客来说，品牌接触只有在两种条件下才是有意义的：其一，是品牌接触对于顾客而言是相关的(相关力)；其二，是品牌接触必须在顾客希望或者想要的时候发生——也就是说顾客对接触是持开放态度的(开放力)。

品牌接触要体现出相关力，与顾客之间的联系就必须发生在顾客希望或者想要联系的时刻，而不是营销者单方面想要联系的时候。而传统的营销恰恰忽视了这一最简单的准则，因此会让消费者名正言顺地觉得这是一种侵犯或者干扰。营销者在电视剧中插播产品广告，还在足球赛中安排电视广告时间。很显然，在绝大部分情况下，当下的营销传播系统只有对于营销者来说是相关的。

开放力与相关力是密切相关的。当品牌接触与顾客息息相关，而且其发生时机也让现有顾客或者潜在顾客感到方便时，那么顾客显然就愿意接受这样的品牌接触(使这样的接触体现开放力)。当人们当下就有需求，或者有潜在的需求要解决某个问题或者做出购买选择时，他们最容易接受品牌来跟他们接触。比如，当一对恋人订婚后，他们对于与婚姻生活相关的品牌接触就会突然持开放态度，比如买房子、装修装饰等。而当婚礼日益临近之际，他们则会想方设法地让他们的特殊日子变得最成功、最精彩、最难忘。在一段时间内，未来的新郎新娘会特别容易接受某些特定的信息。营销者如果希望在现有顾客和潜在顾客最可能接受特定信息的时刻与他们接触，为他们提供相关性极高的信息，那么就必须首先了解、理解并确定这一时间窗口会持续多久，何时开何时关，另外，还要了解不同的顾客究竟希望通过什么样的形式和方法来获取信息。这样的相关力规划和开放力规划是整合营销传播流程的一个关键要素，图7.5所展示的正是这一模型。

品牌接触信息可以为我们提供很多线索，帮助我们更好地理解什么样的关于品牌的讯息对于现有顾客和潜在顾客来说是相关的，理解什么时候顾客最愿意接受关于品牌的传播。以此来选择品牌接触系统最有可能提升对于顾客的相关性，提升顾客的接受度。正如之前所提及的那样，传播工具的选择已经不再像传统营销那样，完全受制于营销者希望以何种方式来传播讯息或激励计划，而是由顾客最希望接受的方式来驱动。因此，在整合营销传播规划中，传播效率被赋予了全新的意义。我们不再基于接触到成千上万个消费者的花费来衡量媒体的效率，而是将成本与所发生的结果或者行为直接挂钩。也就是说，营销者可以破天荒地衡量在现有顾客或者潜在顾客身上引发营销者所期望的行为到底要花费多少。

## 媒介整合为何如此艰难

在过去十五年里，虽然各大公司在对营销和传播流程进行整合方面已经取得了长足的进展，但是令人遗憾的是，媒介计划却落后了。尽管营销者们已经意识到，整个传播世界已经发生了翻天覆地的变化，但是他们中的大多数仍然在继续沿用传统的工具来制定媒介计划，这些工具包括到达率、频度、重复率和曝光度等。问题在于，这些方式不仅不充分，而且完全是错误的，特别是考虑到当今企业的经营环境已经发生了这么大的变化。

今天的媒介计划方法是针对这样的市场设计的，其中，每一个媒介印象都是一个独立而独特的事件。做媒介计划时的假定是，在目标受众的世界里，除了媒介在某一时间内曝光之外，任何其他事情都不再发生；而在消费者的生活中，在电台播广告的时候，报纸被打开的时候，或者直邮邮件送来的时候，任何其他事情也都不再发生。

但是，唐·舒尔茨和乔·皮洛塔最近所做的研究以及其(与BIGResearch一起)向美国广告研究协会所做的提案，都清晰地显示这些假定是多么的错误。这次研究采用了网络调研的方式，收集了7500多个被访者的答卷，其人口统计构成也做了调整，以便反映美国的人口分布情况。这些消费者告诉了舒尔茨和皮洛塔如下信息：

- 50.7%的人会一边读杂志一边听电台
- 53.4%的人会同时读报纸和看电视
- 50.4%的人会同时看电视和读杂志
- 66.3%的人会在看电视时还不忘上网浏览
- 75.2%的人会在上网(主要活动)时顺便看电视

对于当今的营销者来说，他们需要一种全新的媒介计划方法，这种方法要能够认识到消费者日益增强的一心多用、同时接触多种媒介的能力。营销者新建立的媒介计划系统要建立在对结果的衡量基础上，而不能只衡量传播系统。

那么，谁会挺身而出，勇敢地闯进媒介计划的"美丽新世界"呢？我们不太相信媒介本身能够成为这方面的先驱，它们在现有的媒介计划方法上的投入太多了。恐怕也不太可能是广告或者媒介服务代理商，因为那样的话，他们就不得不推倒重来，打造全新的系统。显然也不太可能是研究公司，因为他们所有的业务都是完全基于传统的媒介概念。

我们的推断是，先驱将会是少数几个"板凳要坐十年冷"的大学教授，正是他们在大约50年前发明了现在的媒介计划系统，当年的先驱者包括布罗德本特、阿戈斯蒂尼、梅特林汉姆、西索和琼斯等其他人。也只有他们没有利益冲突，不会从维护现有系统中获利。[7]

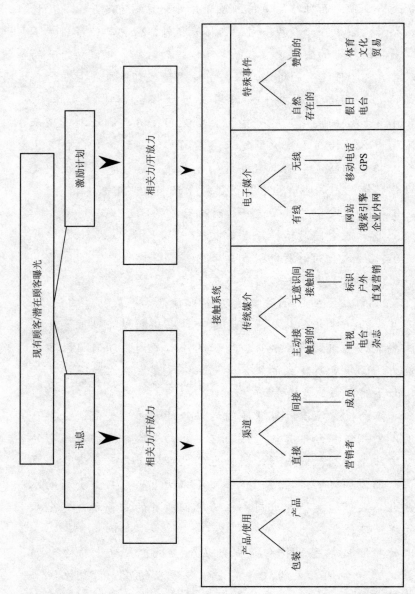

图7.5 整合营销传播模型中的品牌接触系统

# 传播流的逆转

长期以来，营销传播者赖以为生的是自内而外的讯息和激励计划发布。也就是说，由企业来决定它究竟想说什么，设计什么样的讯息或激励计划方案，选择发布形式和方法，然后将这些讯息和激励传播出去。营销者接下来所做的事情就是坐等现有顾客和潜在顾客对这些传播出去的讯息和激励计划趋之若鹜或无动于衷。当然，在这一过程中总是会有"噪音"，制造噪音的因素很多，包括接受者没有解读这些讯息的能力、媒介通道的壅塞以及各种干扰和讯息冲突。一般来说，这一过程中也有某种形式的反馈圈，其中，讯息发送者试图确定目标受众所做出的某种形式的响应，比如他们是否愿意购买该产品或者服务，是否愿意拜访零售门店，是否会再度购买，等等。但是，基本模式却从来没发生过什么变化，逃不出图7.6所展示的窠臼。

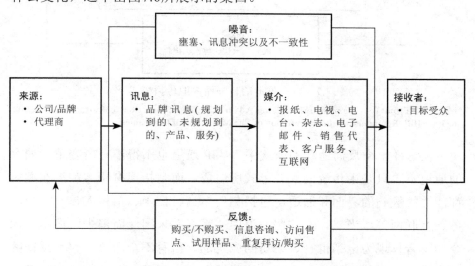

图7.6　传统的自内而外的营销传播模式

资料来源: From Tom Duncan, IMC: Using Advertising and Promotion to Build Brands, 2002, McGraw-Hill. Reproduced with permission of The McGraw-Hill Companies.

正如我们已经提及的那样，这种情况的根本问题是，在当下这个充满互动的新市场上，传播的过程已经变了。营销者已经被迫交出了其掌控权，主动权已经转移到了消费者手中。现有顾客或者潜在顾客摇身一变成为讯息的发送者或者讯息的要求方，而企业如今反而变成了讯息的接受者和回应方。比如说，现有顾客或者潜在顾客如今可以自如地登录营销者的网站，在线咨询各种问题，或者和客户服务人员一同讨论关于产品、服务、供应以及保修等方面的问题。简而言之，正如图7.7所展示的那样，传播流被逆转了。[8]

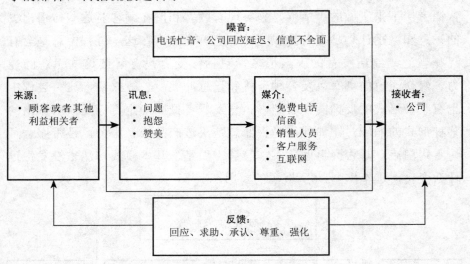

图7.7　顾客推动的自外而内的传播模式

资料来源：From Tom Duncan, IMC: Using Advertising and Promotion to Build Brands, 2002, McGraw-Hill. Reproduced with permission of The McGraw-Hill Companies.

在这样一个反向流动的模式中，媒介通道也不得不有所变革。如今的通道不再只是由传统的媒介形式所组成，而是指现有顾客和潜在顾客都能够接触到的界面和通道，包括免费电话、信函、销售人员、客户服务、互联网等。当然，在这些通道中，噪音并未因此而消失，但是，如今的噪音体现为电话忙音、公司回应延迟、信息不全面等。整个反馈圈也发生了相应的变化。如今驱动这反馈圈的力量是，企业究竟如何及时地回应现有顾客和潜在顾客，其中包括回应时间、现有或者潜在顾客寻求帮助的机会或者营销者给予顾客什么样的尊重等。

任何时候，如果你上网浏览，总是能看到消费者和企业交流。比如说，Nordstrom网站上的真人客户服务代表总是在线，不断地回答顾客提出的各种问题。本杰瑞冰淇淋公司在自己的网站上欢迎顾客进行评论、对产品和服务提出建议、提出各种问题。免费电话、网络和邮寄地址都为顾客提供了和企业交流的全新方式。这些自外而内的沟通形式，对于任何一个希望能够在其营销努力中体现逆转了的传播流的公司而言，都是必不可少的。简而言之，营销者必须时刻准备着，既要独白又要对话，既要对顾客传播讯息又要对其需求做出响应。

## 充分认知企业内部的品牌接触

正如前面几章所讨论到的那样，整合营销传播是一种包容性的营销模式。也就是说，这一模式包括了与品牌相关的所有利益相关者——员工、渠道合作伙伴、批发商、分销商、金融界、股东以及其他相关利益者——这对于整合营销传播活动取得全面成功是至关重要的一步。长期以来，绝大多数的整合营销传播活动主要都聚焦于对外部的现有顾客和潜在顾客传播讯息和激励计划。这样就容易造成这样一种假定，员工和其他利益相关者可能在一定程度上也"知晓"或者"理解"这些对外传播的讯息和激励计划，并且会尽力支持，努力配合，推动公司所进行的对外传播活动。

通过我们针对整合营销传播最佳实践公司所进行的标杆研究，我们发现，上述假定显然是不正确的。通常情况下，员工是最后才了解到营销传播活动的。事实上，营销者和顾客都在抱怨，说员工对于公司正在进行的对外营销传播活动，要么一无所知要么置若罔闻。而在大多情况下，这其实根本就不是员工的过错。责任需要归到管理者头上，是他们总是将员工排除在传播圈之外的。根据我们的经验，除非公司专门针对员工和其他利益相关者制定可具体操作的活动和计划，否则的话，员工和其他利益相关者在公司的传播活动中通常都会被忽略掉。在有些公司中，人力资源部门认为企业内部的传播是营销部门的职责，而营销部门则持完全相反的观点。最终的结果造成了企业内部的传播因为相互扯皮而支离破碎，以至于那些处于业务最前端的、需要和顾客密切保持互动、捕捉问题并回应顾客抱怨的员工，对于企业的传播活动往往也是茫然无知。

一个整合营销传播活动要取得成功，其关键在于营销者认识到，品牌接触不仅仅是对外的，同时也是对内的。只有企业的员工和合作伙伴都真正理解了品牌对现有顾客和潜在顾客所做出的承诺，他们才会心甘情愿地去兑现这些承诺。不过，下一个问题也接着产生了，那就是，究竟应该由谁来承担企业内部的传播职责呢？

将员工和其他利益相关者都纳入这一传播圈会遇到很多挑战，其中之一就是组织架构问题。也就是说，营销和传播管理者对于企业内部的传播通常并不直接负责，传统上被赋予这一责任的是其他职能部门，比如员工传播部、人力资源部、投资者关系部甚至是人事管理部。在这种企业中，整合营销传播管理者的首要任务是非常清晰的，那就是，说服高层管理者，让他们理解员工参与的重要性，然后还要说服不同职能部门的专业人士，让他们理解把整合营销传播计划沟通给合适的员工和利益相关者的重要性。

赫尔辛基大学汉基经济学院的克里斯蒂安·格伦罗斯教授是关系营销学领域的开拓者之一，他有一段很好的总结：

> 绝大多数企业的营销是由"非全职"的营销者来完成的。这些营销者包括负责制造的员工、负责加工的员工、负责配送的员工、负责提供客户服务的员工、负责收款的员工，等等。他们才是为企业实施营销和传播计划的人。那些受过专业培训的营销者们整天忙忙碌碌地"从事营销工作"，因而没有时间和顾客进行面对面的接触。而那些非全职的营销者才是营销团队中身处最前线的战士。是他们给"何为公司和品牌"以及"公司和品牌何为"赋予了生命和意义。但是，他们并没有受到任何营销和传播方面的培训，也因此经常不清楚公司究竟向顾客承诺了什么，他们应该怎么做才能兑现这些承诺。[9]

英国战略管理资源公司的首席执行官朱丽叶·威廉姆斯也极为重视企业内部的传播。关于员工和其他利益相关者在整合营销传播过程中向顾客和消费者传递讯息所发挥的重要作用方面，威廉姆斯已经进行了150多个案例研究。她说：

> 我们基于研究结果发现，当内部的营销和传播活动并不支

持外部的营销和传播活动，或者二者不能协调一致的时候，高
达40%的营销和传播花费就会被白白地浪费或摧毁。[10]

# 品牌网络

正如本章前文所提及的那样，现有顾客和潜在顾客对于那些与其自
身并不相关的传播讯息或者激励计划的处理方式非常简单也非常有效：
置之不理或者断然拒绝。正是因为这个原因，当今的营销者经常面临的
挑战是："要么融入现有顾客和潜在顾客的生活，要么就别想活！"

那么，对于营销者来说，融入顾客生活的关键是什么呢？答案是对现
有顾客和潜在顾客的理解能力。这并不意味着只要知道谁是品牌的现有顾
客和潜在顾客就够了，而是意味着要了解和理解他们的真实想法。这么说
的原因很简单：只有了解了最终导致顾客忽视某些讯息而聚焦于其他讯息
的思维过程，你才能明白人们究竟关心什么、有可能接受什么。

品牌网络指的是现有顾客或者潜在顾客心智中各种标志、想法、理
念和体验的内部综合体，这些因素聚合在一起，形成对一个与个体顾客
相关的具体品牌的整体印象或者定义。营销者可以将这些相互关联的因
素想象成是形成了一个网络，因为，事实上，如果从人类生理学的角度
来看，这确实就是一个网络。

## 心智中的品牌网络是如何运行的

如果粗略地简化一下，那么人类心智是通过一系列相互关联的神经
网络系统进行运作的，其中，每一个神经节或者神经元都储存着很多信
息碎片。当两个或多个神经元相互碰撞或者连接起来，它们就组成了一
个圆环，该圆环上储存着新的记忆或者概念。

当个人接触到有关一个产品、服务或者其他任何事物的新信息之
后，其大脑就会唤醒现有网络中所储存的相关信息，与新信息汇合。这
些信息一直储存在记忆里，直到更多新信息汇集和加入，从而形成另一

个新的神经节。因此，每一个人都拥有一系列相互关联的神经节，在其心智中形成品牌网络。这些神经节中，有些对品牌是有利的，有些则对品牌不利。有些记忆是很强烈的，有些则很微弱。随着新信息不断获取、不断处理，这些神经节总是处在不断的变化和适应的过程中。

我们的心智含有多如恒河沙数的与多个品牌相关的关联概念、认知和想法。有些关联位于有意识的记忆中，很容易提取，也容易解释；而另外一些关联则更微妙、更隐秘，深藏在心智的无意识层，需要一定的探究才能浮到表面。吉普·弗兰岑和玛戈·鲍曼注意到，有些关联是直截了当的、线性式的，比如，从Shredded Wheat品牌到谷物到早餐。而另外一些关联则是以一种更错综复杂的链条式的方式关联起来，比如说由Perrier品牌到矿泉水到法国到时尚。弗兰岑和鲍曼在荷兰进行了多场研究七喜的关联的访谈，在此基础上提供了一个案例。图7.8展示的就是这个案例。每一个关联网络都是由一系列次级网络组成的，连接线的粗细代表的是关联的程度。这些研究人员总结说，"每个品牌通常都会与一个或多个产品相关联，在我们的记忆中，相应地形成关联性的网络。"[11]

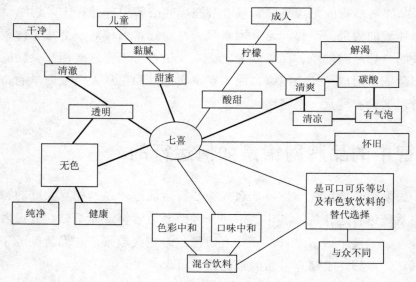

图7.8　七喜品牌的品牌网络

资料来源：From Giep Franzen and Margot Bouwman, The Mental World of Brand: Mind, Memory, and Brand Success, World Advertising Research Center, 2001. Reprinted by permission of World Advertising Research Center.

在现实中,品牌网络会变得极为复杂,真正理解它们要做深入的研究。充分地讨论品牌网络研究,显然超越了本书的范围,但是我们建议营销者从几个不同的维度来探究品牌关联,这些维度包括品牌的功能、个性、象征性以及起到支撑作用的企业文化。就我们的目的而言,只要明确品牌网络是人的心智中所储存的所有有关品牌和营销传播的记忆的基础,也就足够了。如果现有顾客或潜在顾客心智中压根就没有有关品牌、产品或者服务的记忆的话,那么要增加新概念,或者让新信息嵌入进去,都是非常困难的。这些新概念或新信息显然缺乏相关性,因为在顾客的心智中并没有形成关联。对于营销传播而言,也是这个道理。比如说,当现有顾客或者潜在顾客接触到某种形式的品牌传播时,他们会马上唤醒有关这一产品或者服务的品牌网络。然后,他们会基于自己已经了解的一切来在心智中检验这些新信息。如果新旧信息相互吻合,那么新信息就可以加入到品牌网络中去。如果二者不吻合,顾客就会排斥新信息。

## 品牌网络是如何创造相关性的

讨论到这里,品牌网络和在消费者心智中建立相关性二者之间的关联也就变得非常清晰了。顾客通常有某些需求、愿望和希望。他们可能会把营销传播作为一个信息来源来加以研究,并以此来主动地解决某个问题。比如说,当夫妻俩决定购买新洗衣烘干机时,他们通常会看看报纸广告,咨询一下邻居和朋友的意见,读一读《消费者报告》,或者通过许多其他方式来收集相关信息。他们会将他们收集到的有关洗衣烘干机的信息加到他们的品牌网络中去。因为这个时刻正好是他们最容易接受有关洗衣烘干机信息的时候,所以任何有关这一产品的营销传播与顾客之间的相关性都会得到提高。

考虑一下,如果在同一时刻,这对夫妻受到了各大汽车厂商对他们进行的营销传播信息的轰炸。因为我们知道他们无法同时购买新的洗衣烘干机和一部新车,所以汽车厂商的营销传播在这对夫妻心智中的相关性显然就会低得多。当然,他们也可能会储存一些有关汽车的信息,并且在日后想到这些信息，但是就当下而言，汽车厂商的传播显然与他们无关。真正有关的是洗衣烘干机的信息。这一例子显示了相关性(相关力)和接受度(开放力)之间的关联，以及品牌接触和品牌网络究竟如何影响人们购买什么、不买什么，影响他们忽视什么、关注什么。更重要的是，这个例子还揭示，对于营销传播管理者而言，深入理解他们试图进行传播的现有顾客和潜在顾客何以如此重要、如此关键。

最近一个案例更加有说服力。密歇根大学针对175个企业的客户服务进行了一次研究。研究者们发现，在这些企业中，麦当劳的客户服务是最差的，每年给公司造成的损失高达7.5亿美元。[12]

那么，这样一个全球最富价值的品牌之一在这方面怎么会损失如此巨大呢？研究结果表明，这显然并不是什么难事。任何一天，麦当劳的顾客中不满意者高达11%，其中70%还对该公司处理其抱怨的方式也不满意。在所有表示不满的顾客中，一半以上会降低光顾麦当劳的频次，而且会向多达10个人宣扬他们对麦当劳的不满。如果这些不满意的顾客在其心智中将其所了解的关于麦当劳的真实的一切加总起来，那么他们就马上就会认识到，其关于麦当劳的品牌网络与麦当劳当下的传播"常常欢笑，尝尝麦当劳"之间是不匹配的。这种明显的不一致性完全符合消费者的印象，极大地伤害了麦当劳的品牌形象。尽管该公司仍然是世界快餐业的巨头，但是因为这种营销传播的不一致性使得它每年都要损失7.5亿美元。这样的损失，就算是对麦当劳这样的巨头来说，也绝非小数目。

关于品牌网络，还有最后一点值得大家关注。很显然，顾客总是会不断地测试他们时刻接触到的不同的传播或者接触要素。如果顾客储存了特定的品牌网络，而公司的营销传播活动所传递的信息却与其品牌网络有冲突的话，那么现有顾客或者潜在顾客通常会做如下两个选择中的一个：

- 接受新的信息，改变其品牌网络
- 无视新信息，坚守自己知道或者已经储存在那儿的信息

同样，如果品牌传播者通过两种不同的营销传播系统(通过大众媒介

传递的讯息和在同一个周末举办的特定活动上传递的一个不同的讯息)传递出了两个截然不同的信息，那么顾客究竟应该相信哪一个呢？品牌网络究竟应该储存哪一个呢？对于现有顾客或者潜在顾客而言，最好的选择可能是对两个讯息都视而不见，因为二者之间缺少协同、缺乏整合。对于向现有顾客和潜在顾客进行传播的所有公司、所有部门和所有层面来说，都必须对营销传播进行整合，上述论据简短而有力地证明了这一论点。

## 品牌接触和品牌网络如何相互关联

在本章开头，我们将品牌接触界定为现有顾客或者潜在顾客与品牌进行接触时的所有接触点。而品牌网络则是顾客在这些接触点上获取的概念和关联。因此，品牌接触和品牌网络共同决定着现有顾客或者潜在顾客关于品牌的所有知识、感觉和认知。

对于任何一个产品类别中的任何一个品牌，品牌网络无疑都是存在着的。如果没有与一个品牌相关的概念网络，那么现有顾客或者潜在顾客在其心智中也无法形成任何品牌形象。品牌接触则可以增加、强化、改变甚至弱化那些品牌网络。因此，对于负责整合营销传播活动的营销传播管理者而言，其关键技能之一就是通过对品牌接触进行有效管理来发掘、理解并影响现有顾客和潜在顾客的品牌网络的能力。

## 总结与预览

通过讨论品牌接触和品牌网络，我们最终走向了整合营销传播流程的第三步。如果不了解人们究竟是如何获取和接受有关品牌的信息以及他们是如何吸收这些信息的话，那么营销者就不可能指望有效地传递出能够影响人们行为的讯息和激励计划。在接下来的章节中，我们会在同一条道路上继续前行——利用已经获得的消费者洞察，开始来设计和创造有效的传播讯息和激励计划。

# 参考书目

1. Stephen Yastrow, "Fully Integrated Marketing," *Journal of Integrated Marketing Communications*, (1999–2000): 5–12.

2. Adapted from Lisa Fortini-Campbell, "Communications Strategy: Managing Communications for the Changing Marketplace" (presented at Northwestern University, Evanston, IL, October 19, 1999).

3. Adapted from Ed Faruolo, "Building the CIGNA Brand" (classroom presentation at Northwestern University, Evanston, IL, Fall 1998).

4. Fortini-Campbell.

5. Frank Wilberding, interview by author, Chicago, IL, October 2002.

6. R. Chase and S. Dasu, "Want to Perfect Your Company's Service? Use Behavioral Science," *Harvard Business Review* (June 2001).

7. Tom Duncan, *IMC: Using Advertising and Promotion to Build Brands* (New York: McGraw-Hill, 2002): 126.

8. Ibid.

9. Christian Gronroos, "Que Vadis, Marketing? Toward a Relationship Marketing Paradigm," *Journal of Marketing Management* 10, no. 5 (July 1994): 347–60.

10. Juliet Williams, "Internal Marketing" (presented at Northwestern University, Evanston, IL, November 12, 1998).

11. Giep Franzen and Margot Bouwman, *The Mental World of Brand: Mind, Memory, and Brand Success* (Henley-on-Thames, England: World Advertising Research Center, 2001): 178.

12. Scott Davis, "Mending the Broken Brand Contract: What McDonald's Could Learn from Others," *Prophet* (2001), prophet. com.

# 第 8 章

# 策划营销传播内容

现在，我们已经理解了顾客究竟如何和品牌发生接触以及品牌网络究竟如何影响了顾客的行为的，因此利用这些概念模块来设计讯息和激励计划也就水到渠成了。美国西北大学的丽萨·福尔蒂尼-坎贝尔教授创造了"建立顾客洞察"这一专门术语来描述营销传播策划者究竟如何运用对品牌接触和品牌网络的理解来制定营销传播计划。本章旨在诠释这些策划者如何从顾客洞察出发，步步为营地策划整合营销传播的讯息和激励计划。

## 界定顾客洞察

丽萨·福尔蒂尼-坎贝尔认为顾客洞察包含以下三个要素[1]：

- 顾客洞察包括识别现有顾客或者潜在顾客心智中最强的驱动力。
- 顾客洞察是指发现为营销者和顾客提供最大的互动和交流机会的心理机会。
- 顾客洞察意味着一个"甜蜜点"，是营销者和顾客之间在营销者所希望传递的内容与现有顾客或者潜在顾客所希望获取的内容方面的完美连接点。

顾客洞察力可以帮助营销者发展出一个关于"品牌整体"的相关框架，该框架会因每一次品牌接触而有所发展、有所传递、有所强化(可以回想一下第7章中关于"品牌整体"概念的讨论)。那些拥有顾客洞察力的品牌可以让顾客感觉到公司是真正理解他们、尊重他们的，而且还能预知他们的需求。

这种程度的理解绝非凭空而来，而是来自品牌对顾客的理解，这种理解要做到尊重有加、感同身受、全面深入，要把顾客视为一个活生生的人，他们有着各种各样的需求和要求，希望品牌能帮助解决，寻求品牌所提供的利益。这种信息源自对顾客生活的深入洞察，洞察到这类产品究竟如何契合了顾客的生活，以及在这种契合方面该品牌如何与竞争对手区别开来。最重要的是，顾客洞察并不只是对于一个人或者一群人的简单的人口统计意义上的描述，也不仅仅是纯粹基于顾客以往行为而获得的理解。相反，它是一种更深入、更有意义的理解，理解顾客，理解其生活或者工作，理解其需求、愿望和向往，理解其经历和背景，理解其梦想，理解其当下乃至未来的其他方面。经历和体验对于获取顾客洞察来说助益良多，但是更重要的还是营销传播管理者的能力，要看他们是否有能力将上述知识和信息用于对当下和未来的判断或预判，从而真正地将顾客洞察凸显出来，使之区别于传统意义上的消费者细分策略、定位方法和单纯的直觉感受。

## 获得并测试顾客洞察

当然，摆在我们面前的一个问题是：营销者如何才能确定究竟在什么时候他们才算是获得了某种洞察，能够帮助自己获得一个新顾客或者让一个现有顾客和企业形成更紧密的关系？我们目前能够找到的一个最好方法是下文将会呈现的简单的测试。如果营销者能够轻易、完整地完成下述问题，那么他显然已经走上了利用整合营销传播流程来策划有效的讯息或激励计划的正轨。

- **针对谁**(从行为层面而言，我们的传播活动想影响的目标对象是谁？)

- **哪些人**(我们已经掌握了什么样的顾客洞察？推动现有顾客和潜在顾客购买该产品类别的驱动力究竟是什么？)
- **我们的产品是……**(在现有顾客或潜在顾客眼中，我们所提供的产品或者服务究竟是什么，也就是说，我们所提供的产品整体或者品牌整体包含哪些内容？)
- **它能够带来……**(基于我们所获得的洞察，顾客想要的、我们的品牌或产品能够提供的核心利益或价值是什么？)
- **不同于……**(谁是与我们相关的竞争对手？)
- **我们的产品……**(能够将我们与对手区别开来但又与顾客息息相关的关键点是什么呢？)

现在可以参考一下有关商务飞行者的案例。福尔蒂尼-坎贝尔以此来展示如何测试关于这个飞行者的顾客洞察：

- 针对的是那些每年飞行10万英里以上的商务人士
- 对于自己为了工作而不得不做出的个人牺牲，他们感到自豪
- 我们的产品就是"业务准备和恢复服务"
- 那就是，虽然牺牲自己但却能够提升你的工作效率
- 不同于其他任何商务旅行体验
- 我们的航空公司很愿意时刻调整自己，为你提供由你掌控、符合你需求的旅行服务

很显然，关于顾客究竟需要航空公司提供什么样的服务来满足自己需求的详细描述，对于任何一家航空公司来说都不是那么容易仿效的。但是，这样的洞察确实是非常重要的，因为一家航空公司及其旗下的员工，如果通过其实践和表现能够持续不断地为现有顾客和潜在顾客提供这样类型的服务的话，那么我们可以很容易地想象到，这样一家航空公司如果想维持其现有顾客基础将会是多么容易，吸引其他商务旅行者转换理想航空公司又是多么容易。

### 顾客洞察实践

　　这一案例所展示的恰恰是福尔蒂尼-坎贝尔所提出的真正的顾客洞察。下面就是她关于航空公司的核心顾客即一个商业旅行者的描述，基于的是研究结果和亲身体验：

在我们公司里，我牺牲自己为公司创造收入。为此，我无所不做，哪里需要我，我就出现在哪里。每当顾客需要我，我就出现在其面前。如果公司和供应商之间的关系有问题，我就负责处理这种关系。如果我们内部的合作出现了问题，我也尽力协调。每一天，我都投入120%的精力。我这个人愿意付出个人的代价，为的是看到大家的成功。其实，这么做的同时，我自己也获得了巨大的回报。能够帮助公司获得成功，是我个人最大的成就之一，也是我个人自豪感的巨大来源。

　　关于这个顾客的洞察还有：

　　如果我要为顾客、供应商和公司而竭尽全力的话，我显然也无法孤军作战，我需要支持和帮助。我希望自己能够聚焦于自己的目标，因此对于那些我花钱让我的生活变得更容易一些的人，我是无法迁就他们的。一次空中飞行关系着我的成功，对我个人有很大影响，影响到我的情绪。好坏之间，差别巨大，一次好的飞行让我身心放松，精力充沛地奔赴下一个战场，一次不好的飞行会让我筋疲力尽，无心再战。我所选择的航空公司就如同我的手下或者我的电脑系统，都是我的支持系统的一部分。

　　有了这样的详细描述，大多数营销传播管理者就会理解商务旅行者，将其视为航空公司顾客基础的一个细分群体。他们当然应该懂得，这种顾客仅仅是航空顾客群体中的一类而已。去度假的旅行者有着截然不同的特征，就像去海外旅行的旅行者和家庭旅行者也各有不同一样。但是，类似的顾客洞察陈述对于营销者针对这些类型的顾客策划高度相关的讯息和激励计划来说提供了巨大的帮助。[2]

　　这样的顾客描述和洞察是否符合你自身或者你了解的某个呢？讨论到这里，问一下这个问题是有好处的。究竟有多少航空公司能够拥有如此深入的顾客洞察呢？如果一个航空公司能够展示出这样的顾客洞察，那么其所发展出的营销传播讯息将具有多大的相关性呢？这样的航空公司，其品牌忠诚度将有多高呢？对于选择该航空公司的顾客来说，机票的价格因素会有多大影响呢？或者说，对于那些选择了竞争对手的顾客来说，机票价格的重要性有多高呢？这样的航空公司会吸引到多少为它们免费做宣传的追随者呢？通过回答这一系列问题，我们可以很清楚地看到，这样的洞察确实能够帮助营销者创建品牌与顾客之间的关系，帮助他们开展有效的营销传播活动。

在对顾客洞察这一概念有了扎实的理解之后，我们就有了一个很好的基础，可以开始将这一知识运用到整合营销传播讯息和激励计划的策划中去。正如整合营销传播指导原则四所指出的那样，整合营销传播的目标必须与企业的整体目标协调一致，才能确保其有效性，因此我们需要采取的第一步就是要确保营销者所获得的顾客洞察与企业的愿望和能力相匹配。下面我们就来讨论这一话题。

## 将组织能力和顾客洞察匹配起来

当今的顾客向营销者提出了很多尖锐的批评，其中之一是："营销者说归说，做归做，承诺的一切并不作数！"正如我们前面一章已经讨论过的那样，营销传播通常会对现有顾客和潜在顾客做出这样那样的承诺。广告总是用"快速退货政策"、"柜台工作人员友好热情"、"容易组装"、"无麻烦保修"以及其他类似承诺来吸引顾客。问题是，顾客的真实体验往往和营销者所做出的承诺不一致。退货不是一般的困难，而是令人惶惶不安的，在很多情况下简直就是不可能的。而且退货还要耗费时间——大量的时间。柜台工作人员和销售人员根本不关心顾客，不愿意提供帮助。你打电话给销售人员，他们也不给你回话。买到手的产品，使用手册要么如同天书无法理解，要么提供错误的指导。简而言之，有太多的企业压根就不兑现其营销和传播活动中给予现有顾客和潜在顾客传递的承诺。

要解决这种只开空头支票而不兑现的问题，我们需要解决内部整合问题。很简单，就是在企业内部把对外的承诺和内部的能力加以协同。

可以回想一下第3章中关于如何让整合营销传播活动取得成功的第一项指导原则，公司必须转向以顾客为中心。我们认为，企业的每一个组成部分，无论是外部供应商还是内部员工，都必须聚焦顾客，致力于帮助顾客达到自己的目标，这是至关重要的。这就意味着，在获取和利用顾客洞察时，企业的目标有时必须服从于顾客的目标。顾客洞察可以帮助营销者理解顾客的目标，从而使企业的目标和顾客的目标实现协同。当企业和顾客的目标发生冲突或者有所差异之时，顾客洞察经常有助于将这两个目标协同起来，从而使双方的任何一方都感到满意，对产品、服务和共享的营销活动感到满意。

# 制定讯息和激励计划的策略

图8.1总结了第3章提及的讯息和激励计划概念，在那一章中，我们回顾了指导原则七。简而言之，整合营销传播将营销传播管理者多年来所创造的各自独立的分散职能(广告、公共关系等)精简成两个组成部分：

- 传递品牌讯息(品牌概念、理念、关联、价值观和公司希望顾客长期保存在其记忆中的其他认知)的职能
- 传递品牌激励计划(营销者认为对企业和顾客都有价值的短期提议或者激励)的职能

图8.1对于制定有关具体的讯息和激励计划的传播策略来说，是一个非常有用的出发点。该图展示的视角是基于整体的活动目标来看待策略制定。品牌讯息的典型目标是全面地提升品牌，充分地展示现有顾客或者潜在顾客通过使用该品牌可能获取的具体利益，牢固地树立品牌偏好，清晰地界定品牌和竞争对手之间的差异，等等。营销传播管理者用来传递讯息的工具包括不同媒介上的广告、公共关系、事件营销、赞助营销以及植入式广告，等等。讯息可以利用任何一种形式、通过任何一

种媒介来传递，但是其目标始终如一：在现有顾客或者潜在顾客的心智中留下一些关于品牌、产品或者企业的印迹或者印象。

对于品牌激励计划而言，其典型的目标可能是让品牌的非使用者尝试使用一下其产品或者服务、提高现有用户的使用量或者让现有顾客或潜在顾客储备更多产品以备未来之需。比如说，有的激励计划可能是将品牌和其他产品捆绑在一起以刺激交叉购买或者交叉使用。至于品牌激励的工具，则可能包括限期降价，大小、形式和价值各异的折扣券，不同类型的免费物品，营销者可以提供额外的数量或者内容，甚至干脆将产品免费供应给购买者作为奖励。电子媒介为我们提供了更广泛的关于激励计划的选择，比如白皮书、聊天室、电子折价券和其他通过电子邮件传送的激励措施。

有一点值得在此指出，那就是，尽管我们将包括广告、促销、公共关系等在内的所有传统营销传播的专门职能整合成了两个基本的传播工具(讯息和激励计划)，二者之间的界线并不总是泾渭分明，这一点应该不难理解。事实上，在实际操作中，二者之间的界线通常是模糊的。因此，尽管整合营销传播活动的核心可能是为了传递讯息，但这并不会阻止营销者将激励计划也纳入其中。例如，在以刊登讯息为主体的平面广告上，可能也会加上折扣券，用来刺激新顾客尝试购买或者奖励现有顾客以往的购买行为。同样，那些影响力很大的促销事件通常也会发生剩余效应，可能会留下一些长期的品牌记忆。尽管上述手段的结果略有重叠，但是我们认为整合营销传播管理者还是能够合乎常理地将任何一个活动进行归类，主要聚焦这个或者另外一个目的，当然，这需要借助对传播计划的主要目标的某种知识和判断。

另外一个容易引起混淆的因素是人们对市场做出反应的时段的预期。有些活动本质上是短期的，而另外一些则致力于建立长期的品牌识别和偏好。时间框架的问题对于整合营销传播的策划过程来说是至关重要的，因此在未来的章节中会详细讨论。

图8.1清晰地展示了这一点：究竟有多少种讯息和激励计划可供使用。唯一的一个限制条件，那就是营销传播管理者的想象力。接下来我们来讨论究竟如何来策划讯息和激励计划。

| 品牌讯息 | 品牌激励计划 |
|---|---|
| **典型目标** | **典型目标** |
| 提升品牌 | 获得尝试机会 |
| 展示利益 | 提高使用量 |
| 树立偏好 | 鼓励备货 |
| 区别于竞争对手 | 促进交叉购买 |
| **典型工具** | **典型工具** |
| 媒介报道 | 降价 |
| 事件 | 折扣券 |
| 文字材料 | 派样 |
| 网站 | 竞赛/抽奖 |
| | 小礼物和免费赠送 |

图8.1 关于讯息和激励计划的典型目标/工具

# 策略制定：一种新的方法论

理解任何一种方法论的最好方法都是看其实际发挥作用的案例。考虑到这一点，本部分主要基于斯坦利·坦纳鲍姆发展的一个案例。[3]坦纳鲍姆是一个经验丰富的广告公司主管，他还在西北大学兼职做教授，并享有很高的声誉。案例之后所展示的策略制定表也是坦纳鲍姆原创的。接下来，我们就开始讲述这一案例。

费城，一个凄冷的冬夜。你正走在位于13和14大道之间的卡鲁美特街上。这个街区共有八幢房子。你是一个挨家挨户推销商品的销售员。你要干什么呢？敲响每一扇紧闭的大门，试图向房东推销一瓶阿司匹林。现在，你的当务之急是找到一种传播策略。

如果今天要有所斩获，很显然，你不能用同样的策略来面对这八户人家。单一的策略可能让你这样说："嘿，朋友，如果你有压力，我可以帮助你缓解。而且，我的产品缓解压力的速度更快。"当然，你可能还需要视觉材料，边说边展示，因此，你可能会站在门口，满脸苦痛的样子，甚至还会紧紧地撕扯一根绳子，以便戏剧性地展示所谓"压力"。

八户人家，同一个策略？显然不可行。但是，这恰恰是很多产品和服务所采用的思维模式。用同一种策略——基于该策略所发展的一种广告传播活动——来吸引上亿个顾客。

　　这种让消费者"大众化"的思维模式使得传播变得模糊不清、毫无意义、无关消费者的痛痒，就像那个阿司匹林销售员在人家门口千篇一律的推销说词那样。营销者将绝大部分的时间都花在了对自己的传播上，却花极少的时间来说明自己的产品如何解决消费者面临的问题。这已经是一个困境了，加上大部分营销者总是无意识地在传播中把各种大杂烩一股脑儿地推给消费者，问题就变得更严重了。大众市场广告说的可能是一回事，而折价促销活动却给顾客传递了完全不同的信号。产品标签上说的是一回事，而销售材料又采用了截然不同的语言，至于销售员则只知道向零售商强调价格。这些大众导向的相互之间不协调的混杂传播完全来自生产商本身的主观意愿，而不是基于顾客的真正需求。所以，整合营销传播才会在一个由消费者主导而营销者必须聆听的市场上显得如此必要。

## 不同以往的思维方式

　　优秀的传播，就如同优秀的销售，应该是个人化的。一个高效的销售人员面对费城某个街区的八户人家，从来都不会采用雷同的策略来推销。一个优秀的销售人员可能会尽可能地了解每个顾客的所有情况，然后针对每一个人制定定制化的传播策略。换句话说，该销售人员要做到真正懂得顾客！营销者越是能够理解顾客，其推销讯息就越是有力。比如说，要发现那个街区的人究竟是因为什么而承受压力。什么时候有压力？压力是与工作有关的吗？还是与生活方式有关的？压力是真实存在的还是臆想出来的？他们目前在使用什么样的产品来解决这一问题？他们对此满意吗？顾客喜欢使用这些产品吗？为什么？他们会将自己目前所用的产品推荐给朋友吗？

　　想象一下，如果你和这些顾客知根知底，而不把他们视为住在同一街区的陌生人，那么你和他们沟通起来会多么容易。正如整合营销传播流程的第一步和第二步所描述的那样，今天，技术已经具备了帮助营销者和每一个顾客都保持亲密关系的能力。因此，营销者已经有可能全面地了解每一个顾客的需求、行为和期望，从而能够在比以往任何时候都更加个人化的基础上与每一个顾客打交道。

这种新的思维方式要求建立一个深思熟虑的传播策略，并投入宗教般的热情。如果营销者在制定这样的策略的过程中能够全力以赴，那么最终的结果就会发展出一个更加精准、更加有说服力、充分整合的讯息或激励计划，这样的讯息或激励计划指向最有可能做出响应的潜在顾客。而这也会相应地帮助营销者建立一个独特的品牌个性或者服务个性，使其产品或者服务区别于竞争对手。整合的销售讯息一旦策划和利用得好的话，可以成为个人化的传播，这样的传播既让人们心动又让人们行动。

图8.2所展示的策略是专门为整合营销传播活动而制定的。无论是大规模的蓝筹股公司还是小型的新兴公司，其营销都可以采用这一策略。不管该企业是卖包装消费品还是服务，不管是b2c还是b2b产品，不管是否是零售业，也不管是制定企业形象计划还是挨家挨户地推销阿司匹林，都可以采用这一策略。

乍一看，这一策略表可能显得高深莫测，而仔细一看，就了解到其所做的一切无非是将营销者目前在整合营销传播流程头三个步骤中已经收集和深思过的材料加以整合而已。这个表的最大好处在于，它迫使营销传播管理者进行深思熟虑，从而形成一个实际可行的传播策略。这一策略表使得每一个人都明确顾客究竟是谁，其需求是什么，品牌或者产品如何满足其期望，这样一来就把所有利益相关者整合到了一起。这一策略表明确地界定了产品的定位、其个性、其存在理由、其竞争力以及消费者从其中所获得的利益。该表同时也体现了营销者思考顾客问题的方式也会受到竞争对手的影响。更重要的是，该表为营销部门所应承担的责任提供了行为方面的衡量标准。该策略还包括了有利于营销者接触顾客的最佳媒介接触点，也回应了未来为进一步完善和更新该策略而进行研究的需求。

在这个新的整合营销传播方法中，传播策略对于企业内部所有部门的传播过程来说都是一个极为重要的要素。这一策略促使传播流程中的每一个方面都清晰而一致地传递给消费者。这样一个整合的策略中的每

Ⅰ.谁是我们的消费者?
　　A. 顾客的目标购买动机是什么?
　　　　常规的产品类别是什么:＿＿＿＿＿＿
　　　　1. 这一群体的成员是如何看待这一类别的产品或者服务的?
　　　　2. 他们现在购买的是什么? 他们是如何购买,如何使用这些产品或者服务的?
　　　　3. 他们的生活方式、购买心理以及对这一类别产品或者服务的具体态度是怎样的?
　　B. 关键的顾客洞察有哪些?
　　C. 顾客究竟希望从这一产品类别中获取到什么,哪些是他们目前并没有获得的?
　　　　有针对性的购买激励:"我会购买一款产品在＿＿＿＿＿方面超过这一类别中其他任何一款产品。"
　　D. 究竟哪个东西最能够达成整合营销传播目标:是讯息、激励计划或者是两者的结合?
Ⅱ.产品或者服务能够契合这一群体吗?
　　A. 产品或者服务的实际情况究竟是怎样的?
　　　　1. 其中,究竟有什么?
　　　　2. 它是用来做什么的?
　　　　3. 它和别的产品或者服务相比,有什么不同?
　　B. 顾客是如何看待产品或者服务的?
　　C. 它看上去、感觉上、闻起来和真正用的时候究竟如何?
　　D. 顾客是如何看待产品背后的公司的?
　　E. 所谓"赤裸裸的真相"究竟是什么?
　　F. 产品或者服务契合这一群体吗?
　　　　建议:＿＿＿＿＿＿
Ⅲ.竞争如何影响我们的目标?
　　A. 品牌网络和竞争框架是怎样的? 为什么是这样的?
　　B 争对手现在是如何向现有顾客和潜在顾客进行传播的?
　　C. 我们的计划启动后,竞争对手会如何回应和反击?
　　D. 竞争对手的脆弱程度如何? 我们可以从哪些对手那里抢夺市场份额?
Ⅳ.有竞争力的消费者利益点是什么?
　　• 必须是真正的利益点(比如说解决消费者面临的问题,提升消费者的生活方式等)
　　• 每个群体都必须有一个聚焦的利益点
　　• 必须具有竞争力(也就是说,要比竞争对手"更好")
　　• 不能只是一句口号或者一段广告说辞
　　• 必须是一句话(比如说,"Sanka比其他即时咖啡更好喝。""假日酒店比其他任何一个酒店都能让你睡得更舒适。")
Ⅴ.与下列要素相关的营销传播究竟如何使得现有顾客或者潜在顾客更相信我们所传播的利益点呢?
　　A. 产品或者服务本身:
　　B. 知上的支持:
　　C. 传播上的支持:
Ⅵ.品牌、公司或者产品的个性应该是什么样子的呢? 究竟是哪一方面的独特个性可以帮助我们进一步界定我们的产品或者服务,并且能够与竞争对手显著地区分开来?
Ⅶ.我们希望消费者从传播中获取哪些关键的讯息?
　　A. 我们会提供哪些主要的激励计划?
　　B. 我们希望消费者在接触到我们的传播之后采取哪些行动?
　　　　• 试用产品或者服务
　　　　• 希望获取更多信息
　　　　• 更频繁地使用这些产品
　　　　• 尝试用同一产品线中的其他产品
　　　　• 其他:＿＿＿＿＿＿
Ⅷ.传播的认知效果和促销效果如何?
　　A. 如果传播获得了预期的成功,那么顾客会如何认知产品,相对于竞争对手会发生什么样的变化(以月或年计)?
　　B. 如果激励计划获得了预期的成功,那么现有顾客或者潜在顾客会采取什么样的行动?
Ⅸ.消费者有哪些品牌接触点? 为了能够让一个具有说服力的、可信的讯息或者激励计划最有效果地传递到消费者那里,应该考虑哪些消费者品牌接触点? 为什么?
Ⅹ.我们如何进行未来的研究? (列举为了进一步完善整合营销传播策略所需要进行的研究的类型以及各自的理由。)

**图8.2　传播策略制定表**

一个传播战术都要强化消费者应该对该产品或者服务抱有信心的理由。

比如说，如果你是在推销阿司匹林，那么所有有关阿司匹林的传播都需要由消费者的基本需求来驱动，而且应该为该品牌建立一个统一的个性。整体的策略可以进行分解，让营销者有目的地接触到次级的消费者群体，比如忠诚用户群体、偶尔使用者群体，等等。而且，还应该针对批发商、分销商、零售商、贸易团体以及其他影响产品销售的周边利益相关者制定具体的策略。每一个群体都有其自身的购买驱动因素，因此，最终的结果是，这样的传播策略需要为每一个群体都提供独特的有竞争力的利益点。这才称得上是真正的整合，因为是你关于顾客的深入分析在引导你得出有依据的结论，知道自己究竟应该针对哪些群体以及如何接触到每一个群体。

看出这一策略的重要性并不难。关键在于，要将有关产品的所有传播要素都真正地整合起来，这些要素会影响到与产品的销售和重复销售相关的每一个人和每一件事。传播策略制定得好的话，能够形成两条纽带，一条是企业内部的纽带，一条是企业和服务于该企业的各种传播代理商之间的纽带，后者会更加紧密一些。

# 策略制定：一个案例

为了更好地阐述这一行之有效的策略制定表，我们可以再次回顾前文提及的费城的那个阿司匹林推销员，并以此来展示如何为接触到每个特性各异的顾客而制定策略。

## 谁是我们的消费者？

为了制定一个强有力的策略，必须对阿司匹林产品的八个潜在顾客中的每一个都进行更深入的探究。目标购买动机(TBI)表述能够告诉营销者人们究竟如何看待一个产品类别以及他们之所以这么看背后的原因。该表述说明人们接触这一类别或者品牌所面临的问题以及一个产品怎样才能解决这些问题，从而构成销售。目标购买动机分析可以为人们提供有关消费者行为和思考过程的深入洞察。消费者究竟是如何判断阿司匹林产品的质量的？消费者是如何评价不同的品牌名称的？消费者又是如何确定阿司匹林这一产品类别的"价值"的？为什么一组消费群体会偶尔购买特定的品牌？

目标购买动机分析还可以进一步促使营销者发展出有关消费者生活、工作和玩乐方式的关键洞察，还能深入了解到消费者在工作和社交所面临的压力，或者在家中和孩子在一起所面临的压力。这个人会因为参加一个晚宴而感到紧张不安吗？在进行业务提案时会紧张吗？在一个令人炫目的时髦商店里购物呢？这个人从事的是管理工作吗？她的老板是不是喜欢给她施加巨大的压力呢？她的丈夫也是如此吗？她的婆婆呢？她通常是如何使用阿司匹林产品的呢？她一次会吃几颗呢？多久吃一次呢？她购买的是哪一个品牌呢？她会经常买不同品牌的阿司匹林吗？她信任自己的医生吗？信任处方药吗？她会购买通用品牌吗？她受过教育吗？她买药时是深究其实还是只图其名？关于产品本身、购买该产品的地点和销售该产品的人这三个因素，她相信哪一个呢？新闻故事如何影响该消费者呢？口口相传呢？父母呢？产品价格呢？

这种对消费者的探究最终应该总结出一句话，可以言简意赅地说明目标购买动机。这句话清晰地表明究竟是什么样的激励或者产品利益最终能够让这个特定的顾客考虑转换其当下所使用的品牌，或者让他再次确认其应该会继续购买你的品牌的理由。

在这个费城八个顾客的案例中，你可能会发现，那些购买通用品牌阿司匹林产品的顾客群体显然对阿司匹林这个产品类别有着极大的不确信感。他们可能认为阿司匹林没什么稀奇，因而疑心重重地选择那些低价的非名牌产品。对这样的选择，他们自己内心还是非常不确定的，因此打心眼里希望能够有一个让他们真正放心的品牌，即使可能需要付出更高的代价。这一群体的购买动机是非常简单："如果另一个品牌的阿司匹林比我现在正在使用的产品功效更好，给我更多的信心，那么我肯定会选择购买这一品牌的阿司匹林。"

当然，针对市场中每一具有类似特征的消费群体都应该有一张目标购买动机表。用于勾勒这些群体特征的信息可能来自消费者的行为数

据、一手研究或者基于营销者个人的访谈、观察或者体验而得出的假
设。在针对每一个独特的消费者群体都有了一份目标购买动机表之后，
就需要判断究竟哪一个或者哪几个群体对于阿司匹林制造商而言盈利性
最好，因而最值得争取。

为了更好地制定传播策略，必须将每一个可能会影响到产品销售的
群体视为一个潜在的机会。很可能需要针对零售商、医药专业人士、公
司销售团队以及企业里的医务室等，都整理出一张目标购买动机表。

为了案例展示的目的，让我们假定该公司已经决定针对这样一些
消费者来开展一次传播活动，他们目前购买的是通用品牌阿司匹林产
品，但是一直在寻找一个能够让他们更加信任的品牌。这就引发了一
个极为关键的问题，你的产品是否满足——不管是真的满足还是被认为
能满足——特定的目标购买动机群体的需求和愿望呢？这又引发出了以
下两个问题：

- 该产品的现状足以满足消费者对于信心的需求了吗？产品
  本身还有"新闻"——过去从未被发掘到的事实——能够
  让目标消费者相信，这一品牌确实是一个可以给他们带来
  更大信心的品牌吗？消费者值得为此支付更高价格吗？
- 消费者群体目前对该产品的认知怎么样？这些认知能够激
  发消费者的信心吗？如果不能，那么能够通过传播努力建
  立新的认知，从而在消费者心智中建立起强大、独特、积
  极的信心感吗？或者说，消费者目前对该产品的认知已经
  根深蒂固了，根本无法改变了？

要真正回答这些问题，唯一的方法是对产品的现状和潜在消费者目
前对该产品的认知进行客观的检视。这就直接引导我们进入传播策略表
的第二部分。

## 产品或者产品能够契合这一群体吗？

传播人员往往因为产品的表面成分而沾沾自喜。他们很少会去深挖

藏在每一个产品中的新闻(惊喜)。没错，所有的阿司匹林，其组成成分都差不多。但是，这种思维模式会导致人的自满。要努力寻找产品组成成分以外的信息，寻找能够影响顾客认知的惊喜。这就是策略表的这一部分的目的所在。

比如说，我们要考虑产品是如何制造出来的。它是谁发明的？为什么要发明它？是如何发明的？它需要几秒才能彻底溶解？其功效原理是什么？它在身材小的人身上效果会更好吗？如果使用者心理上认为它管用是否真的能够提升其效果吗？为什么会这样呢？为什么绝大多数阿司匹林的瓶子都是彩色的？药瓶在药箱中能够安全地储存多长时间？如果人们用果汁来吞服阿司匹林会怎么样？如果是太空舱中吃或者用百事可乐来吞服呢？这些阿司匹林药丸是在哪里生产的？生产过程对照明或者温度条件有一定要求吗？生产线上的工人是什么样的？他们关心产品的最终使用者吗？在整个制造过程中，有医生、护士或者流行病学家进行监控吗？该公司的总裁是谁？谁在进行产品有效性方面的研究呢？对于不同的病症，阿司匹林的效果是否不同呢？为什么呢？消费者在某种情况下能够自己决定吃多少量的阿司匹林吗？他们应该自己决定吗？应该在压力产生之前就吃阿司匹林吗？

所有这些问题——包括产品现状的更多问题——都需要得到回答。营销传播部门的每个人都需要提出问题。你要寻找的是真正的洞察，这种洞察能够提供对于影响消费者认知至关重要的事实，提供合理地廓清人们认为所有阿司匹林品牌都大同小异这一认知的事实。

和产品现状这一问题同样重要的一个问题是消费者究竟如何看待该产品和产品类别。尽管在目标购买动机部分，你已经获得了有关这一问题的信息，在这里我们仍然需要了解细节，因为认知是该产品一个不可或缺的重要组成部分。是认知在决定该产品的真正价值。潜在消费者们对产品质量的认知是什么样子的？该产品的效果好吗？物有所值吗？品牌名称能够给人带来信心吗？消费者如何看待其竞争品牌？消费者如何受到报纸上的新闻报道的影响呢？口口相传的影响呢？零售商的推荐呢？不同的价格段呢？品牌是否让人感觉总是在做促销呢？其形象是否显得过于陈旧了呢？潜在顾客相信该零售商吗？该品牌与该类别中被认为是通用品牌的品牌相比有多接近呢？产品标识上关于使用者是如何描述的呢？最为重要的是，潜在消费者是否会将该品牌定位为"雷同"的无差异产品，从而从内心深处拒绝接受更多新信息，拒绝做出任何改变呢？

现在让我们回到我们先前提出的战略性问题上来：产品现状是否足以激发人们的信心呢？这样的信心是否能够传播给潜在的消费者，让其信服呢？如果研究结果加上自己良好的判断都认为，消费者对该产品的认知永远无法给消费者足够的信心来接受它，那么很可能就需要考虑采取其他促销手段比如价格促销或其他刺激购买的措施了。当然，如果消费者的决策系统似乎还可以让他们对该品牌产生信心，那么很可能就需要考虑进行传播策略的重新定位了。当然，还存在其他消费者细分群体，营销者针对他们也能够从中盈利。对这些消费者，仍然需要进行深入的探究，以便确定何种传播手段是最有效的。

就阿司匹林这个案例而言，让我们假定，研究确实挖掘出了一个顾客群体，其需求是目前市场上的产品所无法完全满足的。这些人可能是公司的管理者、电视修理工、挨家挨户推销的销售员、采购代理或者公交车司机，他们在工作中都面临很大压力。他们头痛得厉害，总是因头痛而担惊受怕。他们购买的是通用品牌的阿司匹林，但是却总是希望能够找到更好的产品，效果确实与众不同的产品——这样的产品能够让他们更有信心，并享受到确知其一定管用的安心感。他们愿意为此付出更高的价格，正如他们选择有品牌的处方药而不是通用药时所做的那样。这些顾客会依赖自己的医生和药剂师的推荐。他们认为自己的头痛是与众不同的，因而也就需要与众不同的产品来缓解其头痛。

如果你能够成功地让这群消费者接受并选择你的品牌，那么你的产品就不再只是常规意义上的阿司匹林了。它变成了解决独特问题的独特方案。如果这一方案能够被有效地传播出去，那么就会在用户的心智中增加该品牌的认知价值。这将使你的品牌从所有其他品牌中脱颖而出，帮助你与顾客建立起长久的有利可图的关系。

## 竞争如何影响我们的目标？

了解竞争态势绝不意味着只了解竞争对手的市场份额和广告花费。首先，该公司必须确定自己究竟是在和哪些对手竞争。消费者心目中有什么样的品牌网络和品牌替代选择？在贺卡市场上，贺曼公司的主要竞争对手是美国贺卡公司或者吉布森公司吗？或者说，在消费者心目中，与贺曼公司真正竞争的是电话、传真、电子邮件还是美国邮政局？还是说，在母亲节期间，贺曼公司的贺卡需要与开往妈妈家的短途公交车或者汽车竞争？

回到我们先前的阿司匹林案例，想一下，你的竞争对手是否只是其他品牌的阿司匹林。你还需要与镇静剂产品竞争吗？烈酒呢？香烟呢？休假呢？或者诸如含有抗酸剂成分的阿司匹林、儿童阿司匹林、退热净和布洛芬等特殊的止痛剂产品呢？

需要时刻牢记的一点是，必须根据消费者的心理来确立竞争的框架。消费者究竟如何看待市场上五花八门的止痛产品？他们把什么当作止痛产品呢？阿司匹林的替代产品有哪些，其优缺点是什么？消费者对什么东西比较忠诚？消费者是如何受到各种讯息的影响的？通过竞争分析所获得的结论会帮助我们确定市场上究竟哪一个品牌最容易受到攻击，你的品牌最有可能从哪些公司那里夺取市场份额，最有可能争取到哪些新顾客。

## 有竞争力的消费者利益点究竟是哪些？

对于你的顾客、你的产品以及你的竞争对手，你都有所了解。现在要问的是，究竟哪个关键利益点能够促使顾客购买你的产品而非竞争对手的产品呢？

在阿司匹林这个案例中，目标购买动机群体已经向我们展示了其购买动机："如果另一个品牌的阿司匹林比我现在正在使用的产品功效更好，给我更多信心，那么我肯定会选择购买这一品牌的阿司匹林。"在该策略的这一点上，有竞争力的消费者利益点应该反映出目标群体的购买动机。换句话说，有竞争力的消费者利益点应该是这样的："品牌A

的阿司匹林给到你更大的信心，因为它比其他品牌的阿司匹林产品更有效果。"

这种关于利益——或者承诺——的陈述其实就是消费者告诉你的他们希望从一个品牌中获得的东西。这样的陈述可以给我们指明方向。我们并不能指望把它一字不差地用到传播讯息中。利益点一定要由消费者来确定。这真的就是消费者的需要和愿望吗？我们一定要记得，有效的整合营销传播策略，其关键在于针对消费者面临的问题所提出的解决方案——也就是每一次以你的品牌专属的方式而进行的品牌接触所传递的消费者利益点。

## 营销传播如何才能让利益点变得可信？

营销管理者一旦能够提炼出一个有吸引力的消费者利益点之后，如何才能做到给消费者一个理由，让他们相信该品牌确实能够兑现其承诺，因而值得信任呢？正是在这一点上，单纯依靠传播是不够的。真正需要的是整合进每一个营销活动的有说服力的传播，这种传播能够"随风潜入夜，润物细无声"，让消费者对该营销者的产品确实优于该领域中的其他任何产品这一点深信不疑。这需要与消费者之间做到琴瑟和谐，而这种琴瑟和谐源于对消费者的深刻理解以及反映出这种理解的有效传播。换句话说，营销者必须说服顾客，该产品确实管用，而且一分价钱一分货。真正的传播天才有能力琢磨出说服特定消费群体的最好方法，让他们相信该产品确实能够解决特定的问题。应该使用传统式的讯息展示方式吗？需要提供无效的话全额退款这样的保障措施吗？达到目标对象的传播方式——接触——能够提供足够的理由让他们相信所传播的产品吗？如果采用公司总裁亲自撰写的私人信件这种方式来传递讯息，是否会比常规的电台广告更有说服力呢？如果营销针对特定问题来谈特定的解决方案，是否会比针对常规问题来谈泛泛的解决方案更有说服力呢？如果传播以一种前所未闻的方式来提供关于该产品的"新闻"，是否会更强有力呢？

无论使用何种方式来说服——提出让人们相信的理由——有一点是

不容忽视的，那就是，必须确保该理由在所有传播方式中的一致性。整合营销传播战略背后的逻辑是，每一种传播手段——价格、标签、标志、促销和分销——都应该有助于说服特定的顾客群体接受有竞争力的利益点。传播的一致性越强，其说服力和影响力就越大。

## 品牌、公司或者产品的个性应该是什么样子的？

讯息的核心和用以传递讯息的语言——言辞和视觉——在建立可信理由方面是至关重要的。可是，同样重要的还有为品牌所建立的调性和个性。

设计品牌个性并不像有些评论者所认为的那样，是为创意而创意的练习，而是一个为品牌赋予生命和灵魂的过程，有了生命和灵魂之后，消费者才能够比较容易地识别品牌。品牌个性使得品牌从众多竞争对手中间脱颖而出，带给消费者一种熟悉感和亲切感。所建立的个性必须契合品牌的竞争定位，必须契合消费者对于该品牌的认知和期待，必须是真实可信的。比如说，如果你想建立人们对你的阿司匹林品牌的信心，那么你的每一种传播，其调性就必须显露信心，这种信息要通过外观、语言和态度显露出来。

## 我们希望消费者记住哪些关键讯息呢？

整合营销传播策略所设定的目标需要营销传播管理者来负责。但是，究竟应该设定什么样的目标，其中哪些目标是真正能够衡量的呢？必须加以评估的一个元素是，消费者究竟应该记住的是哪些关键的讯息或者哪些主要的激励计划。目标应该由参与战略制定的所有人共同来确定，务必清晰，而且要达成共识，还需要对目标进行不间断的监测。很显然，如果目标不能如愿实现，那么就需要重新评估甚至重新设计作为其战术性的各个组成部分。其中一个原因可能就是营销者和消费者之间相互脱节。

## 认知效果或者促销效果如何？

对传播策略及其实际执行的评估有一个关键点，那就是，传播在潜在顾客心智中为该产品所建立的有竞争力的认知价值有多大。在该策略表的这一部分，必须明确地确定品牌期望获得的认知价值，以及形成这一价值的时间框架。所期望的认知效果在目标消费者当中进行衡量，而且每隔一段时间都要衡量一次。这种衡量是判断该策略是否有效或者是否应该加以调整的一种切实有效的方法。

在阿司匹林品牌的案例中，所期望获得的认知效果应该是让消费者把该品牌看作更加可靠的止痛方法，因为其更接近处方药的药效。

## 消费者有哪些品牌接触点？

传播策略的另一个关键要素是如何或者通过哪些品牌接触点来到达目标购买动机群体。策略一开始所界定的目标购买动机为营销者提供了很多有关其目标对象的信息。这一类信息应该用于品牌到达潜在顾客的接触计划。人们在什么地方会需要该产品？在什么地方更有可能接受"推销"讯息？在什么地方传播给他们带来最大利益？

这种一体化的策略陈述，其最值得推崇之处在于它能够引导人们发展出不那么传统但明显更有说服力的传播手段，因为这些手段真正将个人视为个人来进行沟通。这么做几乎等于回到过去的个人推销——就像在费城那个安静的街区面对八个顾客的阿司匹林推销员那样。

## 我们如何进行未来的研究？

该策略最终还需要考虑到对未来的规划。为了制定一个更加完善的策略，未来我们还需要进行什么样的研究？比如说，一年之后，消费者的反应如何？他们会因为接受了传播而产生变化吗？他们认同了该产品所做出的承诺吗？他们购买我们的产品吗？

对这些问题的答案能够为我们提供行为方面的反馈，这些反馈可以帮助营销者在更长的时间范围内来微调和完善其策略。一个有效的整合营销传播策略需要经历不断的修正，因为消费者不断地在变化。营销者的传播、竞争对手的传播、非商业的传播、新产品以及不断更迭的生活方式，所有这一切使得战略以及用来执行战略的战术性手段必须与时俱进，不断更新。是消费者在驱动战略，这一点怎么强调也不过分。营销者必须建立顾客关系，这样的关系必须是朋友式的，而不是征服者式的。正如在阿司匹林的案例中一样，你必须时刻牢记，你不是在试图推销一种药品，你试图做的是解决问题。

与顾客之间建立关系，展示你对顾客的了解和关爱，是有效营销的本质和核心所在。和传统营销手段只会口头上说以顾客为驱动不同的是，整合营销传播的核心原则是首先用产品的力量来开启消费者对其的信心，其次是想方设法让这种信心尽量天长地久。不过，由于该产品与竞争对手的产品在很大程度上相差无几，因此，营销者无法单独依靠产品就做到建立和维持这种信心。

真正管用的是品牌和顾客之间的相互好感，是同理之心，是愉悦对话，是亲密关系，是充分沟通。正是因为实施整合营销传播战略的营销者做到了这一切，才显得鹤立鸡群，出类拔萃。简而言之，只有始终以消费者为中心，才能制定出并执行好有效的整合营销传播战略，否则的话，一切都是空话。

# 制定讯息和激励计划

在制定能够影响到顾客行为的有效讯息和激励计划的过程中，首先面临的挑战是顾客洞察。这些洞察然后要与产品或者服务能够提供、企业能够交付的价值、利益和解决方案关联起来。而所有这一切都基于前面讨论过的有效的整合营销传播策略的制定。有效的讯息和激励计划并不只是体现为讨巧的口号、精美的展示、难忘的音乐，或者营销传播部门以及为其提供服务的代理公司可以采用的其他各种传播工具。尽管不同的手段都可能有助于讯息或者激励计划的设计，但是其更主要的目的是使正确的、基于价值的整合营销传播战略变得更加有效。这些手段并不能取代整合营销传播主张的核心，也不能取代对顾客的洞察。简而言之，有效的讯息和激励计划更多地是来自了解现有顾客和潜在顾客的诸多挑战，这些挑战看似例行公事，但却极其艰巨。顾客们是怎么想的？他们的感受如何？他们努力的目标是什么？他们喜欢什么？传播讯息和激励计划源于顾客洞察，这些洞察有助于营销者提高对每一个作为个体的顾客相关度，不管是现有顾客还是潜在顾客。

与此同时，顾客洞察还必须理解企业的文化和能力。除非整个企业都能够与现有或者潜在顾客步调一致，否则的话，关系就进行不下去。就我们的经验而言，在太多的情况下，营销企业总是夸夸其谈其最擅长的那些事情。这就造成他们并不着眼于现有顾客和潜在顾客，而是着眼于品牌和产品。如此着眼，怎么能够发展出有效的讯息和激励计划呢？

# 总结与预览

行文至此，有一点是再清晰不过的，那就是，要发展出有效的讯息和激励计划，整合营销传播管理者必须以顾客为出发点。下一步要将对顾客的理解与营销部门乃至整个公司关联起来。在基于价值的整合营销传播的环境中，正是这样一种结合——对顾客和企业都同样有价值——才造就了这样的差异和成效，这将在下一章中进行探讨。

# 参考书目

1. This section adapted from Lisa Fortini-Campbell, "Building Brand Relationships" (presented at the Communications Strategy Conference, Northwestern University, Evanston, IL, April 1998).

2. Ibid.

3. This case was originally developed by Stanley Tannenbaum

and published in our first book on IMC, *Integrated Marketing Communications* (Lincolnwood, IL: NTC Business Books, 1994). While we have adapted the example slightly, by and large it reflects the same process we recommend and use with clients and students today.

# 第五部分

## 第四步：评估顾客投资回报

# 第9章

# 整合营销传播的评估

整合营销传播规划流程的第三步有一个关键的要素，那就是，要确保所有的讯息和激励计划能够被评估、被衡量，因为该流程的第四步所关注的就是对顾客投资回报(ROCI)的计算。我们首先会了解一下传统意义上的营销传播评估手段，这些手段基本上都是基于顾客态度的。由于财务性评估的重要性日益增强，所以本章会帮助营销传播管理者了解基本的会计和财务准则，从而使财务性评估变得相对容易一些。

过去，营销者瞧不起公司里的财务人员，认为他们是"只会拨算盘珠子的人"，会束缚创造力。如今，这样的时代已经一去不复返了。正如第5章所展示的那样，传统的营销努力通常只聚焦于改变顾客的态度，但是，这种做法如今已经被证明无法进行财务评估。正是由于整合营销传播视顾客为资产，更直截了当地关注行为方面的投资回报而不只是态度方面的改变，因此，现在的营销领域有可能面临下列核心财务问题：

- 在营销传播方面究竟应该投入多少？
- 就这些投入而言，能够获得何种类型或者多高水平的回报？
- 这样的回报需要经过多长时间？

这三个问题根本不是什么新问题。企业的高层管理者总是希望了解其对营销传播的投入究竟能够带来何种程度的回报。但是，由于很难将销售的提升与营销传播努力直接挂起钩来，所以，财务管理者总是倾向于将营销视为一个"软"职能，缺乏可问责性。直效营销和电子商务的兴起——能够针对目标受众直接带来销售结果——已经在一定程度上解决了某些投资回报问题，这些问题曾经让管理层伤透了脑筋。但是，从更大范围来看，花掉大部分营销费用的传播仍然是一个灰色地带。本章帮助营销者理解其中的因果关系提供了一个新模型，该模型能够克服企业对营销传播职能进行有效评估时所遇到的诸多障碍。

# 营销传播评估为什么总是如此艰难

过去，企业在评估营销传播的结果时总是倍感艰难，究其原因，有四个主要方面。在此，我们首先分别陈述这四个原因，然后再分析整合营销传播方法如何来帮助企业克服这些障碍。

- 传播"黑匣子"。正如孩子们经常喜欢玩的打电话游戏所揭示的那样，当讯息从一个人传递到另一个人的时候，误解也就自然随之产生。每个人在重述故事时都会或记错电话讯息，或添油加醋。这是因为，大部分传播效应都是在接受者的头脑中发生的。我们在第7章中就曾经讨论到，因为大脑处理信息的特定方式，人们通常无法解释他们究竟接受了哪些讯息，究竟是在哪一时间段里接受的，也无法解释传播究竟对其态度造成了什么样的影响，更不用说对其行为造成的影响了。这就是传播过程的"黑匣子"。除非营销者能够找到有效的方法来开启顾客思维中的"黑匣子"，否则的话，营销者就只能接受对营销传播影响的替代性评估了。

  这一黑匣子很好地解释了人们以往所采用的许多传播评估手段为什么会都聚焦于那些易于评估的因素，例如媒体曝露的数量或时机、覆盖区域、文字材料的发放，等等。以往的关注点是输出，评估的是营销者发出去的讯息，而不是结果——用对营销者业务的影响来衡量的讯息的结果。而整合营销传播流程则彻底扭转了这一情况，更关注结果——营销传播活动所带来的顾客行为的改变——而不只是输出。

- **时间和时机**。时间是用来评估传播的一个重要因素。现有顾客或者潜在顾客所接受到的营销传播讯息中，并不是每一个讯息都能够产生及时的响应，即便是那些真的影响到了现有顾客或者潜在顾客的行为的讯息也一样。这也就是为什么在整合营销传播过程中，营销者将传播类型划分为讯息和激励计划。讯息产生作用需要假以时日，而激励计划通常会产生立竿见影的效果。除此之外，有些营销者认为，讯息或激励计划有必要多次展现，以便潜在顾客了解或理解产品或服务的价值，进而做出有利于企业的购买决策。根据整合营销传播方法，企业的目标是，当现有顾客和潜在顾客需要和想要营销传播的时候，出现在他们面前。所以，整合营销传播始于讯息传递，然后转向讯息内容。

- **讯息或者激励计划的来源**。现有顾客和潜在顾客通过多种多样的来源接触到大量商业讯息，这些来源包括电视广告、产品包装以及单纯的口口相传。在确定营销传播所造成的影响时，厘清讯息和激励计划的来源是一个重要的任务。当然，当营销者试图决定究竟哪种传递系统有效、哪种无效时，这一点的重要性是不言而喻的。所幸的是，诸如营销组合模型(下章将会详细探讨)之类新统计技术能够帮助人们分清楚哪种传播手段有效、哪种无效。这让人们对未来的发展充满了期望。

- **麻烦的干扰变量**。让我们假定，一个潜在顾客看到了一个报纸广告或者电视广告，受到了影响，开始主动寻找该产品。为了买到该产品，该潜在顾客必须首先找到该产品的本地零售商或者分销商，然后前往其门店购买。让我们假定，这个已经被广告说服了的潜在顾客(a)在商场外没能找到合适的停车位，放弃了寻找，结果在另外一家商店购买了另一个品牌；(b)来到了零售点，但是想买的型号恰好卖完了，仓库里没有存货，结果他空手而归；(c)在商店里找到了这一商品，但是发现零售价比生产商建议的价格高出了许多，因此转而购买了竞争对手的价格更为合理的产品；(d)进入零售点，发现售货员对产品一无所知，压根无法回答任何疑问，结果还是空手而归；或者(e)浏览该公司网站，下订单，但是发现订单系统极为复杂，最终半途而废。在诸如此类的情况下，营销传播显然产生了正面的影响，但是我们能说它达到了预期的效果吗？大多数的营销传播管理者恐怕会坚持认为传播确实达到了预期效果，尽管临门一脚未能成功。他们可能会基于有效的传播来证明自己所获得的"成功"。他们可能会建议在购买过程中引进干扰变量，正是因为这些干扰变量的存在才造成了原本会成功的销售最终流产了。这样的辩驳，营销传播管理者从二十世纪六十年代初就开始进行，但是，照今天的实际情况来看，这已经越来越失去其相关性了。如果人们承认营销传播是营销变量和传播变量组合在一起而产生的成功结果，那么营销传播管理者就必须找到有效的方法来克服这些干扰变量所造成的影响。这通常要求他们与公司内部的销售、运营、物流和其他部门通力合作，找到确保营销传播投资未来成功的办法。营销传播管理者再也不能以存在干扰变量为借口，逃避自己的责任。他们必须采取措施，解决问题。

这四个原因解释了营销传播以往为什么总是无法进行有效的评估。多年来，营销者不断尝试，引进了各种各样的评估手段。接下来，我们描述其中一些手段，同时也解释一下其不再适用的原因。

# 评估营销传播回报的传统手段

在20世纪50年代中期，随着大众媒介的不断发展、大流通渠道的不断扩张和电台电视广告投资的不断增长，营销者及其广告代理商开始寻找有效评估其广告投资回报的方法。由于产品是通过多个渠道来销售的，所以营销者日益脱离真正的购买者。他们需要一种可接受的方法来评估针对已经被其疏远了的顾客所进行的大众广告。

1961年，有两种主要的评估方法成为主流的方法。第一个是效果层级模型，图4.2已经对此做了诠释。第二个是由美国全国广告主协会(ANA)的营销顾问罗素·科利所发展的DAGMAR方法，即针对可评估的广告响应而界定的广告目标的简称。[1]这两个模型都是基于同一个概念，即现有顾客或者潜在顾客在做出购买产品或者服务的决策过程中，通常会经过某种可衡量的、结构化的、线性的"态度变化过程"。简而言之，这两个模型都假定，态度上的变化会带来行为上的变化。正如第4章所展示的那样，效果层级模型认为消费者会经历从一般认知到深入了解到可能发生的购买行为。同样，DAGMAR模型认为现有顾客和潜在顾客在态度方面会经历从低到高的变化，这种变化主要是受到了广告的影响。

因此，效果层级模型和DAGMAR模型都假定，随着消费者经历一个学习过程，随着时间的推移，广告或者营销传播是能够奏效的，是能够改变顾客的认知和态度。换句话说，广告旨在起到告知或说明的作用，而顾客相应地会"学到"营销者所传递的讯息。这两个模型都进一步假定，广告要获得预期的效果，即带来行为上的改变，需要多次曝露。

结果，广告主通常会认同图9.1所展示的S型曲线这一前提，将之视为广告响应的基础。其中，横轴展示的是广告曝露次数，而纵轴展示的则是消费者对广告的响应度，不管这种响应度是如何界定的。在本质上，S型曲线原理认为，广告的初次曝露或者前两次曝露对消费者的作用是微乎其微的。而到了第三次曝露，广告所传递的讯息会被消费者了

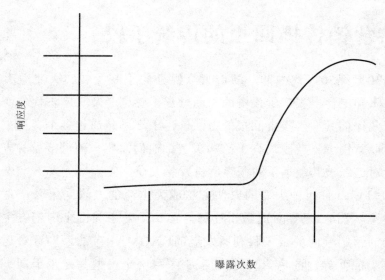

图9.1　广告响应的S型曲线

解，广告会产生影响，当然，所谓影响是用"偏好"或者"确信"，甚至是难以捉摸的"购买行为"来界定的。绝大多数的广告媒介计划和购买所依靠的都是这一S型曲线假定，这些假定的基础是效果层级模型和**DAGMAR**模型。

　　但是，在过去几年，对已有数据的新分析，主要是约翰·保罗·琼斯和欧文·埃夫龙所进行的新分析工作，表明广告可能以一种全然不同的形式产生作用。[2]该理论的前提认为，除了传统上认为的提升品牌价值的长期效果之外，广告可能也具有当下的短期影响力。琼斯和埃夫龙认为，广告是以时效为基础产生作用的。他们这么说，是指广告在影响消费者行为方面通常会产生短期效果，这其实在一定程度上支持效果层级模型。因此，他们将这一时效模型建立在图9.2中所展示的凸面曲线的基础上。在这一模型中，首次曝露其实是最重要的。由此看来，该理论仍然是聚焦于广告究竟是如何奏效的，当然，不可否认，它确实比以往的模型向前迈进了一步。

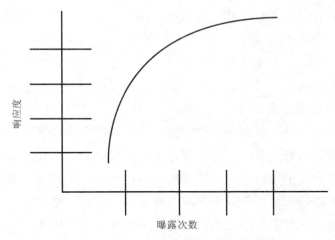

图9.2　广告响应的凸面曲线

　　为了给广告响应的凸面曲线理论提供更多依据，琼斯和埃夫龙用食杂店的日常扫描数据来证明，那些在购买前一个星期有机会看到了某一特定品牌的电视广告的消费者比没有看到该广告的消费者更有可能选择那一品牌。换句话说，时效性，或者说广告曝露的时间离购买的时间更近，这一点对促成实际购买的作用与广告曝露的频次一样重要，甚至比后者更重要。

　　不管你认同评估广告影响的时效方法还是更传统的广告频次方法，这两种模型关于广告曝露的长期影响都有着同样的内在假定。正如前面已经提及的那样，在评估广告时我们所面临的真正挑战是时间因素。究竟应该在哪一时间段内来评估营销传播的结果呢？时间因素是至关重要的，因为它直接关系到企业究竟能够多快地从其营销传播投资中获得回报。归根到底，管理层真正关注的问题是："我们究竟应该投入多少？我们究竟能够收回多少？我们多快才能获得回报？"

# 迈向正确方向的一步：评估广告累积效应

　　在基于价值的整合营销传播规划和评估兴起之前，西蒙·布罗德本特推出了一个广告评估的新概念，该理论超越了传统意义上的广告曝露或者说观看机会。布罗德本特将这一概念命名为"广告累积效应的评估"，其目的是评估顾客经过一段时间后对广告做出的响应。

布罗德本特在李奥贝纳广告公司长期从事广告研究工作，他将"广告累积效应"界定为现有顾客和潜在顾客通过一段时间所建立的对于某一个品牌的正面感受、态度和体验的加总。[3]布罗德本特认为，广告累积效应对于一个顾客是否会再次购买某一品牌或者主动推荐该品牌会产生重要的影响。通过其广告累积效应来看某一品牌，营销者可以真正理解广告和其他营销传播形式对购买行为所产生的长期影响。随着时间的推移，广告的效果会逐渐减退，这可能是因为人们记忆的丧失，可能是因为受到了竞争对手产品及其广告的影响，也可能是因为顾客个人的体验。因此，营销传播的目标就变成了维持广告累积效应或者顾客累积下来的正面感受，从而使品牌在顾客未来的购买中继续成为候选对象。

布罗德本特所提出的这个概念从某种意义上讲是关于广告和营销传播效果的提前性和滞后性的。换句话说，有些广告可能在短期内就起作用，能够当下就产生销售，而有些广告则可能会储存在人们的记忆中，需要一段时间后才能起作用——即在广告累积效应的基础上——其方式是产生长期的行为效果。

布罗德本特和其他研究人员几乎完全聚焦于广告曝露所引发的态度上的变化，但是整合营销传播则将这些概念提升到了一个新的高度上，认为营销传播既有短期行为效果又有长期行为效果。我们修正了该等式，使得营销传播的效果可以用为企业带来的财务回报来评估，而不只是用在消费者那儿形成的态度上的变化来评估。

# 互动性的出现

从二十世纪八十年代初开始，直复营销就已经发展成为营销传播的一个重要组成部分，特别是在美国。该模式源于直邮和产品目录营销，诸如大规模数据存储系统、数据库和统计软件之类新技术使整个营销领域的能力提升到了一个新的水平。在技术的帮助下，营销传播管理者能够逐一选择营销传播讯息和激励计划的目标接受者。而且，如果确实能够成功的话，那么这些接受者还能够获得个体化、个性化的响应。但是，真正大的变化则在于他们能够在相当大的规模上同时推行讯息和激励计划这两种传播活动。因此，许多营销者开始精确地有针对性地展开传播活动，不再是简单地运用大众媒介的推送系统，其目的在于接触到合适的现有顾客和潜在顾客。

## 形成闭环

在现代营销史上，传播管理者第一次依靠直复技术让营销传播的投资和回报形成一个"闭环"。正如第3章指导原则六所解释的那样，这一概念其实颇为简单。首先，营销者可以逐一地选择他所认为的最适合接受营销传播讯息的潜在顾客。在很多情况下，结果证明这些人通常是品牌的现有顾客或者那些在以往曾经和该企业打过交道的顾客。营销者首先需要评估这些顾客的价值，从而做出某种明智的投资决策。他通常会了解产品的成本以及每笔销售所带来的毛利。然后，营销者就可以估算出针对所选定的个体而进行的具体的传播活动所需要付出的代价。一旦了解了传播的花费和产品的毛利，并且估算出了送货和服务的成本之后，他们就可以据此判断传播投资的回报。要做到这一点，需要了解究竟接触了多少个现有顾客或者潜在顾客，有多少个顾客做出了购买响应以及其所带来的毛利是多少。简而言之，传播投资的回报可以在营销传播计划执行完毕之际就加以评估，或者，如果有足够的历史数据的话，也可以预估未来的结果。在任何一种情况下，营销者都可以直接地将花费和回报关联起来。当然，还会存在一些不可知因素，比如不可控的竞争者讯息、经济情况的变化，等等，使得整个评估过程变得复杂，但是，就最初的意图和目的而言，这么做，就能够在投资和回报之间形成一个闭环。

同样重要的还有，如果能够基于一段时间内的大量接触和响应而估算出顾客对营销传播活动的响应率，那么就可以发展出历史模型和预测模型。这些模型也可以帮助营销者判断一个顾客当下的响应价值，同时使他们有可能发展出一系列假设和模型，用于预测未来的回报。基于此，有人发展出了对顾客终身价值(LTV)的评估，这一评估方法至今仍在指导许多直复营销活动的开展。我们还可以采用LTV方法来显示，在一个特定的时间框架内，一个顾客对于一个企业而言究竟价值几许。

## 建立新模型

这些新获得的预测能力帮助营销者们建立了以前根本就不存在的财务模型。时至今日，营销者已经能够估算出自己究竟愿意投入多少来争取一个新顾客，保持或发展一个现有顾客，或者采用产品组合迁移的方法让一个顾客从一个产品线"升级"到另一个产品线。当然，所有这些估算都需要依靠对顾客现有价值和未来可能给企业带来的回报所进行的准确评估。因此，我们很容易看到整合营销传播流程的第二步的价值，其中我们做了这样的评估。这一点非常关键，因为要制定有效的规划，营销传播管理者首先必须了解清楚企业有限的资源中究竟有多少投向了不同类型的顾客，然后还要能够估算出这些投资所带来的某种回报。也正是因为这样，诸如联邦快递、USAA、陶氏化学公司、富达投资公司以及威廉姆索诺玛公司之类企业，如今才能真正以"带出去了的营销传播投资"为基础来运营，相对准确、相对可靠地估算或计算回到企业里来的营销传播投资的回报。

到这里，从财务视角来看待营销传播的模型的价值已经昭然若揭了。这些模型让营销者拥有了新的能力，告别了效果层级模型那种对认知、偏好、喜欢和其他步骤等态度方面的评估，转向了进行可靠的财务性评估，一清二楚地展示出企业从其营销传播的投资获得了什么样的回报，或者有可能获得什么样的回报。

有能力实现从态度评估向行为评估的转变，有能力解决传统营销传播方法所特有的提前性和滞后性问题，这是整合营销传播的独特魅力。但是，更重要的还在于，因为充分认识到了用财务手段来评估营销传播效果的必要性，整合营销传播与传统方法相比，显然更上层楼、技高一筹。接下来的部分将会展示整合营销传播究竟如何将这种评估落到实处。

# 用于评估整合营销传播的关键性财务概念

整合营销传播规划流程的第三步中介绍了一个围绕着讯息和激励计划而建立的传播规划框架。该概念的下一层需要考虑的是企业期待传播响应发生的时间框架。如前所述，传播主要分为两类——讯息和激励计划，图9.3所展示的矩阵将各自的输出分为短期和长期两种。短期回报源于在本财年就能够产生收入的旨在进行业务拓展的活动。长期回报则源于超出一个财务会计时段或者财年的不断累积起来的收入，而这些收入是由旨在进行品牌建设的活动带来的。

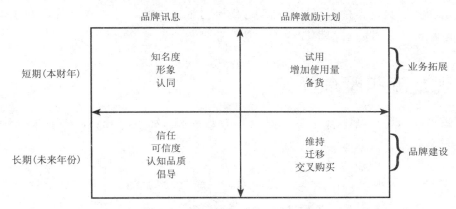

图9.3　整合营销传播规划矩阵

该矩阵的每一个象限都包含了产生不同形式回报的营销传播活动的实际类型。期望产生短期回报的品牌讯息投入包括通常与新产品或者品牌重塑努力(提升品牌知名度、打造清晰的品牌形象、建立认同和偏好)相关的各种活动。这些活动与短期的激励计划(吸引顾客尝试、增加使用量、让消费者多备货)互补。所有这些讯息和激励计划一起努力，才能够促进本财年的销售和业务，这些措施要按照短期的衡量标准加以评估。

信息和激励计划在产生长期回报中同样扮演着重要的角色。比如说，激励计划经常鼓励那些长期使用该品牌的顾客参照一种相对固定的方式来行动，这些计划的作用在于维持、忠诚、升级(迁移)或者交叉购买。航空公司的客户忠诚计划就是能够帮助企业打造并提升品牌价值的长期激励计划的最佳实例。长期的品牌讯息针对的是品牌的恒久、坚牢的品质，强调品牌的可信度、可靠性或者其所代表的品质。这样的努力并不强烈地关注如何吸引到新顾客，而是更关注在现有顾客的基础中培养对品牌充满激情的拥趸。作为战略，这些长期的讯息和激励计划结合起来影响品牌的资产价值，并以用财务手段来评估品牌的方法来加以评估。

该矩阵通过明确地以现金支出和财务回报指标来看待营销投资，使得营销传播管理者能够将营销传播视为财务性投资。整合营销传播理论倡议营销者不要仅仅围绕着由上层管理者所确定的数额、确定的营销预算来规划所有的营销传播活动，而是要使用一系列财务工具来更好地管理收入、输出、投资和回报，就像公司内部其他任何资产部门所做的那样。只有利用这些工具，各种营销传播活动才能不再依赖传播效果之类毫无意义的衡量标准，而开始真正把握这些活动企业带来的真实价值和回报。

## 现金流和股东价值

在当今经济全球化的环境中，大多数企业的运营都是建立在下列两个主要价值基础上的：

- 增加或稳固企业的现金流，提供充分的资源，用于企业的持续经营，并针对市场变化做出快速、灵活的反应。
- 提升或者促进股东价值，以便吸引更多投资者的关注，为企业创造更多融资机会(当今，在大多数情况下，股东价值，对于上市企业来说主要是通过其股价或者红利政策来体现，对于私人企业来说主要通过留存利润来体现)。

通常而言，除了这两个方面，很少有其他事情能够引起企业高层管理者的关注。如果他们能够增加、加快或者稳固现金流或者提高股东价值，那么他们就会认为企业——以及他们自己——功成名就了。因此，在二十一世纪的市场上，每一个营销传播管理者都必须找到有效的方法来将这些清晰界定的管理目标与营销传播计划的制定和执行关联起来。换句话说，管理者所做出的营销传播投资必须在某种程度上提供以下四种价值中的一种：[4]

- **增加现金流**。营销传播通常有两个关注点，一个是如何提供能够吸引新顾客的方法，因为新顾客能够为企业带来新的现金流；一个是如何提高企业已经在服务的现有顾客所带来的回报(也就是说，让现有顾客提高其购买量，以此来增加现金流)。

- **加快现金流**。因为大多数的企业都是以某种净现值(NPV)为基础来运营的——也就是说，企业今天手头所拥有的现金显然比未来获得的金钱更值钱，因此，营销传播的目标就必须是加快来自顾客的现金流。例如，如果营销传播能够将汽车购买的周期从四年降到三年，那么汽车制造商的现金流就会加快。未来的现金流如果能够来得更快，那么就能给公司带来很大的灵活性和杠杆效应。

- **稳固现金流**。这对于任何一个企业而言都是一个巨大的挑战。有了稳固的现金流，企业就可以减少借贷，也可以进行更加战略性的规划，面对财务动荡也可以削峰填谷。稳固现金流的一个方法是提升顾客的忠诚度和持续性。如果营销传播能够建立强有力的品牌忠诚度，那么企业所获得的现金流通常就能得到有效管理，企业的总体经营结果也会相应地得到改善。

- **创造或者增加股东价值**。回顾历史，股东价值之所以得以发展，是因为企业拥有或控制了有价值的有形资产。而随着企业逐步转向无形经济，越来越关注现金流和短期收益，营销传播在创造股东价值方面的重要性自然就会提高。这些价值的创造有赖于在金融分析师和投资界中为企业创造更大的认知价值。另一个方法是通过塑造品牌形象以及形成其他无形资产来实现，这样的话，品牌与过去相比会被认为更有价值。虽然人们认为企业传播通常是企业试图提升股东价值的手段，但是品牌和产品的营销传播同样发挥着重要的作用。

# 企业有限资源的投资和回报

所有企业的资源都是有限的。不同形式的营销传播活动所涉及的采购和发布要用掉有限资源的很大一部分。不投入到营销传播中的资金可以分配给其他活动，用来购买资产、支付红利，或者留作现金以提高利润、改善资产负债表。因此，企业对于营销传播活动的投资完全应该等同于有限资源在企业内部的其他用途。这部分投资必须给企业带来回报。如果营销传播不能提供与其他投资相同的回报，这种用途就会受到质疑。

与此同时，营销传播管理者需要真正理解企业的资源是有限的。在企业内部，并不存在一口大井，管理者一提就有水了，就有钱支持新的传播活动了。营销传播必须跟其他投资同等对待，这意味着要给花费提供正当理由，并对预期回报有所考虑。只有这样，高层管理者才能做出关于营销传播花费和投资的明智决策。

# 企业的时间框架

传播管理者和传播活动的时间框架不同于企业内部的财务系统所设定的时间框架。例如，广告时段或者空间的承诺可能要在当年秋季就确定下来，但是这些广告时段或者空间的真正使用或者开票给企业的时间可能会在来年春天。这样就可能已经跨越了两个财年。这一点同样适用于那些签署了多年合同的赞助活动，甚至那些在某一阶段启动而要到真正执行时才会对市场产生影响的促销活动，这些现金流都会延续至另一个财务时间框架。因此，传播可以称得上是一个几近于持续不断的事件或活动，而企业在财务方面的时间框架却是清晰界定的、轻易不变的。

几乎所有的企业都是在财年的基础上来运营的，也就是说，365天为一个财年，年底时企业需要关账，然后开始一个新的财年。当然，企业也会做出跨越多个财务时期的承诺，承当这样的义务，但是这些通常是特殊情况而不是正常情况。由于这一特殊的时间因素，其中，传播的费用会出现在一个会计时期而其结果却要在稍后的某个时期才能实现，所以，对传播的评估和资金安排变得极为困难；对于品牌建设方面的投资，更是难上加难。

但是，从财务角度而言，企业别无选择。财务的时间框架都是明确界定的，而营销传播必须"削足适履"。因此，整合营销传播采取了一种简单的方法：使用财务的时间框架，让传播投资和回报来适应企业经营所采纳的会计和财务准则。这虽然简单，但考虑到营销传播活动的复杂影响和效果，却是极富挑战的。

## 净现值

关于净现值(NPV)的计算对于企业运营和估值的方式而言是一个极为重要的问题。因为企业开始主要关注现金流，或者资金的净收入和净支出，企业管理的重心也随之发生了转变。过去，企业通常是基于有形资产——即企业所拥有或者能够出售的、有一定市场价值的有形物品或要素——来进行价值评估的，但是，今天，关注点明显变成了企业产生多少能够用于其运营之中的"可自由使用的"资金或者现金。

现金流是一个有趣而独特的要素。关于现金的理论是：今日手头拥有的现金，其价值高于未来承诺的现金。这一理论已经成为众多管理决策的驱动因素。今日手头拥有的现金可以用来做投资，购买东西，或者雇用员工。通常人们会假定市场有风险和通货膨胀，因而对未来收入的预估总是要打折扣，要体现资金当下价值和未来价值之间的差异。因此，企业通常会基于折现现金流(DCF)来评估投资的价值，也就是说受到所涉及的时间内的通货膨胀、风险和利息或收入损失的影响后，该笔收入在未来还值多少钱。

由于很多传播活动总是预计在未来能够为企业创造收入，包括短期收入和长期收入，所以净现值(NPV)和折现现金流(DCF)这两种算法对于整合营销传播方法而言就是极为重要的因素。后面的章节还将对它们进行更为深入的探讨。

## 品牌作为企业的资产和投资

整合营销传播流程的关键要素之一是这样一个前提——企业所拥有的品牌是其最具价值的资产之一。尽管品牌是无形的，但是它们确实具有资产价值。事实上，在许多企业所掌控的东西中，很少有什么能够像品牌这样拥有盈利能力或者当下的市场价值。但是，企业通常并不把品牌作为资产来进行管理。相反，它们总是被视为短期的投资，寄希望于获得即时回报。品牌价值的创造绝非一朝一夕之功。品牌的回报也一样。而品牌的营销传播活动也必须作为长时间的投资回报来理解、评估。我们会在第12章更为详细地讨论品牌作为资产和营销传播作为投资这一概念。

## 边际收入/增量回报

营销传播活动必须给企业带来回报。理想的状态是，其回报大于花费。在某些情况下，企业愿意为了未来回报的希望而对传播进行投入，但是整合营销传播通常必须至少能够维持收支平衡，这样高层管理者才可能将之视为一项合理的投资。因此，在整合营销传播方法中，营销传播必须产生高于成本的回报，当然这要发生在短时间内。我们将在下一章中展示这一点。

# 总结与预览

在对财务分析准则进行了快速的回顾之后，我们已经准备好了将这些概念运用到对营销传播投资回报的评估中去。而这正是整合营销传播流程的第四步的目标。

# 参考书目

1. Russell H. Colley, *Defining Advertising Goals for Measured Advertising Results* (New York: Association of National Advertisers, 1961).

2. J. P. Jones, *When Ads Work* (New York: Lexington Books, 1994).

3. Simon S. Broadbent and T. Frye, "Ad Stock Modeling for the Longer Term," *Journal of the Market Research Society* 37 (1995): 385–403.

4. Rajendra K. Srivastava, Tasadduq A. Shervani, and Liam Fahey, "Market-Based Assets and Shareholder Value: A Framework for Analysis," *Journal of Marketing* 62 ( January 1998): 2–18.

# 第10章

# 估算顾客投资的短期回报

整合营销传播流程的第四步首先是要估算企业营销传播投入的短期回报。整合营销传播旨在清晰地确定现有顾客和潜在顾客在营销传播活动的影响下给企业投资所带来的回报，这不同于传统的模式，传统的模式只基于传播本身的效果而已。

在本章中，我们会介绍计算顾客投资回报(ROCI)的一个基本方法。我们首先提供一个适用于任何一种组织类型的框架。然后，通过一个详细的案例来具体展示这一方法，展示营销管理者在评估企业提出的整合营销传播活动方案可能带来的潜在回报时所经历的每一个步骤。

## 对旨在进行业务拓展的营销传播投资的边际分析

如果要求高层管理者将营销传播方面的投资与企业有限的资源在其他方面的投资进行比较的话，那么前者就必须能够带来实际可见的回报，这一点非常重要。基于这一原因，整合营销传播为我们提供了一个可进行边际分析的系统来评估营销传播活动的价值。这一系统其实非常简单：一方面是企业为给现有顾客和潜在顾客带来短期影响和长期影响的各种营销传播活动所投入的费用，即花出去的钱；另一方面是现有顾客和潜在顾客给企业带来的增量收益或者存量收益，即赚回来的钱。采用这一边际回报分析的方法，所有可以获得可衡量的短期结果的当下的营销传播投资都能被转化为企业的变动成本。换句话说，这些短期的旨在进行业务拓展的投资变成了企业的变动成本而非固定费用。要让这种根本性的改变得以发生，有一个首要条件，那就是企业有能力确定一个顾客或者一个顾客群体的价值究竟有多大，并在某种程度上管理与衡量随着时间的推移该顾客或者顾客群体所发生的价值变化。

采用这种变动成本的方法，其依据并不复杂。如果营销者能够决定现有顾客或者潜在顾客(不管是个体还是群体)的经济价值，那么他们就能够清楚地判断针对这些顾客究竟应该投入多少。我们可以回想一下第5章中所提及的内容——必须根据边际贡献来估算顾客的价值，而边际贡献则是基于顾客给企业带来的收入。如果我们稍微地调整一下贡献数字，也就是说，将所有成本和其他费用分开，使得边际贡献只包括营销传播的费用和利润，那么我们就可以简单而又快速地确定投资回报有多少。如今，许多企业已经这样做了，他们采用的是基于活动的成本会计法。根据这些方法，边际贡献数字只包括与营销传播相关的费用和利润，这样的话，有一点是很清楚的，那就是，那些没花在营销传播活动上的费用就变成了利润，而不想保留的利润可以投入到营销传播中去。因此，出于会计目的，营销传播就被转化为企业的变动成本了(下文的几个案例会进一步对此进行详细阐述)。

同样，其他针对顾客所进行的营销传播投入类型，比如说顾客维护、保护现有顾客免受竞争对手侵袭以及让顾客在产品组合中转化等等，都可以以同样的方式加以处理。事实上，营销传播管理者可以评估或者确定任何一种类型的营销传播投资所创造的价值，这些投资是企业基于其所制定的营销策略，针对特定现有顾客或者潜在顾客而进行的。这一针对特定的现有顾客或顾客群或潜在顾客而使用的有计划的营销传播花费就构成了基于价值的整合营销传播评估系统的核心。

接下来，我们将详细地展示，与传统的营销预算和费用分配过程相比，整合营销传播在对待旨在进行业务拓展的营销传播投资及其回报方面究竟有哪些不同。表10.1所展示的是一个快消品的逐项分列的典型预算方式。该产品的预算基于的是企业的预算模式。在这一例子中，销售额的增长率为6%，不高，而预设的费用增长率为10%。也就是说，它假定传播费用与去年相比会增长10%。因此，每一个职能的营销传播活动的预算与往年相比都相应地增长10%。采用这一年度预算表，品牌管理者就可以对来年的营销和传播活动进行费用分配，不过，仍然需要牢记高层管理者通过预算流程所而设定的费用限度。

表10.1　快消品的逐项预算(单位：百万美元)

| | 1995 | 1996 | 1997(预估) |
|---|---|---|---|
| 销售额 | 1,750.00 | 1,897.50 | 2,108.00 |
| 单位 | 500 | 550 | 620 |
| 单位价格 | 3.50 | 3.45 | 3.40 |
| 管理费用 | 170.00 | 166.60 | 163.27 |
| 广告和促销费用 | 105.00 | 115.50 | 127.05 |
| 固定费用合计 | 275.00 | 282.10 | 290.32 |
| | 1,475.00 | 1,615.40 | 1,817.68 |
| *税前毛利和生产成本* | 84% | 85% | 86% |
| *生产成本* | 525.00 | 550.28 | 590.24 |
| | 950.00 | 1,065.13 | 1,227.44 |
| 税前毛利 | 54% | 56% | 58% |

资料来源：From Don E. Schultz and Jeffrey Walters, Measuring Brand Communication ROI, New York: Association for National Advertisers, Inc., 1997. Used with permission from Association for National Advertisers, Inc.

我们可以将此与表10.2所展示的整合营销传播模式进行对比。请注意，后者并没有呈现不同职能的传播预算项目。所有的营销传播活动在这一预算表上都被归为产品的变动成本。由于费用被视为产品的成本了，所以，对整合营销传播管理者的唯一要求就是让每一个顾客群体都完成收入目标。这样，所有的营销传播投入都会体现在关于产品的财务报表上。

显然，旨在进行业务拓展的投资方式是基本的边际经济分析的一种形式。采用边际分析，营销传播被视为产品的变动成本，因此，只要企业所获得的收入回报等于或者高于花费(当然还需要覆盖资本成本)，那么，从理论上讲，企业就可以针对现有顾客或者潜在顾客群进行源源不断的营销传播投入。

表10.2 业务发展的会计报表(单位：百万美元)

| | 1995 | 1996 | 1997(预估) |
|---|---|---|---|
| 销售额 | 1,750.00 | 1,897.50 | 2,108.00 |
| 单位 | 500 | 550 | 620 |
| 单位价格 | 3.50 | 3.45 | 3.40 |
| 管理费用 | 170.00 | 166.60 | 163.27 |
| 固定费用合计 | 170.00 | 166.60 | 163.27 |
| 税前毛利和生产成本 | 1,580.00 | 1,730.90 | 1,944.73 |
| 和营销传播费用 | 90% | 91% | 92% |
| 生产成本 | 525.00 | 550.28 | 590.24 |
| 营销传播费用 | 105.00 | 115.50 | 127.05 |
| 税前毛利 | 950.00 | 1,065.13 | 1,227.44 |
| | 54% | 56% | 58% |

资料来源：From Don E. Schultz and Jeffrey Walters, Measuring Brand Communication ROI, New York: Association for National Advertisers, Inc., 1997. Used with permission from Association for National Advertisers, Inc.

# 如何评估旨在进行业务拓展的营销传播活动的回报

正如上一章所探讨的那样，有效评估顾客投资回报的一个关键要素是，企业要有能力将旨在进行业务拓展的短期营销传播与旨在进行品牌建设的营销传播区别开来。尽管二者之间的界线并不总是非常清晰的，但是基于目前我们所采用的会计准则，短期(企业在一个财年之内的回报)和长期(跨越多个财年的回报)之间的基本区分仍然是十分重要的。

能够做到更好地规划整合营销传播所推行的顾客投资回报评估系统需要基于这样一个前提，那就是，所有旨在进行业务拓展的营销传播活动都将给企业带来增量回报。因此，营销传播策划者必须预先评估或者考虑到营销传播活动可能或者应该产生的额外收益。这种评估或考虑非常重要，因为所有企业几乎都会从现有顾客那里获得一定形式的收入，或者期望从潜在顾客那里获得收入。营销传播方面的额外投入也因此要么是巩固或是保护收入来源，要么是在某些情况下，对收入进行调整，从而带来更多现金流，并且期望提高盈利性。

因为企业在执行营销传播活动之前就已经知道来自顾客的收入或者一个顾客群体的价值大概是多少，所以才使得这种增量收入的评估方法变得可行。如此一来，对增量财务回报的计算成了目标，取代了传统预算方式中对销售总量或者利润总额的衡量。而且，就顾客维持策略而言，这种增量收入的评估方式也同样奏效，营销者可以估算出维持一个顾客所带来的收入需要或将要投入多大花费，在此基础上，进而确定投资水平和顾客投资回报。同样，营销传播管理者还可以预估或者计算出争取一个新顾客所需要的投入，对于这些新顾客而言，如果他们的购买行为没有发生，那么给企业带来的收入就是零。因此，对于针对现有顾客或者潜在顾客而推行的大多数营销策略而言，我们提出的流程和方法都是同样适用、同样有效的。这对整合营销传播流程的成功起着举足轻重的作用。

接下来所展示的案例将详细地诠释这一流程中的一个关键要素，那就是，该流程的设计初衷是，不论对现有顾客群体或者潜在顾客群体还是对个体顾客而言都能适用。如果营销传播策划者能够评估或者计算出每个个体顾客的回报的话，那么，对于大多数企业而言，这都是再理想不过的事情。但是，这一点显然并不总是切实可行的，有时候是根本不可能的。因此，本章的重点仍是群体顾客，因为大多数营销者都把他们作为主要目标。

## 增量收入评估法的原理

接下来的表格所展示的是增量收入评估法的原理。采用这一方法，我们既可以计算营销传播活动所获得的实际回报，也可以根据假设分析的不同情境来预先估算潜在的回报。

表10.3提供了关于典型的顾客投资回报分析的标准化的概览。

在顶层各列的标题中，我们根据顾客的行为对他们进行了归总和分组。根据我们所要预估或计算的市场情况，这些群体可宽可窄，可多可少。针对每一个顾客群体，营销传播管理者会设定具体的行为方面的

表10.3 顾客投资回报分析的构成

| | 归总后的顾客群体：<br>行为方面的目标： | 群体 A | 群体 B | 群体 C |
|---|---|---|---|---|
| **类别需求假定** | | | | |
| 1 类别需求的预估 | 历史数据/预估 | $ | $ | $ |
| **收入基数限定** | | | | |
| 2 需求的份额基数 | 历史数据/预估 | % | % | % |
| 3 流向我们的收入基数 | 第1行×第2行= | $ | $ | $ |
| 4 非传播方面的成本和费用(产品成本、固定费用、管理费用等) | 营业收入 | % | % | % |
| 5 贡献边际率(%) | 100%−第4行= | % | % | % |
| 6 贡献边际额($) | 第3行×第5行= | $ | $ | $ |
| **情境A：不存在传播方面的投入** | | | | |
| 7 需求份额的变化 | 预估 | +% | +% | +% |
| 8 最终获得的需求份额 | 第2行+(第7行×第2行)= | % | % | % |
| 9 最终流向我们的顾客收入 | 第8行×第1行= | $ | $ | $ |
| 10 减去非传播方面的成本和费用(产品成本、固定费用、管理费用等) | −(第9行×第4行)= | −$ | −$ | −$ |
| 11 减去营销传播方面的费用 | $0 | — | — | — |
| 12 净贡献 | 第9行+(第10行+第11行)= | $ | $ | $ |

（续表）

**情境B：进行传播投入**

| | 归总后的顾客群体：<br>行为方面的目标： | 群体 A | 群体 B | 群体 C |
|---|---|---|---|---|
| 13 营销传播活动(A—M行) | 预估 | $ | $ | $ |
| 14 营销传播方面的总投入 | 13A—M各行行总数 | $ | $ | $ |
| 15 需求份额的变化 | 预估 | ±% | ±% | ±% |
| 16 最终所获得的需求份额 | 第2行+(第15行×第2行)= | % | % | % |
| 17 流向我们的顾客收入 | 第16行×第1行= | $ | $ | $ |
| 18 减去非传播方面的成本和费用(产品成本、固定费用、管理费用等) | —(第18行×第4行)= | -$ | -$ | -$ |
| 19 减去营销传播方面的费用 | —第14行 | — | — | — |
| 20 净贡献 | 第18行+(第19行+第20行)= | $ | $ | $ |
| **顾客投资回报计算** | | | | |
| 21 相对于"不在传播方面进行投入"这一情境的增量收益/亏损 | 第20行—第12行= | $ | $ | $ |
| 22 顾客投资的增量回报 | 第21行/第14行= | $ | $ | $ |

资料来源：From Don E. Schultz and Jeffrey Walters, Measuring Brand Communication ROI, New York: Association for National Advertisers, Inc., 1997. Used with permission from Association for National Advertisers, Inc.

目标，而这些目标是营销传播计划致力于在评估期间实现的(争取新顾客，维持现有顾客，增加市场份额，让顾客在不同的产品组合中进行转换)。值得注意的是，有些时候，营销者的目标可能是摆脱那些维护成本高但是利润却非常低的顾客。

这张表本身是由五个部分组成的，由这五部分共同构成了ROCI的计算过程。现在，让我们对此一一展开分析。[1]

## 类别需求假定

在这一部分中，确定的是顾客对于具体产品类别的整体需求，这些需求涵盖了所有的产品提供者[需要注意的是，对通过各种渠道进行经销的企业而言，这一预估建立在出厂(开票)销售的基础上]。

**第1行：类别需求的规模** 这里的规模估计是建立在对顾客购买行为的历史数据或者假设分析数据的基础上的，体现为金额而非数量、出货量或者其他非财务衡量指标。

## 收入基数假定

基本的假定是针对品牌的顾客份额目标需求及其成本动态变化而提出的。然后将这些因素放置于不同的情境下，这些情境的传播花费水平是不同的。

**第2行：需求的份额基数(SOR)** 即营销者旗下的品牌在顾客总体类别需求中所占的比例，该基数基于历史数据或者假设情境中的数据。

**第3行：流向我们的收入基数** 顾客对该类别的总需求乘以营销者旗下品牌所获得的需求份额，这是指顾客群体流向品牌的收入金额。

**第4行：非传播方面的费用** 该行所代表的是除了营销传播费用之外，业务运营所需要的所有固定成本和变动成本。为简单起见，这些成本都以收入的比例来体现。

**第5行：贡献边际率(%)** 等于100%减去第4行所代表的非营销传播费用的比例。

**第6行：贡献边际额($)** 等于第3行乘以第5行，指的是金额。

## 情境A：不存在传播方面的投入

这一部分确立了盈利状况的基数。也就是说，在我们所要进行分析的一段时期，如果品牌不再进行进一步的传播方面的投入，那么每个顾客群体究竟能够为企业带来多少生意？当然，如果企业在整个财年内都不进行任何营销传播方面的投入，品牌也不可能失去全部的顾客，尽管这种情况有可能发生在直复营销公司身上。但是，顾客的需求、品牌的份额或者对品牌的要求可能会发生变化。该表的这一部分关于究竟会有什么样的影响做了一些假定。从这里开始，基于在前面一个部分引进的各个因素的品牌收入、成本和净贡献都要重新进行估算。

**第7行：需求份额的变化**　这一部分预估的是如果没有任何营销传播方面的投入，在这期间，品牌需求的份额基数会有什么变化。在绝大多数情况下，这会产生负数，比如说需求的份额下降了15%。

对于许多企业来说，一个关键问题是，如何精准地评估其现有顾客或者潜在顾客的需求所发生的变化。拥有大量历史性数据的公司可以基于过往的经验来推断。其他公司则可能通过对A/B市场进行测试来找到一个出发点。在绝大多数情况下，所有的公司，时不时地，都不得不取消、调整或者重新界定其营销传播活动。是同样的数据在为这一类预估或者计算打基础。在另一些情况下，这种预估或计算，除了管理者尽最大努力所做出的专业判断以及从以往的经验中获得的洞察之外，几乎毫无别的依据。事实上，对于如果不进行任何传播，究竟会发生些什么，这样的推断，营销传播管理者经常在做，只不过他们做得比较间接而已。关键在于，这样一个过程会迫使管理者聚焦于需要及时解决的问题，让他们做出有依据、有支撑的合理决定，而不再是维持原状，或者继续像以往那样沿用传统的花费模式。

**第8行：最终所获得的需求份额**　这一点是对第2行的最初的需求份额进行调整后的结果，调整是根据第7行的结果来进行增减的。例如，如果品牌最初的需求份额是50%，但是，如果管理者觉得没有任何传播支持，品牌的份额可能会下降25%，那么最终的需求份额将会是$0.5 + \{0.5 \times (-0.25)\} = 37.5\%$。

**第9行：最终所获得的顾客收入** 调整后的第8行的需求份额乘以第1行的顾客对该品类的总需求。这一行代表的是，如果营销传播方面不进行任何投入，品牌的收入将会发生的变化。

**第10行：减去非传播方面的成本** 第4行(用来覆盖非传播费用以及利润的比例)乘以第9行中调整过的收入预估。

**第11行：减去营销传播费用** 在这一情境下，该行为0，因为在这一分析时间段内，并未发生任何营销传播费用。

**第12行：净贡献** 这等于将跟第10行和第11行相关的费用从第9行的预估收入中减去后的剩余金额(指的是品牌在毫无营销传播投入的情况下所实现的贡献水平)。这一数额是评估品牌增量收入(如果有的话)的基础，所谓增量收入是指在下文的情境B之下，公司投资于整合营销传播活动所实现的额外收益。

## 情境B：进行传播投入

下一步要评估的是，在推行有针对性的传播活动之后，每个顾客群体的价值所发生的变化。

**第13行：营销传播活动** 包括企业计划针对特定的现有顾客或潜在顾客群体所投入的所有能够界定清楚的营销传播活动的费用。

**第14行：营销传播方面的总投入** 这包括公司对其整合营销传播活动的所有投入，第13行说明了所有这些项目。

**第15行：需求份额的变化** 该行预估的是受所有传播活动的影响，品牌所期望达到的需求份额增减的比例。

**第16、17和18行** 这几行基于第16行的比例，对调整过的需求份额、收入以及非传播费用进行重新计算。

**第19行：减去营销传播费用** 等于第14行中的整合营销传播投入的总数。在这里以负数形式重复出现，目的是与非传播费用一起从收入减去。

**第20行：净贡献** 该行代表的是传播费用和非传播费用都减去之后的净收入。

**第21行：相对于"不在传播方面进行投入"这一情境的增量收益**

/亏损　这一行所对照的是第12行和第20行中所预估的两种不同的净贡献。要注意的是，这些增量收益或者亏损来自企业是否进行整合营销传播活动的结果。

第22行：顾客投资的增量回报　等于第21行中的增量总收益/总亏损除以第14行中的总投入。

## 增量收入评估法的实际运用案例

表10.4以消费品为例子，帮助我们对实际的营销传播活动逐步进行实际的顾客投资回报分析。该案例是真实发生的情境，显示出这些情境如何与增量收入评估模型相契合。

这里展示的产品是一个消费品品牌，通过零售方式进行销售。每个家庭通常每年会购买三到四次，其市场渗透率很高。该类别的品牌忠诚度比较低，因此很多时候竞争品牌会采取大力度的价格促销和折扣措施。因此，该品类内的品牌转换时有发生。

就这一例子而言，我们根据顾客与品牌之间的关系将他们分为四个群体。基于以往从这些群体中获得的经验，该公司设定了具体的行为方面的目标，希望能够通过其营销传播活动来达成这些目标。

第一个群体即忠诚群体，主要是由那些在购买该类别产品时最经常选择该品牌的长期顾客组成。早先所进行的分析显示，该群体的需求并没有体现出显著的增长趋势，但是这些顾客所带来的收入对于企业来说是最重要的，因而仍需要该品牌采取措施加以维持。因此，品牌管理者的目标就是让这些顾客的收入维持原有的水准。

第二个群体即摇摆不定群体，他们通常会在该营销者的品牌和竞争对手的品牌之间犹豫不决，不断转换。当然，他们也会选择该营销者的品牌，但通常是在该品牌进行促销或者有特殊活动的时候。该品牌的管理者认为，通过营销传播努力，他们可以强化该品牌与这一群体之间的关系，进而尽可能多地从这一群体获取需求份额。

第三个群体即新顾客或者新兴顾客群体，是由那些刚刚进入这一市场的顾客组成的。按照市场的预测，这一群体会快速增长，尽管该营销

表10.4 旨在进行业务拓展的顾客投资回报案例——消费品

| 归总后的顾客群体：<br>行为方面的目标： | 忠诚群体<br>维持 | 摇摆不定群体<br>增加份额 | 新兴顾客群体<br>获取 | 问题顾客群体<br>摒弃 | 顾客群体总和 |
|---|---|---|---|---|---|
| **类别需求假定** | | | | | |
| 1 预估类别需求 | $1,000.00 | $1,000.00 | $1,000.00 | $1,000.00 | $4,000.00 |
| **收入基数假定** | | | | | |
| 2 需求的份额基数 | 75.0% | 40.0% | 10.0% | 15.0% | 35% |
| 3 流向我们的收入基数 | $750.00 | $400.00 | $100.00 | $150.00 | $1,400.00 |
| 4 非传播方面的成本和费用（产品成本、固定费用、管理费用等） | 75.0% | 80.0% | 80.0% | 90.0% | 78.4% |
| 5 贡献边际率(%) | 25.0% | 20.0% | 20.0% | 10.0% | 21.6% |
| 6 贡献额($) | $187.50 | $80.00 | $20.00 | $15.00 | $302.50 |
| **情境A：不存在传播方面的投入** | | | | | |
| 7 需求份额的变化 | -20.0% | -25.0% | -30.0% | -20.0% | -22.1% |
| 8 最终所获得的需求份额 | 60.0% | 30.0% | 7.0% | 12.0% | 27.3% |
| 9 最终流向我们的顾客收入 | $600.00 | $300.00 | $70.00 | $120.00 | $1,090.00 |
| 10 减去非传播方面的成本和费用（产品、固定费用、管理费用等） | -$450.00 | -$240.00 | -$56.00 | -$108.00 | -$854.00 |
| 11 减去营销传播方面的费用 | $0.00 | $0.00 | $0.00 | $0.00 | $0.00 |
| 12 净贡献 | $150.00 | $60.00 | *$14.00 | $12.00 | $236.00 |

（续表）

| 归总后的顾客群体：<br>行为方面的目标： | 忠诚群体<br>维持 | 摇摆不定群体<br>增加份额 | 新兴顾客群体<br>获取 | 问题顾客群体<br>摒弃 | 顾客群体总和 |
|---|---|---|---|---|---|
| **情境B：进行传播投入** | | | | | |
| 13 电视广告 | $0.00 | $5.00 | $4.00 | $0.00 | $9.00 |
| 14 电台广告 | $0.00 | $2.00 | $2.00 | $0.00 | $4.00 |
| 15 消费者杂志 | $0.00 | $3.00 | $2.00 | $0.00 | $5.00 |
| 16 直邮 | $4.00 | $1.00 | $2.00 | $0.00 | $7.00 |
| 17 促销 | $0.00 | $5.00 | $3.00 | $1.00 | $9.00 |
| 18 公关 | $2.00 | $2.00 | $2.00 | $1.00 | $7.00 |
| 19 事件营销（赞助活动） | $2.00 | $2.00 | $2.00 | $1.00 | $7.00 |
| 20 定制媒介 | $4.00 | $0.00 | $0.00 | $0.00 | $4.00 |
| 21 客户服务提升 | $2.00 | $0.00 | $0.00 | $1.00 | $3.00 |
| 22 品牌营销传播方面的总投入 | $14.00 | $20.00 | $17.00 | $4.00 | $55.00 |
| 23 需求份额的变化 | 0.0% | 10.0% | 40.0% | 3.0% | 6.0% |
| 24 最终的需求份额 | 75.0% | 44.0% | 14.0% | 15.5% | 37.1% |
| 25 流向我们的顾客收入 | $750.00 | $440.00 | $140.00 | $154.50 | $1,484.50 |
| 26 减去非传统营销方面的成本和费用（产品成本、固定费用、管理费用等） | -$562.50 | -$352.00 | -$112.00 | -$139.05 | -$1,165.55 |
| 27 减去营销传播方面的费用 | -$14.00 | -$20.00 | -$17.00 | -$4.00 | -$55.00 |
| 28 净贡献 | $173.50 | $68.00 | $11.00 | $11.45 | $263.95 |

(续表)

| 归总后的顾客群体： | 忠诚群体 | 摇摆不定群体 | 新兴顾客群体 | 问题顾客群体 | 顾客群体总和 |
|---|---|---|---|---|---|
| 行为方面的目标： | 维持 | 增加份额 | 获取 | 摒弃 | |
| 顾客投资回报计算 | | | | | |
| 29 情境A-净贡献 | $150.00 | $60.00 | $14.00 | $12.00 | $236.00 |
| 30 情境B-净贡献 | $173.50 | $68.00 | $11.00 | $11.45 | $263.95 |
| 31 相对于"不在传播方面进行投入"这一情境的增量收益/亏损 | $23.50 | $8.00 | -$3.00 | -$0.55 | $27.95 |
| 32 顾客投资的增量回报 | 168% | 40% | -18% | -14% | 51% |

资料来源：From Don E. Schultz and Jeffrey Walters, Measuring Brand Communication ROI, New York: Association for National Advertisers, Inc., 1997. Used with permission from Association for National Advertisers, Inc.

者的品牌目前只能从这一群体身上获得一小部分生意，但是，其目的是希望趁现在或者在未来从他们那里尽量获得更多的收入。

最后一个群体被称为问题顾客群体。在有些情况下，这些顾客所带来的业务仅占该营销者的品牌的总体生意中一个极小的比例。在另外一些情况下，他们对于这一产品类别的需求通常是很低的。而在其他情况下，这样的顾客通常会要求品牌提供更多的服务或者支持。因此，要维持住这批顾客，品牌所需要支付的客户服务成本是相当高的，从而在很大程度上挤压了该营销者的品牌的利润空间。由于这一群体成员的生活方式也在不断地发生变化，因此，在随后的时间内，这一群体所产生的需求也会相应地降低。基于这样的分析结果，该营销者可能更倾向于减少针对这一群体所进行的营销传播投入，甚至试图摒弃这一群体中的部分顾客。但是，需要注意的是，由于这么做可能会伤害到公司在其他更具价值的顾客心目中树立起来的声望，因此，营销者在试图疏离这些顾客时需要慎重对待。

出于展示的方便，我们主观地设定，在评估阶段，每个群体对该类别的需求都是相同的，都是1000美元。在现实世界中，这样的情形基本上是不可能发生的，但是，为了更好地展示整个过程的动态发展从而能够进行必要的比对，我们目前姑且这么设定。因此，为了更好地配合这一案例，我们对作为分析基础的真实数据在一定程度上进行了调整。

在设定了该品类的整体需求之后，下一步就是要确定每个顾客群体对于品牌而言的基本价值。第2行详细地标明了，对于我们所分析的品牌而言，每个顾客群体的需求的份额基数。在这一例子中，基于顾客在这一类别中的花费情况，营销者从忠诚顾客群体那里获得的收益占了总收益的75%。因此，第3行中的收入基数是750美元。摇摆不定顾客群体的生意占总体的40%，因此营销者从这一群体获得了400美元。新兴顾客群体的需求份额占了10%，即等同于100美元的收益。而问题顾客群体的需求份额为15%，给品牌带来150美元。

接下来，第4行展示的是对营销传播费用之外的所有费用的估算。这些费用通常分配给其他固定成本和变动成本，比如那些与产品生产和分销相关的费用、员工工资、其他各类管理费用等。通常而言，归入不同群体的费用会有一些变动，但是这种变动都是有一定依据的。例如，新兴顾客群体会因为开户和信用调查等原因而产生更多管理费用。而在另一方面，现有的顾客则通常是最容易服务的顾客，品牌对这些顾客的服务效率相对来说也是最高的。他们对产品有着更深入的理解，因此无需太多帮助，也更熟悉企业的员工，并且更容易、更及时地表达清楚他们自身的需求和愿望。

在这一例子中，支付忠诚顾客群体的所有非传播方面的费用需要占用75%的顾客总收入。正如表中所展示的那样，忠诚顾客群体与摇摆不定群体或者新兴顾客群体相比，需要付出的费用相对低一些，因为后两者都更可能流失(比如说，暂时地甚至长期地转向购买竞争对手的产品)，也因此需要支付更高的管理费用。最后，问题顾客群体需要更多的客户服务和支持，因而也需要品牌投入更多的促销和维持费用。因此，这一群体的成本所占的比例被设定为90%。

把每个顾客群体的成本所占的比例从其收入基数中减去之后，剩下的就是其边际贡献率(第5行)。这一数值是这样得出的，用100%减去第4行中的比例数。第6行是金额来表示边际贡献(要记得，在这一方法中，边际贡献仅包括用来进行营销传播的费用再加上利润)。在这一情况下，忠诚顾客群体的边际贡献为187.5美元，摇摆不定群体为80美元，新兴顾客群体为20美元，而问题顾客群体则为15美元。

讨论到这里，我们需要来回顾和小结一下。至此，该营销者已经能够确定四个顾客群体中每一个群体的边际贡献基数，确定各自的财务价值基数，这一基数是建立在对这些顾客给企业带来的收入的预估基础上的。如果该公司能够在不进行任何营销传播投入的前提下获得这些收入，那么其传播管理者就能够为服务于这些群体找到合理依据。但是，考虑到估算出来的顾客群体的价值，即使该公司能够显著地提升其需求份额——比如说，将每一个群体未来可能带来的生意比例从80%提升到85%——该公司能够划拨给整合营销传播活动的费用仍然是十分有限的。这也正是每个传播管理者在采用这种顾客投资回报分析法时所面临的挑战。对于有些顾客而言，公司的有限资源是无法顾及的，或者说，即使有所投入，也不得不采取效率很高、费用很低的传播手段，而通常这种手段的威力和影响是很有限的。当然，这并不就是说这种整合营销传播活动是不可行或者没有用的，而是说，任何一个整合营销传播活动都应该首先针对和聚焦最合适的顾客，或者至少针对和聚焦能够为企业创造最大收益机会的顾客。

用这种方法来分析顾客价值的过程，其下一步是确定一个营销传播活动可能创造的增量价值。要做到这一点，首先需要估算，在不进行任何营销传播投入的情境下，品牌的收入是个什么水平，然后将这一结果与在制定和执行了不同形式的营销传播活动计划之后营销者所希望获得的结果加以对照。对比之后所获得的结果通常都是令人惊讶、发人深省的。

首先，我们需要从第7行到第12行设定一个"不进行传播投入"的情境。这需要估算或者计算，如果所有的营销传播活动都暂时中止一段时间之后，该品牌的顾客需求的份额究竟会流失多少。在我们先前的例子中，品牌所经营的类别竞争十分激烈，其中顾客忠诚度很低，品牌需要进行大量有竞争力的营销传播活动。在这里，该管理者在第7行推断，如果针对这一群体没有任何促销投入的话，该品牌的顾客需求的份额将会下降20%。而对于摇摆不定的顾客群体和新兴顾客群体而言，其下降的程度更大，分别为25%和30%。而对于问题顾客群体而言，如果不从讯息或者激励计划方面来刺激他们的话，那么其顾客需求的份额据估计也会下降20%。

我们在之前的讨论中指出，根据我们以往的经验，顾客对该品类的总需求或者所带来的总收入通常并不会因为短期内的品牌传播活动的递减而有所变化。相反，真正受影响的是品牌所获得的顾客需求总份额的比例。也就是说，如果没有某种营销传播的支持，该营销者的品牌顾客需求的份额通常会因此而下降，即使顾客在这一产品类别中的总购买量仍然保持原先的水准。

第8行到第12行是对所有影响到净贡献的组成部分进行了重新计算，这一点对于品牌而言是至关重要的。由于忠诚顾客群体的需求份额下降了20%，因此其最终获得的顾客需求的份额从75%下降到了60%。将这一份额乘以其类别需求基数——1000美元，就为该公司的品牌带来了600美元的收入。从中，还需要除去450美元，用来覆盖占收入总额75%的产品成本、管理费用以及其他非传播方面的费用。其最终结果是，该顾客群体的净贡献为150美元，低于第6行中的基数——187.5美元。

前面说过，摇摆不定的顾客群体需求的份额下降了25%。那就意味着，调整之后，其份额为30%，其所带来的收入为300美元。在除去了占收入80%的非传播方面的费用之后，该群体的净贡献为60美元。

品牌不在传播上进行投入对新兴顾客群体所造成的影响更大。该群体的成员刚刚进入该类别，对于各种不同的产品选择也缺乏经验，因此，在有些情况下，仍然在不断地尝试使用市场上的不同产品。由于品牌缺乏足够有吸引力的传播活动，他们的需求份额有可能下降30%，最终，其需求份额只有7%，其所带来的收入只有70美元。在除去56美元其他费用之后，该营销者的品牌从这一群体中所获得的净贡献只有14美元。

最后，在品牌终止了营销传播活动之后，问题顾客群体的需求份额会因此下降20%。这样，这些顾客调整后的需求份额变成了12%。这意味着其所带来的收入只有120美元。在除去108美元非传播方面的费用之后，这一群体的净贡献只剩下12美元。

每个群体的净贡献收入成为营销者用来评估其品牌整合营销传播活动所产生的增量收益或者亏损的基础。

该分析的下一步是根据针对每一群体制定和执行一个或者多个营销传播活动计划的不同情境来进行估算或计算。在这一例子中，第13行到第21行展示了九种不同的营销传播投入。有些投入，尽管其传播讯息、激励计划和递送系统可能各有不同，但却是针对所有群体的。而有些活动，则可能只使用一到两个传播要素。

在管理者所进行的分析中，有一部分工作是必不可少的，那就是，首先要确定每一种营销传播投入的费用是多少。真正重要的并不是每一种传播手段中需要投入的总体费用是多少，而是这些费用是如何在不同群体中进行分配的。例如，在电视、电台和消费者杂志上刊登的广告活动，其主要目的是为了吸引新顾客。因此，广告费用主要划拨给摇摆不定的顾客群体和忠诚的顾客群体。尽管我们可以说，即使是忠诚顾客也会受到广告的正面影响，但是，管理者会针对这一顾客群体制定特别的传播计划，包括直邮、公共关系和定制媒介。

　　第22行总结了针对每个顾客群体所进行的传播总投入。因此，针对忠诚顾客群体需要花费14美元，摇摆不定顾客群体需要花费20美元，新兴顾客群体需要17美元，问题顾客群体则需要花费4美元。

　　在之前的情境中，可能会被问到的问题是："如果根本就不进行营销传播投入，又会发生什么情况呢？品牌的需求份额会发生什么变化？销售量会发生什么变化呢？"而在这一情境下，问题被反过来了："如果针对现有顾客和潜在顾客，通过不同形式的传播手段，进行了不同的营销传播投入，那么品牌的需求份额和收入会发生什么变化？品牌的生意，按金额算，会增长多少？利润也会相应增长吗？"

　　正如在先前探讨过的"不进行传播投入"的情境下一样，问题的关键在于估算或者计算出品牌进行的整合营销传播投入所影响的顾客需求份额的变化程度。这通常基于一些预估或者分析，经常会使用到行为消费者方面的历史数据，主要关于现有顾客和潜在顾客对品牌传递各种讯息和激励计划的活动的响应程度。其目标并不是试图评估每个个体的不同价值，评估具体传播职能的不同作用，然后把这些价值加总起来。相反，整合营销传播方法的目标是确定整合营销传播活动中所有要素加在一起所产生的协同效应。

　　一旦能够确定或者估算出营销传播活动是否引发了品牌需求份额的变化或者发生了多大变化，那么，就可以对每个群体相对于品牌而言的收入、费用和净贡献进行重新计算了。表中第23行所展示的就是其计算结果。

　　至此，我们可以得出不少结论。尽管该品牌针对忠诚顾客群体在传播方面投入了14美元，但是其顾客需求份额并没有发生什么变化，原来是多少现在还是多少。但是，因为管理者最初的目标是维持该群体目前的需求份额，因此，这一目标似乎已经实现了。如同表中所展示的那样，其所带来的收入还是750美元，其中75%(562.5美元)用于非传播方面的费用。但是，还要从该群体的边际贡献中减去14美元传播费用才是其净贡献(173.50美元)。

　　由于开展了表中所列举的营销传播活动，摇摆不定的顾客群体的需求份额预计提升10%。这使得该品牌拥有了44%的需求份额，使收入达到440美元。但是，尽管收入有所提升，其费用也提高了，其收入的80%(352美元)需要用于覆盖非传播方面的费用。因此，在减去20美元的营销传播费用之后，该群体的净贡献只剩下68美元。

新兴顾客群体对该品牌的营销传播活动有着很高的接受度。因此，该公司能够将该群体的需求份额提升40%，达到14%，从而使其所带来的收入提高到了140美元。这些收入的80%(112美元)需要用于非传播方面的费用。在减去了整合营销传播投入所需要的17美元之后，该公司从这一群体能够获得11美元净贡献。

很遗憾，整合营销传播活动在问题顾客群体中所引发的需求份额的变化是微乎其微的。管理者并不希望针对这一群体在传播上投入太多，但同时也意识到，这些顾客至少也会接触到一定数量的传播。因此，我们可以设定针对这一群体所花费的传播费用是4美元，最终结果是其需求份额也得到了提升，尽管只提升了区区3个百分点，使得该群体的需求份额达到了15%。这样，品牌的收入就变成了154.5美元，其中139.05美元要用于非传播方面的费用，再减去4美元的传播费用，该群体所带来的净贡献为11.45美元。

完成了这些计算之后，我们可以估算出这四个群体的真正的顾客投资回报。在这一计算中，只需要用到三行数据：

- 第12行，在"不进行传播投入"的情境下的净贡献；
- 第22行，在"品牌进行传播投入"的情境下，品牌传播的总费用；
- 第28行，在"品牌进行传播投入"的情境下的净贡献。

对于每个顾客群体而言，我们可以看到两种不同情境下的净贡献，其增量收益或者亏损(第30行—第29行)。因为我们比较的是减去所有传播方面的费用之后的净贡献的价值大小，所以，我们的目标是确定，在传播活动进行的特定时间内，每个现有顾客或者潜在顾客给企业带来的盈利率的变化。为了确定顾客投资回报率，需要用第31行中的增量收益/亏损(或者"回报")除以第22行，即品牌传播投入的总费用。

基于这些计算结果，我们可以得出以下结论：

- 忠诚顾客群体所得到的品牌传播费用排在倒数第二，即14美元。与以往相比，该投入并未给该群体的需求份额带来任何影响。但是，另外一种做法是终止传播投入，而那样的话，该品牌在这一关键群体中的需求份额则可能会因此下降20%。而如果花费了这14美元，那么品牌就能维持其需求份额，并且给公司新增23.5美元(173.5美元相对于150美元)的净贡献。因此，最终的计算是，该群体的顾客投资回报率为168%{ ($173.5-$150)/$14}。

- 在"不进行传播投入"的情境下，摇摆不定的顾客群体的净贡献从60美元上升到了68美元。用这8美元的增量除以20美元的传播投入，我们得出，该群体的顾客投资回报率为40%。

- 针对新兴顾客群体投入的传播费用并没有产生太大的影响，其所带来的净贡献反而从14美元下降到了11美元。尽管该品牌的需求份额提升了40%，但是品牌从其中所获得的额外收益并不足以抵消其所投入的传播费用。该群体带来的亏损是3美元，因此其顾客投资回报率为-18%。这一点充分显示了如下理论的正确性：吸引新顾客需要大量的投入，而且其价值的产生通常需要长时间的积累而非短期就能完成。对于企业而言，在很多情况下，最好的做法是，在加大力度争取新顾客之前，要尽力巩固来自现有顾客的生意。吸引新顾客的价值在这种商业模式中通常很难实现，因为其时间框架实在是太短了。但是，吸引新顾客确实能够为品牌创造长期的价值。对此，第12章会进行详细阐述。

- 针对问题顾客群体所进行的传播投入，其顾客投资回报率也是负的。尽管该群体的需求份额有所提升，但是其净贡献却从12美元下降到了11.45美元，亏了0.55美元，因而其顾客投资回报率为-14%。

　　这一案例是现实世界中的真实情况，但是，为了更好地演示顾客投资回报的计算过程，我们对其进行了调整和简化。因此，所有的预估和计算都是出于演示目的。使用该方法、经历该过程的其他公司，其营销传播活动所带来的回报不会等同于这里的结果，可能会更高也可能会更低。

# 顾客投资回报的高低问题

　　针对这一类估算，人们通常会提出这样一个问题，那就是，如何确定什么程度的顾客投资回报才是企业可以接受的，什么程度是企业无法接受的。有一点是很明显的，那就是，企业的营销传播管理者总是希望能够将自己与类似的企业或者竞争对手放在一起进行某种比较。很不幸的是，这样的标杆根本不存在，即便存在，使用起来，其价值也是微乎其微。企业各有各的不同，各有各的战略，各有各来自管理层和股东的不同期望。因此，顾客投资回报数字的"高"或者"低"只有一个标准，那就是看其与企业的财务状况或者财务预期是否相匹配。

　　和我们合作过的一些客户会设定一个"基准值"，即他们希望达到的回报率，其范围在20%到50%之间。这些企业相信，他们将自身有限的资源用于其他方面也能获得这样的回报水准。其他一些公司的期望值则可能不那么激进。他们认为，10%到25%的回报就已经很不错了。当然，还有一些企业对回报的期望处于二者之间。

　　判断顾客投资回报高低的真正标准是，将相同的资金投入到企业其他活动中去预期的回报是多少。如果企业对研发投入的预期回报是40%的话，那么这就是一个合适的对照标准。如果对投资新工厂的预期回报是9%的话，那么这也可以作为一个标杆，来与营销传播投资的回报进行比较。同样，所有这一切都取决于企业本身，取决于企业资源的其他用途。不论现在还是未来，企业的营销传播都必须在这样一个框架(不二法门)下进行。

# 一家进行顾客投资回报分析的企业：美国国家银行

接下来的案例展示了作为整合营销传播流程第四步的顾客投资回报分析如何让美国国家银行(出于保密原因，名字作了更改)这一大型金融机构的营销传播规划者受益。该银行要求新上任的营销传播主管确定一笔营销传播预算，并为之提供合理依据，还要进一步预估这一投入带给该银行内部发展最为成熟的信用卡部门的预期回报。这一案例展示了该主管是如何解决这一问题尤其是旨在进行业务拓展的短期传播方案问题的。

## 在进行营销传播投入之前：
## 美国国家银行的信用卡产品组合

2001年年底，当这位新主管开始负责该银行信用卡产品组合部门的营销传播活动之际，他发现这一部门问题多多。在过去五年间，营销传播投入不断下降。而由于前任主管没能给高层管理者提供足够有力的证据来证明该部门的营销传播投入可以为银行带来可衡量的回报，因此公司执行委员会就没有批准该主管的预算申请。因此，投入不断下降，营销传播在这一部门的日常运营中变得可有可无了。

美国国家银行的信用卡生意一向是该银行的摇钱树，其收入主要源自两个方面：

- **信用卡用户为信用透支所支付的利息。** 美国国家银行每年的利息收入就高达24亿美元，超过了所有主要的竞争对手。
- **商家为信用卡交易所支付的服务费。** 美国国家银行预估，2002年，其信用卡净销售额将超过78亿美元，在所有主要竞争对手中排第二。

最近几年，由于经济繁荣加上发展前景喜人，该银行也从中获益匪浅。而且，消费者愿意接受透支消费。经济形势一好，收入自然稳步上升。除此之外，与其主要竞争对手相比，从成本收入比、资产回报率等方面来衡量，该银行都算得上名列前茅，这使得其管理层颇为自豪。

　　这么一来的结果是，该银行的管理层在营销费用方面越发不愿意增加投入。他们的担心在于，一旦费用方面出现显著的变化，那么其关键的财务指标就会在短期内必然恶化，而众多投资者极为关注并紧密监测的恰恰就是这些指标，这就会影响到该银行的股价。

　　但是，在以六个竞争对手为标杆，对银行近来的表现和市场地位进行了一次全面的评估之后，新的营销传播主管捕捉到了几个令人不安的趋势，这些趋势如果得不到应有的重视就可能造成公司发展迟滞，盈利率下降。尤为让他担忧的是，该银行与其两大主要竞争对手，即沃切斯特银行和国家山谷银行，以及一家规模不大但是市场动作非常激进的对手花园城银行相比，其市场地位岌岌可危。表10.5所展示的是他的分析，其中包含了三家竞争对手的数据。

　　他发现的问题有：

- **增长率明显低于竞争对手。** 该银行的信用卡业务增长率大约为3%左右，而其两个主要竞争对手的增长率则高出两倍还多。

- **营销投入过低。** 低增长至少有一部分原因是因为营销活动的投入过低。比国家银行增长速度更快的竞争对手在营销传播方面的投入非常大。事实上，在该地区的四大主要银行中，美国国家银行在营销传播方面的投入是最少的。比如说，该银行2001年的线上营销传播投入只有20.7万美元，而沃切斯特银行则投入了将近53.5万美元，国家山谷银行的投入则高达125万美元，花园城银行的投入更是达到了令人咋舌的472.5万美元。以单位信用卡用户的传播投入来衡量，美国国家银行仅为0.14美元，远远落后于其他银行。

- **市场份额不断下降。** 美国国家银行的总收入中，来自利息和交易费用的收入占比已经从五年前的26%下降到了今天

的21%。营销传播主管算了一下，市场份额的这种下降程
度相当于该银行损失了4500万美元的利息和交易服务费用
收入。

- **信用卡用户的皮夹子份额不断下降。** 在其旗下的信用卡
用户中，美国国家银行已经意识到，其需求份额，也被
称为"皮夹子份额"，从五年前的69%下降到了2001年的
62%。研究表明，有一半以上的美国国家银行信用卡用户
拥有不止一张信用卡，有时候随身携带两张、三张甚至四
张信用卡。该银行一直在紧密监测自己在信用卡用户中的
皮夹子份额——用户在消费时使用美国国家银行的信用卡
进行购买的比例是多少，而使用其所携带的其他信用卡进
行消费的比例是多少。这一数字已经被大家公认为是判断
顾客忠诚度和银行未来业务发展趋势的一个重要指标。根
据当下的交易率，该主管估算出，美国国家银行的皮夹子
份额每下降一个百分点，就意味着该银行的交易费用收入
下降500万美元。因此，过去五年间7个百分点的份额下降
相当于该银行损失了将近3500万美元的收入。

表10.5　美国国家银行及其竞争对手

| | 美国国家银行 | 沃切斯特银行 | 花园城银行 | 国家山谷银行 |
|---|---|---|---|---|
| 客户数量 | 1,435,000 | 1,225,000 | 950,000 | 1,515,000 |
| 欠款余额 | $2.4billion | $1.9billion | $531million | $1.8billion |
| 信用卡净销售额 | $7.8billion | $6.75billion | $1.1billion | $11.2billion |
| 年增长率 | 3.0% | 2.3% | 8.8% | 6.3% |
| 营销传播费用 | $207,000 | $535,000 | $4,725,000 | $1,250,000 |
| 单位用户营销传播费用 | $0.14 | $0.43 | $4.97 | $0.83 |
| 市场份额 | 21% | 18% | 3.3% | 27.0% |
| 皮夹子份额 | 62% | 79% | 85% | 71% |

皮夹子份额的不断下降让这位新上任的主管尤为不安。为此，他采
取的第一个步骤是确定该银行的信用卡用户使用其他信用卡所产生的收

入总额。他发现，在当下，在其用户高达78亿美元的总消费额中，美国国家银行的皮夹子份额大约为62%。这让该主管认为，该银行还有38%的机会。该银行的用户用其他公司的信用卡消费了将近48亿美元。基于每年1.1%的标准交易服务费率，他算出，每年在美国国家银行的现有信用卡用户中，大约有5300万美元的收入本应归属该银行，但是却令人遗憾地流失了。

除此之外，就这48亿美元的消费而言，银行本还可以从中获得利息收入。该主管估计，每年该银行所损失的利息收入高达4640万美元左右。将这两项收入加在一起，该银行所损失的交易费和利息收入达到9940万美元，不能不令人惊叹。如果该银行能够获得剩下38%皮夹子份额所产生的所有花费，那么就可以从其信用卡业务中增加获得这么多收入。

很显然，百分百地获得这些消费也是不太可能的，但是这仍然很好地展示了该银行可能获得的潜在收益，而今，这些收益被拱手送给了竞争对手，问题的关键在于这些收益完全来自其自身的现有用户。这样一种计算方式很明确地界定了现存的潜能，而获得这些潜在收入恰恰是营销传播的努力方向，也是衡量营销投入是否成功的标准。

如同拼图的最后一块，营销传播主管还需要搞清楚一件事，那就是，了解这些信用卡用户为什么会忽视或者不接受美国国家银行的信用卡产品和服务。正如先前提及的那样，市场研究表明，该银行一半左右的信用卡用户拥有不止一家银行的信用卡。其他分析表明，其中一半左右拥有两张以上的信用卡，将近20%的用户过去一年间在首选信用卡时会转换使用不同银行的信用卡。很显然，如果不能扭转这种趋势，美国国家银行的信用卡皮夹子份额还会继续下降，相应地，其收入和利润也会不断下降。在这里，关键的问题在于这些用户为什么不愿意将美国国家银行的信用卡作为首选卡使用。我们仍然可以通过研究来获取顾客洞察。在所有不再将美国国家银行信用卡作为首选卡的用户中，一半左右给出的回答基本上是一致的：其他竞争对手的银行为他们提供了有吸引力的用户奖励活动。

至此，这位新上任的主管已经意识到了其所面临的问题的严峻性，究竟是什么原因造成了这些问题，如果他真的能解决这些问题，那么他能为银行带来多大的回报。我们可以清楚地发现，至今为止，他所做的一切基本上就是整合营销传播流程中的第一、第二和第三步。通过这样一个过程，他已经开始估算，一个有针对性的营销传播方案能够取得什么样的结果。有一点是很清楚的，那就是，他已经意识到，一个深思熟虑并得到有效执行的整合营销传播计划一定能够为他提供一个有效的解决方案，帮助美国国家银行阻止其信用卡产品组合的价值的不断下降趋势。

## 整合营销传播的故事线

要让高层管理者认可这一最终能够解决银行信用卡业务所面临的挑战的战略性解决方案，新上任的营销传播主管必须发展出一个强有力的"故事线"。这一提案需要精确地界定问题之所在，提供建设性的解决方案，详细地陈述支撑证据，充分地阐述该解决方案所基于的假定，最终还要描述清楚所期待的回报。该主管了解，其前任因为不能提供一个有根有据的提议因而最终未能获得上司的认同。因此，他打定主意不能重蹈覆辙。他根据下文将详细分析的方式来发展其故事线，总结了当下所面临的情形，然后建议该银行采纳相应的解决方案。

### 当前情况

这位主管所提出的计划有一个根本的前提，那就是，需要将传播视为投资而不只是企业的花费而已。这一概念过去从未在该银行中获得过充分的发展和支持，也并没有人对此进行过很好的解释和说明。在回顾以往所提出的活动建议时，这位新主管发现，其前任在提出其建议时所采用的方式是完全避开对投资回报的预测。事实上，其前任总是说，精准地衡量营销投入的回报是很艰难的。他总是假定，因为固有的滞后反应，营销活动必须经过一定的时间才能产生效果，而且营销活动的效果很难与顾客的行为相关联。因此，能够进行的衡量只是基于顾客的态度，无法与现金流增加和顾客转换之类业务总目标直接挂钩。

而新主管则坚信，如果改变这些假定，他就可以找到新的方法，回答高层管理者提出的问题。

## 解决方案

该主管建议银行推行一套新的营销传播投入指导原则。该银行不仅需要衡量其营销传播投入，为其提供正当理由，而且还需要明确其应该投入的业务领域以及从这些投入中可能获得的回报。

为信用卡部门开展营销传播活动，该主管采用了整合营销传播驱动下的新方法，并设定了两个主要目标：

- 展示美国国家银行如何衡量其营销传播投入的回报。
- 为美国国家银行信用卡计划确定一个合适的营销传播投资力度。

他坚信，这种做法的最终结果可以帮助高层管理者更好地比较不同的投资选择，其评判标准是看同样数量的企业资源分别投入到营销传播活动中与投入到其他领域中各自所带来的回报。

该营销传播主管接下来向高层管理者提出了一个由三个部分组成的计划，该计划主要基于一种持续投入的方式，试图吸引新客户，并且提升现有信用卡用户的皮夹子份额。这三部分主要投入是：

- 该银行推出金卡、普通卡和特殊利息信用卡，吸引更多新用户
- 针对经过挑选的有信用的现有用户，提高其信用额度
- 推出激励措施，促进现有用户的消费需求

该计划针对每一方面的投入都提出了详细的顾客投资回报预估，展示了其预期回报，既包括短期回报也包括长期回报。

## 如何计算顾客投资回报

这一建议暗含一个关键前提，那就是，只有顾客才能为美国国家银

行带来回报，而顾客有可能受不同类型的营销传播活动的影响。因此，该营销传播主管就将营销传播活动所产生的收入结果与受到影响的顾客关联在一起，而不是与传播活动的传送系统关联起来。广告、营销和营销传播活动只是一些工具和技巧而已，该银行利用这些工具和技巧来对其信用卡用户进行投资，从而影响他们的行为。

能够做到这一点的一个原因在于，该银行在涉及顾客知识和信息方面处于一个独特的位置。该银行与其所服务的每个信用卡用户之间存在着一种持续不断的一对一的关系。这一关系之所以存在，是因为银行长期以来一直在有效地捕捉并保存每一个信用卡用户的消费活动的数据。这么大量的优质数据使得信用卡营销团队能够充分地理解并有效地衡量收入、购买率、皮夹子份额以及产品毛利。使用这些数据能够显著地完善该团队所发展的顾客投资回报模型，使得该团队本身也满怀信心。

最后，为了满足高层管理者所设定的目标，该团队成员需要估算营销传播活动最终的成本收入比。高层管理者用这种评估和衡量方式来判断究竟哪些活动最终能够符合其所设定的投资指标。这里的指导原则是，该银行的任何一次投资花费都不能超过该投入可能获得的收入回报的40%。通过在其营销传播投入模型中引进这一额外的计算，营销者能够向高层管理者保证其营销活动的花费不超过40%这一成本收入比。

在确定美国国家银行对其信用卡用户所进行的营销投入的合适力度过程中，其第一步是建立一个顾客投资回报模型，也就是本章开头所描述的模型，只不过要根据该银行的具体情况进行一下调整，形成一个定制模型。其营销传播主管推算，如果对现有用户完全不进行任何投入，那么银行在这些用户中的皮夹子份额就有可能在接下来的一年里从原先的62%下降到60.5%。而在另一方面，如果能够根据该主管的提议进行一定的营销投入，那么可以期待的结果是其核心用户群的皮夹子份额能够提升20%，从而使得银行在其核心用户中的皮夹子份额提升到平均74%。

图10.1展示了营销传播主管向高层管理者提供的顾客投资回报分析的一部分。事实上，该分析针对的是十多个现有顾客和潜在顾客群，这里展示的是其中四个。该模型的目的是解释信用卡团队所相信的营销传

播投入可能带来的额外收入。

　　如图所示，这里的目标是要确定这些针对不同顾客群所进行的营销传播投入为银行带来的增量财务回报有多少，而不是确定该部门的总收入或者利润有多少。该主管认为，通过吸引新顾客而促进业务增长的增量价值法同样也适用于维持现有顾客。他又进一步推测说，这一做法甚至可以广而推之，用来判断该银行应该在什么时候以及如何摒弃那些获利甚微但又不得不勉力维护的用户。简而言之，顾客投资回报的分析流程对于管理顾客来说真是一个极为重要的核心工具——是该主管梦寐以求的工具。

　　该流程的第一步是将该银行的信用卡产品组合的所有用户划分为四个群体，分别为金卡用户、普通卡用户、信用额度增加用户和特殊利息用户。该主管估算，平均而言，每个群体每年的信用卡使用需求都会提高将近12个百分点，即表中第3行所展示的。该主管进而了解，美国国家银行目前所获得的皮夹子份额将近62%。因此，这就成了每个群体的皮夹子份额的基数(第5行)。

　　信用卡团队认为，根据其以往经验，不同用户群体所需要的非传播费用会有所不同(第7行)。因此，每个群体也会相应地体现不同的边际贡献(第8行和第9行)。而就"不进行传播投入"情境的结果来看，该团队预估，这一期间，每个群体的皮夹子份额会下降将近2.5个百分点(第10行)。

　　从情境B开始，该主管策划了不同的品牌传播活动，并明确了每个活动所需要的投入。在这里，我们并没有展示出每个活动的细节，相反，我们将所有的活动整合成一个总的投入数额。这一数额代表的是针对每个群体(第16行)所推出的传播活动的投资情况。第17行显示的是该主管对这些活动可能带来的回报的预估。他推断，每个接触到营销传播活动的用户群体，其皮夹子份额将会产生20%的变化。据此，他推断出了品牌的传播费用，如第21行所示。这确保他在营销传播方面的投入最终能够给他带来第22行所展示的净利润。

　　在最后的部分(顾客投资回报计算)，该主管及其团队判定，如果营销传播活动能够按计划进行，那么除了特殊利息信用卡用户(第26行)之外，所有的用户群体都能获得超过700%的增量顾客投资回报。

| 目标顾客群体: | 金卡用户 | 普通卡用户 | 信用额度增加用户 | 特殊利息用户 |
|---|---|---|---|---|
| **类别需求假定** | | | | |
| 1　该群体的用户数量 | 1,841 | 19,676 | 2,137 | 6,583 |
| 2　过去对该产品类别的需求 | $895,000 | $4,307,300 | $725,207 | $2,175,621 |
| 3　预估的需求增减率(%) | 12.0% | 12.0% | 12.0% | 12.0% |
| 4　调整后对该产品类别的需求 | $1,002,400 | $4,824,176 | $812,232 | $2,436,696 |
| **基本收入假定** | | | | |
| 5　皮夹子份额基数 | 62.0% | 62.0% | 62.0% | 62.0% |
| 6　流向我们的收入基数 | $621,488 | $2,990,989 | $503,584 | $1,510,751 |
| 7　非传播方面的费用(产品成本、固定费用和管理费用等) | 33.0% | 26.0% | 28.0% | 38.0% |
| 8　边际率贡献(%) | 67.0% | 74.0% | 72.0% | 62.0% |
| 9　边际贡献额($) | $416,397 | $2,213,332 | $362,580 | $936,666 |
| **情境A: 不进行传播投入** | | | | |
| 10　皮夹子份额的变化 | -2.5% | -2.5% | -2.5% | -2.5% |
| 11　最终的皮夹子份额 | 60.5% | 60.5% | 60.5% | 60.5% |
| 12　最终流向我们的收入 | $605,951 | $2,916,214 | $490,994 | $1,472,982 |
| 13　减去非传播方面的费用(产品成本、固定费用和管理费用等) | -$199,964 | -$758,216 | -$137,478 | -$559,733 |
| 14　减去品牌传播方面的费用 | $0 | $0 | $0 | $0 |
| 15　净贡献 | $405,987 | $2,157,999 | $353,516 | $913,249 |

（续）

| 目标顾客群体： | 金卡用户 | 普通卡用户 | 信用额度增加用户 | 特殊利息用户 |
|---|---|---|---|---|
| 类别需求假定 | | | | |
| **情境B：进行品牌传播投入** | | | | |
| 16 品牌传播总投入 | $6,200 | $59,250 | $5,500 | $95,000 |
| 17 皮夹子份额的变化 | 20.0% | 20.0% | 20.0% | 20.0% |
| 18 皮夹子份额 | 74.4% | 74.4% | 74.4% | 74.4% |
| 19 最终流向我们的收入 | $745,786 | $3,589,187 | $604,300 | $1,812,901 |
| 20 减去非传播方面的费用（产品成本、固定费用、管理费用等） | -$246,109 | -$933,189 | -$169,204 | -$688,903 |
| 21 减去品牌传播方面的费用 | -$6,200 | -$59,250 | -$5,500 | -$95,000 |
| 22 净贡献 | $493,476 | $2,596,748 | $429,596 | $1,028,999 |
| **顾客投资回报计算** | | | | |
| 23 情境A下的净贡献 | $405,987 | $2,157,999 | $353,516 | $913,249 |
| 24 情境B下的净贡献 | $493,476 | $2,596,748 | $429,596 | $1,028,999 |
| 25 相对于"不进行传播投入"情境的增量收益/亏损 | $87,489 | $438,750 | $76,081 | $115,750 |
| 26 顾客投资回报增量 | 1,411% | 741% | 1,383% | 122% |
| 27 成本收入比 | 34% | 28% | 29% | 43% |

图10.1　信用卡的顾客投资回报分析

注：类别需求假定——对该类花费的总额进行预估。

基本收入假定——对皮夹子份额、收入份额以及额度任何进一步的皮夹子的盈利基线。

不进行传播投入——如果我们不进行任何进一步的传播活动，那么应该建立一下的盈利基线。

进行传播投入——如果我们针对每个顾客群体进行传播活动，需要所有的固定和变动成本的份额进行基本的假定。

顾客投资回报计算——确定传播活动给可能给该银行带来的增量收入或者亏损。

除此之外，该主管还计算出了这些活动所针对的每个用户群体的成本收入比。正如表格下面所展示的那样，其中预估的三个群体的成本收入比低于高层管理者为整个公司所设定的40%的指导原则。如果这一活动同样针对特殊利息用户群体进行的话，那么就无法满足该指导原则。基于这一分析，该主管及其团队了解，尽管特殊利息用户群体通过一定的推广最终还是能够有所盈利的，但是，如果将所有投入都聚焦于前面三个用户群体的话，那么该银行从中所获得的回报将会更高。

为了给即将提交给高层管理者的计划提供更多的支撑，该主管针对其提议的三个活动逐一发展出了更详尽的长期和短期的顾客投资回报预测(因为许多支撑数据需要保密，所以在呈现这些信息时我们只进行有限的评论)。

- **吸引新顾客的推广活动**。图10.2展示了计划开展的吸引新用户活动的回报预测。正如所展示的那样，根据预测，在12个月后，吸引新用户活动的顾客投资回报率将达到54%，而25个月后会上升到483%。吸引到的新用户，在最初的几个月，其成本收入比相对会比较高，但是25个月后，就能控制在管理层所设定的40%，甚至更低。

- **提升部分用户的信用额度**。在所有的活动计划中，提升部分用户的信用额度的计划的回报是最高的。图10.3展示，在10个月后，其回报会超过1000%，到第一年底仍然能够保持这一水准。同样重要的是，在两年后，信用额度推广所带来的回报超过了2200%。最令人激动的是，这一活动的成本收入比从一开始就低于40%这个管理层所设定的限度，而且在两年后会下降到22.1%。

- **推出旨在促进信用卡用户消费需求的激励措施**。第三个营销传播活动是针对那些符合一定花费或使用条件的顾客，大力发展优惠计划，或者提供独特的商品。不幸的是，在这一方面，该主管缺乏足够的内部数据来支持其建议。自从信用卡部门的传播费用不断下降以来，数据收集活动也

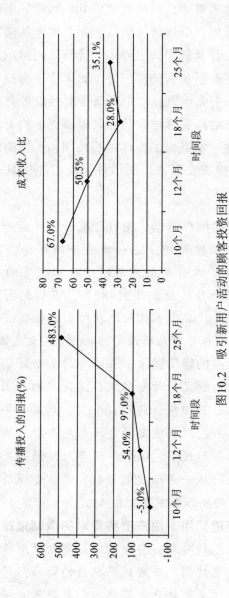

图10.2 吸引新用户活动的顾客投资回报

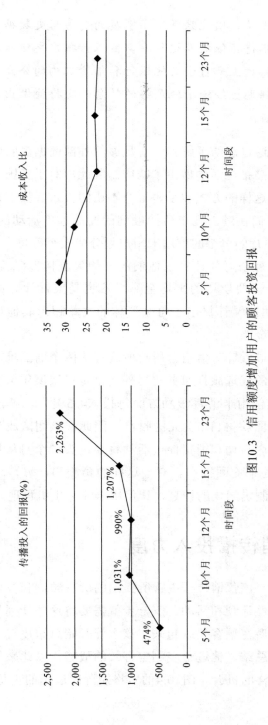

图10.3　信用额度增加用户的顾客投资回报

被迫中止了，因此只保留了零星的交易历史数据。最终，该主管不得不依靠其过往在其他银行推广类似活动所积累的经验，加上来自于其他银行和借贷机构的公开数据。不过，这样也已经给了他足够的信息，支持他做出有一定依据的推断。

该团队成员通过总结了解到，有足够的外部证据表明确实有信用卡用户对不同的商品推广活动做出了响应。因此，对于美国国家银行的信用卡用户而言，这样的方式似乎是一个不错的投入。接下来，该营销传播主管基于用户们在过去几年所接触到的商品推广活动的数量(从零个到五个)，将该银行的单个的信用卡用户划分成五个群体。

然后，针对每个群体计算出他们的平均欠款情况(欠款额是指每个月的月末信用卡需要偿还的平均金额。这也是银行计算用户利息的基础。)然后，该团队又计算出了每个群体的欠款超出其他群体的概率以及所超出的具体金额。

基于该银行最近针对信用卡用户所进行的两个商品推广活动，一个是针对假期推出的优选旅行服务，另外一个是餐饮俱乐部服务，该团队估算出该银行在信用卡消费激励方面每投入4.5美元，就能从交易服务费用和净利息方面获得11.5美元的收益。因此，该团队成员算出，其计划推出的商品推广活动和消费促进活动将会在头12个月从每个用户那里获得高达255%的平均回报率。有了这样的预测和计算，这位新主管就可以成竹在胸地制定细化的计划，让信用卡业务生机再现。

## 合适的营销传播投入力度

到目前为止，该营销传播主管所提出的所有预测和投入都还是基于其所提议的战术性计划和活动。下一步就需要将这些计划与活动跟所针对的现有顾客和潜在顾客关联起来。该主管开始总结皮夹子份额和欠款情况。通过这一总结，他进一步制定有效的战略，以此来体现他认为可能存在的各种各样的机会。图10.4的六格矩阵所展示的正是其做法。

正如该矩阵所示，该主管将美国国家银行所有的信用卡用户都放进了矩阵中的每一个方格中。其中，横轴所展示的是欠款余额。他将所有潜在用户划分为两个群体：一个群体的欠款余额低于1500美元，另一个高于1500美元。

在纵轴上，他所展示的是美国国家银行目前的用户皮夹子份额。这个维度又被划分为三个群体：(a)只拥有其他机构信用卡的用户，或者其美国国家银行的皮夹子份额为零的信用卡用户；(b)拥有一张美国国家银行信用卡的用户，但是他们对其信用卡的需求低于64%；以及(c)拥有一张美国国家银行信用卡的用户，并对其信用卡的需求高于64%。

这一矩阵使得该主管能够发展出六个用户推广群体。在每个方格中，该类别的用户数量是给定的，而且也明确地界定了一个适用的营销传播战略。例如，针对群体A和C的战略可能是试图增加他们的信用卡使用量，因为这些群体的用户对美国国家银行有着很高的忠诚度。而对群体B的策略则可能是着重维护这些用户。这些用户目前的价值很高，而且相对也比较忠诚，因此该银行并不愿意失去这些用户。所以，针对这一群体的目标就可能是维持住他们，并努力让他们对银行的服务感到满意。群体D则似乎呈现出很重要但尚未实现的潜能。因此，针对这一群体的传播努力就应该致力于(a)尽量捕捉或者说重新捕捉用户在竞争对手信用卡上的花费，努力让他们转用美国国家银行的信用卡，(b)试图让他们将欠款余额转到美国国家银行来，然后(c)努力说服他们增加使用美国国家银行的信用卡的频次。

群体E和F显然是该银行目前所面临的最大挑战。群体E可以进一步划分为两个群体，尽管这两个小群体的欠款余额都不超过1500美元。上一层群体，总共约有62.4万个用户，和该银行之间保持一定的关系，但同时也拥有一张竞争对手的信用卡。下一层的群体约有371.7万用户，和该银行并无关系，没有美国国家银行的信用卡。考虑到这一群体相对较低的欠款余额，大家觉得，如果针对这一群体进行投入以期未来可以更深入地渗透这一群体，其回报可能尚不足以覆盖其费用。因此，该银行不会针对这一群体进行任何营销传播投入。

群体F也同样可以再划分为两个群体。下一层群体约有127.5万个潜

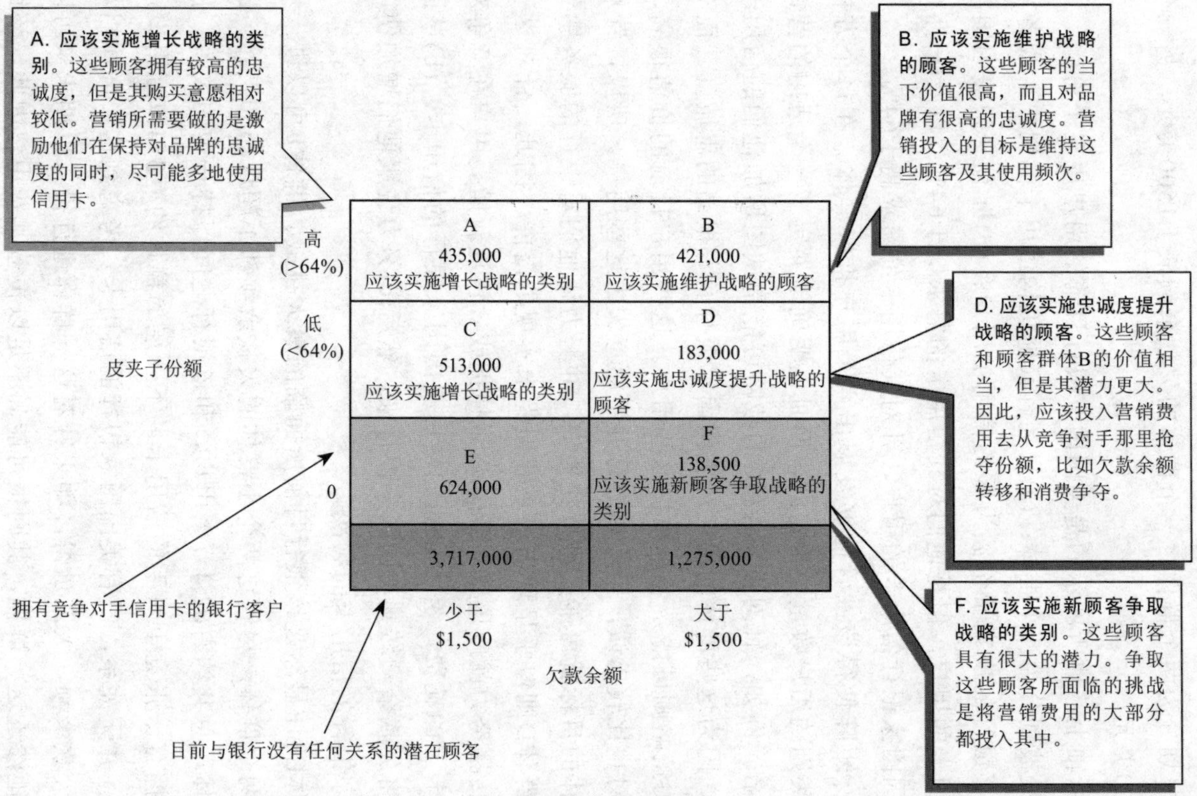

B. 应该实施维护战略的顾客。这些顾客的当下价值很高，而且对品牌有很高的忠诚度。营销投入的目标是维持这些顾客及其使用频次。

D. 应该实施忠诚度提升战略的顾客。这些顾客和顾客群体B的价值相当，但是其潜力更大。因此，应该投入营销费用去从竞争对手那里抢夺份额，比如欠款余额转移和消费争夺中。

F. 应该实施新顾客争取战略的类别。这些顾客具有很大的潜力。争取这些顾客所面临的挑战是将营销费用的大部分都投入其中。

A. 应该实施增长战略的类别。这些顾客拥有较高的忠诚度，但是其购买意愿相对较低。营销所需要做的是激励他们在保持对品牌的忠诚度的同时，尽可能多地使用信用卡。

| | | A 435,000 应该实施增长战略的类别 | B 421,000 应该实施维护战略的顾客 |
|---|---|---|---|
| 皮夹子份额 | 高 (>64%) | | |
| | 低 (<64%) | C 513,000 应该实施增长战略的类别 | D 183,000 应该实施忠诚度提升战略的顾客 |
| | 0 | E 624,000 | F 138,500 应该实施新顾客争取战略的类别 |
| | | 3,717,000 | 1,275,000 |
| | | 少于 $1,500 | 大于 $1,500 |
| | | 欠款余额 | |

拥有竞争对手信用卡的银行客户

目前与银行没有任何关系的潜在顾客

图10.4　六格矩阵

在用户，与该银行不存在任何关系。上一层群体只有13.85万个用户，他们是该银行的现有客户，但是只拥有和使用竞争对手的信用卡。不过，所有这些潜在用户似乎都大有潜力可挖。因此，该主管的计划是把大部分营销传播费用都投到这一群体上。

　　基于这里所展示的顾客价值评估办法，该主管接下来又针对每一个计划中的营销传播投入发展出了一套令人信服的预算和商业计划，表10.6对此进行了总结。该计划围绕着图10.4中独立的核心用户群体进行。该表的左边列举了每个活动预期的顾客投资回报，还列出了每个用户群体的回报。该主管将计划开展的活动聚焦于其所挑选的三个在顾客投资回报方面最具潜力的活动——吸引新用户、增加信用额度和促进用户增加信用卡使用量的激励措施。除此之外，还有一些计划开展的活动，包括维护某些关键顾客群体的营销努力。

　　正如所展示的那样，群体A中的信用卡用户可能会接触到三个营销传播活动，包括一次俱乐部推广活动、一次与大型百货连锁商店共同开展的店内零售推广活动以及一次旅行保险推广活动。针对这些用户的营销传播活动费用大约为4万美元。按照预估，这些活动应该能够带给银行大约11.9万美元的增量收入。这样，下一年的顾客投资回报就能够达到大约298%。其实，这已经是最低的顾客投资回报预估了，因为群体B、D和F的顾客投资回报预估分别达到469%、399%和306%。整个营销活动的费用大约为468万美元，而按照预估可以为该银行带来超过1550万美元的收入，其整体的顾客投资回报达到332%。

　　很显然，最后，我们仍然需要回答两个问题：高层管理者最终批准了这些新的营销传播建议了吗？如果批准了，那么这一活动在实际推广到市场上去之后确实产生了预期的效果了吗？这两个问题的答案都是"是的"。该银行的高层管理者批准了该主管的预算要求以及针对信用卡用户提出的投入需求。他们发表了这样的评论：这是该银行有史以来第一次由一个营销传播主管提出了一个真正的商业计划，也就是说，既提出了营销传播方面的投资计划，同时也提出了预期的回报。因此，该主管充分地利用了顾客投资回报的方法来为自己的建议和预估提供了有力的证据，从而做到"新官上任就烧出了一把火"，着实开了个好头。

表10.6  按用户群体分的传播预算(单位：美元)

| 顾客投资回报 | 细分群体 | 投入 | 建议预算 | 收入增长预估 |
|---|---|---|---|---|
| 140% | A | 俱乐部服务 | 10 | 14 |
| 250% | A | 店内零售促销 | 15 | 38 |
| 450% | A | 旅行保险 | 15 | 68 |
| 298% | | 群体A的总和 | 40 | 119 |
| 225% | B | 信用额度增加 | 100 | 225 |
| 375% | B | 最佳顾客维护礼包 | 50 | 188 |
| 475% | B | 普通维护措施 | 75 | 356 |
| 850% | B | 旅行保险 | 75 | 638 |
| 469% | | 群体B的总和 | 300 | 1,406 |
| 140% | D | 优先顾客积分 | 75 | 105 |
| 225% | D | 俱乐部服务 | 10 | 23 |
| 250% | D | 信用额度增加 | 50 | 125 |
| 375% | D | 最佳顾客维护礼包 | 20 | 75 |
| 625% | D | 顾客重新争取计划 | 75 | 469 |
| 800% | D | 旅行保险 | 30 | 240 |
| 399% | | 群体D的总和 | 260 | 1,036 |
| 150% | F | 针对从外部获得的潜在顾客名单进行的促销 | 750 | 1,125 |
| 150% | F | 基于网络的促销 | 10 | 15 |
| 300% | F | 新客户促销 | 350 | 1,050 |
| 500% | F | 银行内不同分支之间的顾客交叉争取活动 | 500 | 2,500 |
| 306% | | 群体F的总和 | 1,870 | 5,726 |
| 332% | | 所有顾客的总和 | 4,680 | 15,539 |

市场对这一计划的响应甚至超出了该信用卡团队的预期。由此可见，该方法是合理、有效的，其证据在于其财务回报，要知道，这是任何一个顾客投资回报计划的关键所在。

# 总结与预览

　　本章所展示的顾客投资回报框架显然是非常有效的。当然，这么做确实需要人们投入一定的时间和精力，而且还需要调整自己的思维模式，要以新的方式去思考问题，就如同美国国家银行这一案例所揭示的那样。但是，这么做的真正美妙之处则在于，这样的系统一旦建立，管理者就可以随时地调整和加强营销传播活动，并总是能够证明公司通过营销传播工具对顾客的投入是有回报的。正如我们在下一章将要展示的那样，这种回报并不只是即时的、短期的，同时也是长期的、持久的。

# 参考书目

1. This material is derived from *Measuring Brand Communication ROI*, Don E. Schultz and Jeffery S. Waters (New York: Association of National Advertisers, Inc., 1997).

# 第 11 章

# 估算顾客投资的长期回报

前 面一章从短期的业务拓展的角度提供了一个计算顾客投资回报
的框架，但是那只完成了整合营销传播流程第四步的一半而
已。尽管绝大多数营销人士谈论起短期内的营销销售业绩的传播活动都显
得比较自在，但是我们在本章将要进入的却是一个大家不太熟悉的领域。
在这里，我们聚焦于如何衡量营销传播所产生的对品牌建设和企业总体价
值的长期影响(见第9章)。这一任务需要我们掌握一系列新的衡量标准，
拥有新的财务管理能力，以及最为重要的一点，针对一组全然不同的顾
客——公司的所有者或股东——所设定的全然不同的价值衡量标准。在这
里，我们会给大家提供一个衡量传播活动长期回报的方法论。然后，我们
还会展示一个案例，更好地说明这种方法论的实际运用。

## 衡量长期回报的重要性

正如本书至此为止一直在强调的那样，一个企业的真正价值体现在
其当下所产生的现金流以及在未来仍将持续不断地产生的现金流。管理
层通常认为，当下所获得的回报在很大程度上是由企业短期的营销传播
投入所创造的。这些增量回报是营销传播投入最显著的结果，因此也一
直得到最大的关注。因此，有人认为长期回报对于企业的价值没有那么
大——在绝大多数会计和财务估值系统中，人们都抱有这一看法。本书

第9章中所提及的净现值(NVP)和折现现金流(DCF)概念所基于的假定就是，企业当下所获得的收益比未来所获得的等量收益更有价值。因此，任何一种NPV的计算方式都会有一定的折扣，因为存在着风险、金钱的时间价值、投资机会成本、灵活性损失等因素。尽管对于一个企业的营销和传播计划来说，顾客忠诚度通常会占据至高无上的地位，但是有一点仍然是不能轻易忘记的，那就是，顾客未来给企业带来的收益总是比不上他们当下给企业带来的同量收入。但是，人们还必须牢记另一点，那就是，这些增量收入只占企业总销售和总价值的很小一部分。

在评估营销传播投入的长期回报时，另外还有一个值得重视的考量因素，那就是，维持来自现有顾客的当下收益所付出的成本通常低于为获取或者试图获取新顾客及其收入的代价要低。许多营销专家都认为，争取一个新顾客所付出的成本通常是维持一个现有顾客的成本的五到十倍。[1]很显然，对于任何一个企业而言，单从其当下的现金流而言，让现有顾客不断地购买自己的产品而不是不断地试图吸引新顾客，确实是益处颇多。除此之外，源源不断地来自顾客的稳定收入使得企业的运营管理和财务管理都变得格外轻松。

但是，就长期顾客收入这一概念而言，仍然存在着一些问题。根据当前的会计制度，不管其回报发生在何时，当前阶段针对一个顾客的任何营销传播投入都必须视为当前阶段的费用。因此，尽管长期回报会发生，也经常发生，但是这些回报的产生也需要一定的费用投入，而这些费用需要记入当前财年的账中。

---

### 在整合营销传播策划过程中使用折现现金流进行估算

在试图评估传播活动所产生的长期影响时，营销人员毫无例外地会预测来自一个或一群顾客因为受到传播活动的影响而为企业所带来的长期收益。但是，这么做，他们必须意识到，这些预测会受到风险的影响，而且预估的收益应该要打折，一方面需要反映未来的不确定性，一方面也需要体现金钱的时间价值。

财务分析师采用一种方法把未来的现金流折现成今天的价值(NPV，即净现值)。简单地说，1美元在今天，要比在一年后、两年后或者五年后更值钱。为了表达得更清楚，让我们假定你是一家营销公司的首席执行官(CEO)，你正在试图判断自己的企业究竟需要在各种不同的运营活动上投入多少。你的选择很简单。你可以投入到一次新的营销传播活动中去，也可以将同等数额的资金投入到可以产生利息的政府债券，甚至是放进银行的储蓄账户，以获得确保的收入。由于营销传播管理者事实上无法确保营销传播活动方面的投入肯定会有所回报，因此选择这样的投入总是不可避免地具有某种风险。而也正是由于有这样的风险以及其他因素，采用净现值法或者折现现金流(DCF)法才有了基础。

身为首席执行官的你，如果不愿意承担任何风险，那么你就可以选择更为保险的做法。但是，如果你有胆量拿公司的有限资源进行冒险的话，那么你可能会选择进行营销传播方面的投入。至于说究竟要投入多少，则完全取决于你的业务运营情况以及你特有的管理风格。

可以考虑一下这样一个投资情境，一家企业希望其每一次的投资都能够获得15%的回报，其投资可能是购置新的电脑系统，建造一个新大楼，或者投入新的营销传播活动。该企业必须同时考虑投资产生预期回报所需要的时间长度。因此，一个直到三年之后才能获得15%回报率的投资项目，其价值显然远比不上一个经过12个月就能够获得15%回报率的投资选择。举例说，一个价值1000美元的投资，其实际价值可能为：

第一年：　$869.56　　或者　　$1000/1.15
第二年：　$756.43　　或者　　$1000/(1.15×1.15)
第三年：　$657.89　　或者　　$1000/(1.15×1.15×1.15)
总和：　　$2283.88

三年内每年平均1000美元的收入总和，其价值显然不如今天的3000美元。相反，这一总和真正的价值只有2283.88美元($869.56+$756.43+$657.89)。这一总和所表示的是三年内每年1000美元的总和在经过了15%的折扣之后的净现值。

折现现金流为我们提供了一个更为现实地看待未来收入的视角。它承认来自顾客的未来收入的净现值，同时也评估了企业未来针对某个顾客或者某群顾客可能进行的营销传播活动的投入。折现现金流的估算对于营销传播管理者来说是非常重要的，因为它能够为其营销传播活动提供依据和理由。要时刻牢记的是，当前在手的金钱比未来获得的金钱更有价值，这一看法对分清楚营销传播投入的短期回报和长期回报有很大的帮助。当然，我们仍然面临一个难题，那就是，所有的营销传播投入都是基于未来回报的，这使得情况变得十分复杂。

而且，拥有一批忠诚的顾客，他们对公司所提供的产品和服务、对与公司打交道的体验一直都是满意的，会为该公司提供重大的未来发展机会。这些机会包括交叉销售、升级销售或者让顾客在产品或者服务组合中转换，从而给企业带来额外的销售和利润，而这些销售和利润可能是企业当初不曾预料到的。除此之外，满意度很高的顾客更愿意主动地向他人进行推荐，而这种推荐价值许多企业刚刚才开始意识到，不过许多企业也发现顾客推荐的财务价值很难进行量化。正如互联网和电子商务不断地向人们展示的那样，很显然，随着兴趣社区的不断兴起，关于产品和服务的口碑——尤其是来自具有第一手经验的人或者企业的推荐——已经发展成为一个强有力的既可拓展业务又可维持业务的工具。因此，企业更有理由去不断维护那些体现出很高满意度的顾客，而不只是看中这些顾客在现在或在不远的将来可能给企业创造的即时收入。

尽管对未来收入的折现估算会带来各种各样的挑战，但是，大家都会假定几乎所有的投入(营销传播投入也不例外)能够对企业的业务产生持续不断的或者长期的影响。否则的话，企业为什么要进行这些投资呢？这一方面的例子不胜枚举。企业期待投入到建造工厂的资金会在未来产生价值。而企业对创造知识财产的投入，比如对研发、物流系统、员工培训课程等的投入也一样。因此，尽管营销管理者通常的工作重点是放在完成企业所设定的季度或者年度销售和利润目标，但是企业也希望同时有长期的回报，从而为下一阶段的短期投资和回报打下坚实的基础。事实上，在有些情况下，正是因为企业在当下的产品、顾客或者渠道方面积累了一定的动能，才推动了自身在未来取得成功。那样的动能可以延续到下一个时间框架里，或者帮助企业更好地应对短期内的困难局面。所以，企业所积累的动能可以创造额外的回报，超越常规的回报水平。

回想一下本书开头几章所提及的一点，绝大多数高层管理者所设定的首要目标是业务增长。而业务增长有两个重要的衡量指标，一个是现金流的增加，一个是股东价值的提升。股东价值通常取决于人们所期待的上市公司股价的上涨，取决于更多更丰厚的分红，或者取决于公司对于股东们的长期价值。现金流和股东价值都体现为短期和长期的两个方面。但是，这两个方面的衡量指标则都建立在一个基本的前提之下：不论是在当下还是在将来都能维持住顾客及其所带来的收入。是顾客通过首次购买和持续购买企业所提供的产品和服务在逐渐地为企业创造价值，换句话说，是顾客在为企业带来当下的现金流以及未来的现金流。

# 衡量长期回报所面临的挑战

尽管对营销传播活动投入持续不断的带来的长期现金流进行预测是非常重要的，但是，这种预测要想做到像对当下收益的预测那么精准，却并非易事。为什么呢？在对长期结果进行衡量时，要面临众多不可预估的变量，其不可预估性对于营销传播规划者预测潜在收入的能力来说是一个极大的考验，其中，有四个或者四组主要问题带来的挑战格外严重。

## 当今财会制度中的固有难题

当今全世界各大企业所采用的财会制度对于衡量营销传播投入的长期回报来说是一个很大的障碍。其中，很大一部分是评估那些无形资产或者是未来收入所带来的挑战。基于当今的财会标准，在未来收入真正实现之前，企业无法将之入账，而关于预测收入的规则也变得日益严格。

这种财会制度事实上是简单明了的。每个财政年度从年初开始记账，经过365天后到财政年度年底关账。一旦关了账，企业就重新开始整个流程，启用一个新的账本。因此，如果在某一财年的第四个季度在营销传播活动方面进行投入，而来自于顾客的收入需要到下一财年的第一个季度才能实现的话，当下这一财年将只会显示投资的成本而并无任何回报，而下一财年则会显示收入但并没有任何费用。获取新顾客的活动也是这样，通常在起始阶段其投入成本要大于其回报，而到了后来的会计阶段回报通常就会出现，这给企业及其营销传播管理者带来了很大的会计难题。从本质上讲，营销者今日投入是为了今日获取新顾客，但是必须耐心等待，到了未来的会计阶段来才能充分收回投入，并通过未来获得的收入来赚取利润。

举例来说，一家目录销售公司最初为了吸引到新顾客而在营销和传播方面进行投入，这种投入显然比他们在头几次交易中所获得的利润要大好几倍，这种情况并不鲜见。界定潜在顾客、给他们投寄免费样册和建立订单系统等，这些都是当前阶段的费用。只有在顾客真正购买了产品之后，这些费用才能收回来。而这，可能要等几个月之后。

这种情况也同样适用于许多b2b企业。公司雇佣销售人员，给他们配备推销材料，让他们出去寻找和开发客户，所有这一切都是相当大的费用。但是，这些销售队伍很可能一年半载都带不来任何销售结果或者现金流。二十世纪九十年代末，众多互联网公司的倒闭可以算得上是另外一个这样的例子。搭建一个网站，设置一个配送系统，让人们了解该网站，然后鼓励顾客浏览网站，当然也希望他们能够从网上购买产品，所有这一切都需要烧当下的钱。费用发生的时间和顾客真正开始进行交易的时间，二者之间存在着很长的时间差。因此，直到几个月之后才能实现真正的财务回报，而且，在有些情况下，当然并不是在所有的情况下，不同的商业模式也会带来完全不同的结果。最终的结果是，这些互联网公司在运营资本彻底耗尽之后就不得不关门。

有一个关键的要素是营销传播管理者必须理解的，那就是顾客所带来的长期收入，还要理解这些收入如何受当下费用的影响，这些费用是因为当下在营销传播方面进行财务投入造成的。这是一个挑战，之所以会存在这样的挑战，部分原因在于营销传播管理者在传统上只聚焦于对费用——即企业因为进行各种促销和传播活动而付出的各种费用——进行管理，而不聚焦于这些营销传播投入给企业带来的收入。

## 传播活动滞后效应所引发的难题

关于营销传播，人们通常会这样认为，顾客先是看到或者听到所传播的内容，但是采取购买行动却要假以时日。这就是我们通常所说的传播活动的滞后效应。顾客的响应之所以会有所滞后，原因很多，其中包括顾客当下对该类产品无需求、购买时机问题和在做出最终购买决定前仍需获取更多信息。汽车、需要替换的门窗、海外度假旅行以及选择教育机构都是常见的例子，这些类别需要经历相对较长的购买决策过程。比如说，有些门窗制造商发现，顾客往往要花一年时间来考虑门窗购买问题。因此，任何一个针对门窗的营销传播活动，其回报的实现期通常会在活动推出后的第二年，有时候甚至是在第三年。

营销传播活动滞后效应的例子在b2b的营销传播活动中更是比比皆是。产品设计决策、原材料的筛选、产品研发以及其他活动可能都需要长达数月，乃至数年。b2b公司通常的做法是，在某一个财年中在营销传播方面进行投入的时候就已经深知，要获得预期的回报需要经过一段时间。

由于营销传播回报所固有的滞后效应，对于一个企业来说，要精确判断究竟何时才能获得回报，乃至判断回报究竟是否会发生，均非易事。在绝大多数情况下，企业在面临如何理解顾客在行为层面的回报问题时，其常规做法是利用复杂的统计模型，比如相关分析，或者营销组合模型。在这种做法中，通常会对历史上的销售数据进行分析，并将分析与营销传播活动活动的投入和费用关联起来，从而推断出过去市场回报的情况。但是，这种模型所计算的只是过往所发生的情况，而非未来可能发生的情况。因此，统计模型无法解决如何识别潜在的滞后效应这样的难题。

# 预测品牌忠诚度所引发的难题

通常，人们会将那些忠诚的顾客视为可以为企业带来丰厚利润的顾客，是企业未来收入的最佳来源。但是，最近进行的研究已经开始对这一长期以来为人们所认可的假定提出了挑战。单靠忠诚度本身无法判定一个顾客是否能给企业带来利润。比如说，一个每年只购买一瓶Windex窗户玻璃清洁剂的顾客显然是百分百忠诚的。但是，有一个顾客，每年会购买10瓶窗户清洁剂，其中有3瓶是Windex，他为企业所创造的潜在利润可能是只购买一瓶的顾客的三倍，尽管Windex在这个购买了10瓶的顾客的需求份额中只占了30%。

二十世纪九十年代早期，由弗利德里克·赖克黑德和其他人所进行的研究表明，顾客忠诚度的提升通常会在未来为营销企业创造相当大的利润。[2]举例来说，根据赖克黑德的研究结果，他发现顾客忠诚度每提升5%，企业的利润回报就能增加75%到100%。个中原因正如前文已经讨论到的那样，是因为企业在争取顾客重复购买自己产品方面所需要投入的资源远远少于一开始吸引他们尝试其产品所需要投入的资源。因此，与不断努力以争取新顾客相比，维持顾客的忠诚对于企业而言通常是一个成本更低的投资方式。

通过拥有忠诚的顾客，企业还能够在很大程度上降低由于顾客不稳定购买行为所引发的收益忽高忽低的风险。这就使得企业在运营中确保财务领域有更大的稳定性(可以回顾一下整合营销传播指导原则四提及的降低财务波动风险是任何营销或者传播投入都需要满足的四大主要目标之一)。通过清楚地了解，在未来，比如接下来的两到三年，收入大致会是一个什么样子，企业可以更好地管理好其有限的资源，从而不再过多地依赖外部甚至是内部的资金投入。当然，这一方面也同样存在着挑战，挑战在于如何判定究竟哪些以及多少顾客会始终忠诚于自己的企业，尤其是在当下财年结束之后的几个月时间里。

通过讨论关于如何衡量营销传播投入的长期回报的三个问题，我们可以看出，尽管存在着这样那样的预测方面的问题，在高层管理者对投资所提出的四个要求中，营销传播投入通常还是能够满足其中的三个的。在本书第3章讨论过的指导原则四对此进行了总结：

- 随着时间的推移，营销传播应该增加现金流。需要考虑到的是，在有些类型的传播活动中，传播本身固有的滞后效应可能会严重地影响到企业的成功程度。
- 营销传播应该提高现金流的流入速度，要尽量比正常流入时间提前。也就是说，如果营销传播能够做到让顾客买得更多，买得更早，买得更频繁，或者只是在一个不同的时间点上购买，那么预期收入在当下就能够实现，而无需等到未来。
- 营销传播产生回报的方式应该有利于稳定或者降低企业现金流的波动性，进而缓解企业在未来对内部资金或者外部融资的依赖。

第四个要求——即营销传播应该通过提升企业或者品牌的资产来打造股东价值——也是企业在预估长期回报时面临的第四个挑战，也是其中最为困难的一个挑战。股东价值取决于股价和分红，尽管大家都认同这一点，但是这一切仍然来自未来顾客为企业所创造的有盈利的收入。

## 评估品牌长期的资产价值所引发的难题

品牌在财务方面的资产价值——即投资者而非现有顾客或者潜在顾客为品牌赋予的价值——给企业对营销传播活动可能带来的未来价值进行评估提出了一个重要的挑战。尽管大家都不会否认营销传播确实能够对品牌在投资界和顾客那里创造价值这一点产生影响，但是，这两个衡量标准是不同的，因此必须各自单独考虑。

在投资者对各种股票的潜在价值进行比较时，评估企业收益的稳定性和成长性是一个重要的方式方法。因此，如果营销传播投入能够推动顾客采取行动，进而转化成持续不断的收入的话，那么这些营销传播投入也就会对股东价值产生某些长期影响。而且，如果营销传播投入发生在一个时间段内，而企业所获得的回报则是在其他的更为长期的阶段内得以实现的话，那么营销者就真的能够宣称，营销传播确实为企业未来的收益以及企业市值的提升做出了一定的贡献。但是，能够将销售、顾客忠诚度以及营销传播的其他效应与股价乃至股东价值直接挂起钩来的财务模型至今尚未完全建立起来(第13章会介绍一些方法，其中包含了可能的相关关系)。

# 趋向最终解决方案：一个衡量长期回报的模型

在预测营销传播活动的长期回报方面，有两个框架能够帮助营销者克服上述四个关键难题。首先是以顾客为中心的框架，该框架聚焦于从个体或群体顾客那里获取的持续不断的收入。另一个是以品牌为中心的框架。该框架通过估算一个品牌对企业收入来源或者其资产基数所做出的贡献，或者是品牌一旦出售后另一个企业可能从中获得的价值，来评估一个品牌的财务价值。本章我们将会着重探讨第一个方法，而第14章则会详细地讨论品牌资产，也即是以品牌为中心的模型。

以顾客为中心的衡量框架所围绕的是顾客终生价值(LTV)这一概念，该概念是由直复营销和目录营销公司发展出来的，主要用来解释顾客所带来的潜在的未来收入。这种方式基于企业和顾客之间过往和当下的互动，利用概率统计模型来预估顾客在未来给企业带来的回报。一旦推测出未来的现金流之后，就可以将这些预估值进行折现，得出其净现值，这样，这些未来收入的当下价值是多少就得以明确。

## 顾客终生价值

LTV方法认为，有些现有顾客在未来很可能会继续购买企业的产品或者服务，从而为该企业带来未来的收入。同时，有些顾客也可能因为自然流失、被竞争对手吸引、搬迁、死亡或者其他原因而不再是企业的顾客了。正是因为维持和流失、预期花费模式以及预估成本等因素的结合，每个顾客的LTV才得以确定。

对顾客终生价值的估算，其实就是在计算出所有未来收入的NPV之后，再减去每个顾客对于所有分摊成本的平均负担。[3]顾客终生价值，其实是前面一章所提及的短期的顾客投资回报评估在时间上的延伸而已。比如说，要估算一个LTV，就需要将对短期回报的预测(在当下财年可能发生的回报)延伸到若干个财年，当然，这需要基于某些假定，这些假定包括顾客维持率、顾客的预期消费水平以及为了维持住企业和顾客之间的关系而不断投入的营销费用。

尽管LTV的预测有时候是根据当下价格或者价值，但是这样的计算方法并没有考虑到金钱的时间价值。因此，整合营销传播流程就将这一概念向前推进了一步，以便更好地反映出净LTV，也就是，将所有未来收入的净现值(NPV)作为计算的基础。为了更精确地做到这一点，需要另外设立两个假定：[4]

- **为顾客投资回报设立一个目标**。任何一项营销传播投入的目标必须能够实现回报，而且这种回报需要同时反映金钱的时间价值和风险价值。通常而言，所设定的顾客投资回报目标至少要与企业过去的净资产回报率一样高。因此，如果公司能够为股东创造15%的投资回报，而营销传播方面的投入所获得的回报长久地低于15%的话，那么这样的投入一般来说就是不明智的。如果市场的波动性很强，如果所在领域的技术不断更新，而且如果顾客忠诚情况比较脆弱，那么营销传播投入通常就需要一个更高的回报率，这样才能体现出其价值。很显然，一个稳定不变的市场——比如说，在这样的市场中，企业拥有一项专利，或者是占据了得到有效保护的利基市场地位，基本上可以确保其未来的收入源源不断——对于营销传播投入则并不要求同等程度的风险溢价了。
- **为顾客价值的估算设立一个现实可行的时间框架**。这个时

间框架必须确保企业能够合理地预估顾客未来的购买行
为，并估算出营销传播活动可能造成的长期影响。也就是
说，有些产品对于顾客的一生来说只是在有限的时间段内
才密切相关的(尿布、校服、青少年杂志，等等)，因此顾客
作为顾客的平均时间是相当短暂的。其他产品，其顾客忠
诚度可能会延续几十年，顾客会一直重复使用这些产品(例
如，牙膏、大众杂志、汽车以及不同的音乐产品)。但是，
就实际操作而言，对于绝大多数产品来说，如果预测的时
间框架超过了3到5年，那么，这种预测一般来说很难做到
很准确。

## 如何计算顾客终生价值：一个案例

数据库营销咨询师杰克·施密德和阿兰·韦伯提出了一个计算LTV的
分步方法。[5]下面这个案例基于一个通过目录来销售产品的b2b公司。这一
分析框架可以根据具体情况加以改造，以适应各种不同的企业类型。

1. **确定获取一个新顾客所需要的费用。**我们假设，一个公司给一
   个潜在顾客每发一份产品目录需要0.6美元(这是总费用，包括
   邮递费用、名单租用费用、邮票费用和印刷费用，等等)。根
   据以往的经验，该公司打算从外部租用含有潜在顾客信息的名
   单，在第一批邮件发出后期待获得1.1%的响应率。因此，争取
   到一个新顾客需要花费54.55美元($0.6/0.011=$54.55)。

2. **确定平均每一次销售能够带来多少毛利润。**假定一个新顾客第一
   次购买可以给企业带来70美元的收入，除去配送成本后(包括分
   拣、打包和运输费用)，每个顾客所带来的平均毛利率为40%。
   那么，此次订单的平均毛利润为28美元($70×40%=$28)。

3. **确定获取新顾客的净收益或者净亏损。**营销者需要从第一个订
   单所获得的毛利润中减去第一步中获取新顾客所需要的费用
   ($28-$54.55=-$26.55)。

这样看来，该公司每获取一个新顾客的结果都是净亏损，至少平均来讲是如此。另外一种考虑问题的思路是，该公司为获取一个新顾客而投入了26.55美元的投资，其目的是希望该顾客能够通过随后的重复购买而在一段时间后使得公司在该顾客身上有钱赚。而在这种情况下，问题就变成了，平均而言，究竟需要多长时间，一个顾客才能为公司赚回公司获取该顾客所需要支付的所有费用，以及新顾客在未来时间内对公司而言的盈利程度究竟如何。

为了判断新获取的顾客在未来可能带来的盈利，营销者必须预估他们未来的购买情况，然后还要减去与这些顾客保持接触所需要支付的费用以及在这一过程中可能发生的任何服务或者维持费用。营销者还必须考虑到金钱的时间价值，要把未来收益的净现值计算在内。

4. **再回到这一例子。** 表11.1总结的是净LTV的计算过程。假定这些新顾客在首次购买之后的三年时间里持续地主动地购买该公司的产品，他们每年从该公司收到四次产品样册。一旦争取到了一个新顾客，那么随后每邮寄一份样册就只需要花费0.5美元，因为这时候已经不再需要租用潜在顾客的名单了。除此之外，

表11.1 顾客终生价值实际案例

| | | 第一年 | 第二年 | 第三年 |
|---|---|---|---|---|
| 1 | 每年邮寄次数 | 4 | 4 | 4 |
| 2 | 每次邮寄的平均响应率 | 16% | 13% | 11% |
| 3 | 每年的响应率(第1行×第2行) | 64% | 52% | 44% |
| 4 | 平均重复购买额 | $75.00 | $75.00 | $75.00 |
| 5 | 每次订单的平均毛利润(以40%毛利率来计算) | $30.00 | $30.00 | $30.00 |
| 6 | 每年毛利润(第3行×第5行) | $19.20 | $15.60 | $13.20 |
| 7 | 减去每年4次邮寄成本(以每次0.5美元来计算) | $(2.00) | $(2.00) | $(2.00) |
| 8 | 每年净收益(第6行－第7行) | $17.20 | $13.60 | $11.20 |
| 9 | 折现系数(以20%来计算) | 1.20 | 1.44 | 1.73 |
| 10 | 收益净现值(第8行/第9行) | $14.33 | $9.44 | $6.48 |

| | |
|---|---|
| 三年收益的净现值 | $30.25 |
| 减去最初争取顾客的投入成本 | －$26.55 |
| 三年的顾客投资回报 | $ 3.70 |

已经争取到了的顾客的响应率要比潜在顾客要高得多，因为该顾客和公司之间的关系已经建立起来了。以往的经验表明，在首次购买之后，一组顾客对四份样册中的每一份，第一年其响应率大约为16%，到了第二年下降为13%，第三年则为11%。

5. **确定长时间内的累计响应率。** 基于这些响应率数据，我们可以根据争取到顾客之后的时间长度来计算出相应的累计响应率。其方法是用平均响应率乘以每年的邮寄次数。也就是说，将第一年顾客的平均响应率16%乘以当年的邮寄次数四次，就得到了64%的累计响应率。而到了第二年，其累计回应率则为52%，第三年为44%(表中第三行)。

6. **确定重复销售的毛利(率)。** 在这种案例中，营销者一律采用首次邮寄所获得的40%的毛利率。但是，公司不久就发现，现有顾客的平均购买额显然高于平均水平，每一次重复购买的金额大约为75美元。这就使得公司的每一次销售都能够获得30美元的毛利润($75×40%=$30)。

　　在这里，营销者仍需要减去每年向现有顾客进行营销推广的费用。每年每个顾客会收到四次邮件，每次邮寄的平均费用为0.5美元，因此该公司每年在每个顾客身上的营销费用为2($0.5×4)美元。将年度营销费用从年度毛利中减去之后所得到的结果是——第一年每个顾客的净收益为17.2美元，第二年为13.6美元，第三年为11.2美元。

　　**将预期现金流折现成净现值。** 在这里，营销者必须考虑到金钱的时间价值因素。公司采用了20%的年度折现率(等于每年向投资者支付20%的利息)。第一年，金钱的时间价值的折现系数是1.2(本金加上20%的利息)，而到了第二年，则是1.44(两年1+20%或者1.2×1.2)，到了第三年，则升到了1.73(1.2×1.2×1.2)。然后，将每一年的收益除以相应的折现系数，从而得出每一年的预期收益折现后的净现值。因此，这些年预期收益的净现值，第一年为14.33美元，第二年为9.44美元，第三年为6.48美元。

　　根据这些计算结果，我们可以确定，三年里每一个顾客收益的净现值为30.25美元($14.33+$9.44+$6.48)。但是，要获得有关利润的最终估算，我们还需要减去最初获取新顾客所付出的成本(回想一下就知道，公司最初在争取新顾客阶段实际上是亏损的)。因此，为了最终判断是否达到了投资目标，我们还需要减去最初26.55美元的投入成本。

获取新顾客不仅为我们最初的投入成本提供了20%的回报，而且还让我们获得了额外的3.7美元的利润。我们可以调整金钱的时间价值的折现系数，以此来让最终的数字为零，从而确定更为精确的预期投资回报。我们还可以调整时间长度来确定，在针对一个顾客的最初投入基础上，究竟还需要多久才能收回包括利息在内的投入。这样，营销传播管理者就可以顺应并调整预期的回报，从而更好地契合企业需求或其自身的分析需求。

这里所展示的数字给我们提供了极好的标杆，让我们了解营销传播管理者在获取新顾客方面究竟允许投入多少时间、精力和财务资源。我们也可以采用同样的分析来判断，为了影响现有顾客允许或者应该投入多少营销资源。

## 如何对顾客终生价值进行比较

当我们试图在不同的顾客营销方式之间进行比较的时候，对终生价值的理解就变得尤为有用了。有一个让众多营销人士为之苦恼不已的发现，那就是，一项顾客忠诚计划虽然维持住了顾客，但是，长期来看，却让企业亏钱。而另外一点也时常发生——"白白地把钱留在桌面上了，"也就是说，由于没有向现有顾客进行足够频繁的推广而未能实现所有可能的销售。

对此，施密德和韦伯提供了另一个实际案例，这一次是一家针对消费者的目录销售公司，他们需要决定自己每年是要邮寄三次还是四次样册给顾客，以此来进行刺激，鼓励顾客提高其购买量。[6]有三种方法可以考虑：方法A是每年邮寄三次，方法B则是每年邮寄四次，而方法C则是邮寄四次，外加，一旦重复购买金额超过60美元，则可以获得10%的额外折扣。照预期，不同的方法会产生不同的结果：

- 方法A每次接触的响应率最高。
- 方法B的年度响应率最高。
- 方法C的平均订单金额最高。
- 方法A的规模经济效应要低一些。
- 方法B的平均接触成本最低。
- 方法C需要对10%的折扣做出解释。

这一例子所比较的是该公司针对现有顾客所推出的活动，而并没有考虑到顾客的获取成本。因此，这里的重点在于提升未来的盈利，而最合适的方法显然就是看究竟哪一种能够在接下来的三年时间里产生最大的价值。表11.2对每一种方法的可能结果进行了总结。

**表11.2　不同营销策略的可能结果**

|  | 方法 A | 方法 B | 方法 C |
|---|---|---|---|
| 每年邮寄次数 | 3 | 4 | 4 |
| 每次接触的响应率 |  |  |  |
| 　第一年 | 12% | 10% | 10% |
| 　第二年 | 9% | 8% | 8% |
| 　第三年 | 6% | 5% | 5% |
| 平均订单金额 | $75.00 | $75.00 | $80.00 |
| 毛利率(%) | 40% | 40% | 37% |
| 单位接触成本 | $1.00 | $0.95 | $1.00 |
| 年度营销费用 | $3.00 | $3.80 | $4.00 |
| 每一年的利润 |  |  |  |
| 　第一年 | $7.80 | $8.20 | $7.84 |
| 　第二年 | $5.10 | $5.80 | $5.47 |
| 　第三年 | $2.40 | $2.20 | $1.92 |
| 未来利润的现值 |  |  |  |
| 　第一年 | $6.50 | $6.83 | $6.53 |
| 　第二年 | $3.54 | $4.03 | $3.80 |
| 　第三年 | $1.39 | $1.27 | $1.11 |
| 投入的终生回报 | $11.43 | $12.13 | $11.44 |

资料来源：From John Schmid and Alan Weber, Desktop Database Marketing, 1997, NTC Business Books. Reproduced with permission of The McGraw-Hill Companies.

正如表中所展示的那样，每年接触顾客四次同时又不提供任何折扣这种方法在三年时间里所带来的利润是最高的。如果提供折扣的方法能够使得平均订单额提升到一定程度，或者其响应率能够相应地提升的话，那么这种方法的盈利能力则可以更高。但是，在这种情况下，每一次订单都需要给出一定比率的折扣，这会降低公司的利润。值得注意的是，当响应率相对较低时，比如在第三年，少接触顾客也意味着盈利会更高。这说明，对顾客进行细分以及对某些顾客进行更加频繁的接触，是十分重要的。

## 总结与预览

一个有效设计的旨在增加顾客终生价值的活动会给公司带来很多利益。很显然，这种活动能够提升来自现有顾客的利润，改善投资回报，推动公司走向能够预测的稳健增长道路。同样重要的是，这种活动能够通过鼓励更多顾客重复购买而大大地提升顾客忠诚度。通过增加LTV而提升的忠诚度，对于企业而言是一个非常可靠的投资机会。

在深入了解了顾客的终生价值并且拥有了一个能够判断传播投入长期回报的框架之后，我们接下来就可以进入到整合营销传播流程的最后一步了，即预算、资金分配和评估。

## 参考书目

1. Frederick Reichheld, *The Loyalty Effect* (Princeton, NJ: Harvard Business Press, 1996).

2. Ibid.

3. Bob Stone and Ron Jacobs, *Successful Direct Marketing Methods* (New York: McGraw-Hill, 2001).

4. Jack Schmid and Alan Weber, *Desktop Database Marketing* (Lincolnwood, IL: NTC Business Books, 1997).

5. Ibid.

6. Ibid.

# 第六部分

# 第五步：事后分析和未来规划

# 第 12 章

# 事后分析

正如我们在描述整合营销传播理念的起因时就曾经指出的那样，令以往的营销人员一筹莫展的一个问题是，他们无法用财务指标来衡量传播活动的影响，从而最终让每个传播活动都能够形成一个闭环。之所以如此，原因很简单：营销传播管理者在其所管理的营销活动的预算过程中很少能表达意见，或者根本无法表达意见。他们得严格地按照高层管理者所决定的固定的预算额度以及分配方案来开展工作。由于传统的营销并不能提供任何让营销传播活动验证其影响——以及其给企业带来的潜在回报——的手段，所以，在这个快速兴起的以财务为主导的市场环境下，营销传播管理者不得不将自身退化为一个旁观者的角色。当然，如今这一切即将改变。以价值为导向的整合营销传播规划最终帮助营销传播形成了一个闭环，其手段是以财务所主导的、企业能够理解的方式来衡量和评估各种营销传播活动。这也正是整合营销传播流程的第五步的目标所在。

## 整合营销传播如何形成闭环

正如我们在上一章所展示的那样，整合营销传播可以帮助我们回答企业高层管理者所提出的如下三个问题：

- 作为一个企业，我们究竟需要在营销传播活动上投入多少？

- 我们将会获得什么样的财务回报？
- 这些回报究竟需要多长时间才能实现？

　　等到一个企业的整合营销传播流程进入到第五步时，这些问题事实上早就已经得到了答案，因为营销传播管理者已经能够相对精确地估算出营销传播投入的短期回报和长期回报。到了第五步时，管理者只需要衡量营销传播活动在一定时间内所获得的财务结果，从而做出该活动是否取得了预期成功的判断。要做到这一点，当然还需要公司内部的销售部门、会计部门、财务部门、客户服务部门以及其他职能部门的通力合作——所有这些部门事实上从整合营销传播流程一开始就已经参与进去了，而且参与了该流程前四步中的每一步。

　　很显然，一旦营销和传播的回报能够被评估，下一步必然是尽量重复那些被证明能够取得成功的营销和传播方法，而修正那些不成功的方法。同样，还需要对营销传播活动所针对的现有顾客和潜在顾客进行评估。如果这些群体确实能够创造企业所期望的回报，那么继续针对他们进行推广显然是合乎情理的。如果其回报不能达到预期，那么很显然就需要进行调整和改变。营销者应该知道，有些时候顾客尚未准备好购买，或者不愿意改变其日常行为模式。但是，这个由五个步骤构成的整合营销传播流程的美妙之处就在于，营销者可以很快地知晓营销传播投入所获得的响应，因为对短期结果的评估通常是在当下财年进行的。因此，营销者可以根据需要快速地调整或者修正其计划。辨别清楚成败就可以为未来的计划提供参考，使营销传播形成闭环。

## 实际回报的衡量

　　对于短期回报——即那些在当下财年就能实现的旨在进行业务拓展的回报——进行衡量并不是一个多么复杂的过程。所有的基准线早就已经设定好了。对于某些现有顾客和(或)潜在顾客群体能够给企业带来的体现为当下收入的价值(见整合营销传播流程的第一步和第二步)，营销者是心知肚明的。他们借由一些事先确定了的媒介工具来生成和传播合适的讯息和激励计划(第三步)，然后来估算潜在的回报，这些回报体现为现有顾客和潜在顾客所带来的收入的变化(第四步)。由于在这四个步骤中，每个目标都得到了全面考量和深入研究，所以营销者才能轻而易举地判断这些目标是否已经达成，企业是否已经获得了预期的回报。为此，一项十分必要的工作是对顾客的实际响应情况和当下财年的销售数据进行比较。

### 由后至前的规划？

整合营销传播规划中有一个关键要素，对于许多管理者来说是一个难题。他们不理解，在该过程中为什么预算部分会放在最后。在传统的营销过程中，预算通常在营销传播活动开始执行之前进行。管理层首先确定有多少钱可以用，然后指定营销传播管理者负责在财务框架下制定营销传播计划。这是"命令加掌控"的管理风格，其中营销传播更多地被赋予了战术性的角色而不是战略性的角色。

而整合营销传播流程则反其道而行之。预算不再是放在开头，而是在整个规划过程几近尾声时才最终确定。预算之所以被放在了整个过程的末尾，其原因很简单：在营销传播管理者真正明白究竟谁才是品牌最佳的现有顾客和潜在顾客，初步了解营销传播究竟如何以及以什么样的方式影响顾客行为并改变其态度和信念，然后据此预测出这些改变了的行为可能蕴含的财务价值之前，他们根本无法回答本章开头高层管理者所提出的三个核心问题。也就是说，管理层搞不清楚究竟需要投入多少，应该期待什么样的回报，或者这些回报究竟需要多长时间才能实现。

根据这样的思路，很明显，传统的预算和资源分配程序，基本上只是高层管理者一厢情愿的希望和梦想而已，当然他们会受到参与整个传播过程的营销传播管理者及其代理公司、媒介以及其他参与者的影响。

事后分析的一个关键价值所在就是，这种分析能够为企业提供一个持续学习和提升的机会。通过考察实际结果，企业有可能据此相对精准地判断究竟哪些活动是有效的，哪些是无效的。如果一个营销传播活动并不奏效，或者其效果差强人意的话，那么企业从中也获得了一个进行评估和改进的基础。那些确实奏效的活动可以不断地重复，或者再加以改进，而其他活动则需要改变、调整或者干脆放弃。营销传播部门成为了一个学习中心，而在此过程中，随着时间的推移，该部门会越来越显现出其对于现有顾客、潜在顾客和管理层的相关性和价值。

长期回报——那些能够在长时间里创造品牌资产的回报——则可以采用前面章节分析过的利用实际销售结果的同样方法来衡量。营销传播管理者可以相对简单地通过考察个体顾客或者群体顾客在数年时间里——比如说三年——所带来的实际收入来判断他们在这段时间所体现的财务价值。正如衡量短期结果一样，整合营销传播策划者接下来也可以改造或调整其营销传播计划——传播活动、投入力度、媒介系统等——从而实现未来回报的最大化。

这些策划者还可以从中了解到每个活动的短期效果和长期效果之间的关系。企业基于其管理观念，会在看重营销传播投入的短期财务回报还是看重其长期财务回报之间做出选择，这是很正常的，但是有一点大家还是颇为认同的，那就是，短期结果也会影响到长期回报。这里所面临的挑战在于，如何将两者关联起来。在整合营销传播流程中，长期回报对于企业来说是累积而成的，是对同一批现有顾客和潜在顾客进行投入所获得的短期回报的累加结果。将顾客投资作为所有营销传播衡量活动的基础来使用是一个具有整合效果的因素。

# 3C分析：
# 关于品牌长期价值的一个全新的整合模型

正如前文已经提及的那样，整合营销传播评估模型主要是基于顾客所带来的收入。尽管企业最关注的仍然是财务回报或者现金流，但是还有其他价值与顾客为企业所做出的持续不断的贡献息息相关，顾客对品牌的拥趸就是其中最重要的价值之一。[1]我们这里所使用的顾客对品牌的拥趸这一用法事实上超越了传统意义上的顾客忠诚度概念(也就是顾客通过重复购买或者使用某品牌的方式所表达的与企业保持长期关系的意愿和欲望)。顾客对品牌的拥趸不仅涵盖了顾客忠诚度，同时还包括更加积极主动的顾客行为，比如将品牌推荐给他人，愿意穿刻有品牌标识或形象的服装，以及公开宣示自己对品牌的热情和支持。

一个公司估算品牌所蕴含的顾客价值的能力来自其详尽、深入地收集顾客数据和信息的能力，这些数据和信息储存于整合营销传播流程的第一步和第二步所描述的大型复杂数据库中(见第4章和第5章)。由于这些数据库只是在过去十到十二年间才发展起来，因此，就很容易理解为什么营销方法、营销传播规划方法和执行方法都在快速地发生着变化。是全新的数据技术驱动了这些动态的、创新的变化。

为了衡量营销传播整合起来后所获得的短期和长期效果，我们需要关注三个要素。为了简明起见，我们将它们总结为"3C"：

1. **顾客贡献**(customer contribution)。即顾客在短期和长期时间里所带来的收入，以边际贡献这一行作为其衡量指标(见第9章)。顾客贡献包含企业在营销传播上的费用，因此，在衡量回报时需要衡量净收益。

2. **顾客承诺**(customer commitment)。这是第10章中所解释的顾客需求份额或者皮夹子份额的简化说法。前提是很简单的：顾客用他们的皮夹子进行投票。他们之所以购买某一产品，完全是因为他们相信或者偏好该产品。在衡量顾客偏好方面，这一指标明显优于那些仅仅询问顾客对产品或者服务的感觉如何之类纯态度方面的衡量指标。根据3C原则，顾客承诺是可以细分的，细分到每一个群体，因为经验表明，不同的细分群体对相同或不同的品牌会展现出不同程度的承诺。

3. **顾客拥趸者**(customer champions)。这是指顾客究竟在多大程度上投入该品牌、支持该品牌，换句话说，也就是顾客究竟在多大程度上愿意向他人推荐或不推荐该品牌。在这一点上，最强有力的衡量指标是，顾客实际上是否真正地向自己的朋友、家人或者同事推荐过该品牌。同样，这是针对行为而不只是态度的衡量指标。经这些顾客之口传递出去的讯息和激励计划很有可能为品牌带来额外的销售，让公司以比较低的成本吸引到新的个体或群体顾客。

图12.1充分地展示了3C概念。营销规划者通过使用基本的顾客界定方法——这些顾客可能作为个体也可能作为某个群体的一部分，再加上3C概念，就能够建立一个三维的"顾客立方体"。将三个衡量指标合起来，营销规划者就在该立方体内形成一个个方框——有的代表顾客贡献，有的代表顾客承诺，有的代表顾客拥趸者。这一立方体不仅清晰地界定了从行为角度来看顾客当下的位置，而且还为营销传播管理者明确未来什么样的行为不仅对顾客有利同时也对营销者有利提供了某种指导。要衡量针对特定顾客和顾客群体的投入和回报水平，了解顾客在这三个关键指标上的位置是非常重要的。一旦掌握了这些数据，公司就可以精确地衡量出顾客的价值。如果顾客在某一指标上得分很低的话，那么，公司就可以采取营销传播行动，努力将顾客朝着这个立方体的某个特定方向推动。

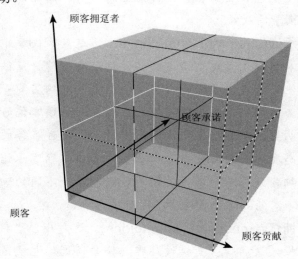

图12.1 品牌的3C衡量指标

举例说，通过了解顾客在顾客立方体上的位置，营销传播管理者就可以为传播活动设定明确的目标。这些目标可能包括：

- 维持顾客在当下的行为
- 在顾客群体中促成新行为
- 提供激励或者奖励措施，促使顾客成为品牌的拥趸者或倡导者
- 让管理者能够基于顾客可能回报给企业的当下价值和潜在价值来决定是否要针对该顾客进行营销投入

而3C分析背后的目标如下：

1. **帮助营销传播管理者理解个体顾客或者不同细分群体的顾客在行为上的变化**。比如说，3C分析能够帮助管理者确定，在推行了某个特定的营销传播活动之后，哪些顾客从立方体的一个位置转移到了另一个位置，而哪些顾客并没有改变。顾客随着时间推移所发生的行为变化必须与品牌所推行的各种营销传播活动关联起来，否则的话，这些结果只能归功于别的因素。举例来说，如果有一家人在品牌所考察的财年里开始购买婴儿食品和尿布的话，那么这并不是因为他们受到了营销传播活动的影响，而更可能是因为其家庭结构发生了变化。3C分析为管理者提供了更深入的洞察，让他们知晓顾客行为的改变究竟是因为营销传播的影响还是纯粹拜外界因素所赐。

2. **帮助营销传播管理者理解顾客究竟如何从立方体中的一个方框转向另一个方框**。对顾客转移进行分析，可以为管理者提供关于顾客生活类型和生活方式的洞察。对一段时间内的顾客迁移情况进行观察，可以帮助我们设计出相关度更高、效果和效率也更高的营销传播活动，对未来顾客的行为产生深远影响。

3. **展示通过进行营销传播活动来改变现有顾客和潜在顾客行为的难度**。因为能够确定目标顾客，与他们进行有效沟通，然后快速地衡量传播效果，所以营销传播管理者得以将两类顾客群体区分开来。对于一类群体来说，其营销传播能够带来显著的行

为改变，而对于另一类群体来说，企业可能需要进行其他形式的营销，或者开展另外的活动。当然，在有些情况下，不管企业如何努力，顾客的行为仍然"雷打不动"。而正是这些现有顾客和潜在顾客能够给营销者提供最多的洞察。如果他们根本无法被营销传播活动影响的话，那么继续针对他们进行投入显然是毫无道理的。

# 认识3C分析方法的好处

由于3C分析方法将营销传播活动的短期回报和长期回报结合起来衡量，所以确实存在很多显而易见的好处。比如，这种方法整合了所有短期营销传播的投资决策，并时刻监测其对每一个细分顾客群体的影响。如此一来，这种分析就能衡量出每个顾客或者每个细分群体的当下价值和未来价值。

3C分析方法的最大好处可能在于，它提供了有关营销和传播回报的一个直接的标杆，因为它所衡量的是顾客实际行为中非常关键的变量的变化。3C分析方法通过这一衡量指标帮助营销者克服这样一个固有的危险，那就是，只是一味地考察或者衡量品牌的"平均"顾客和"平均"情况。对于企业来说，将顾客、营销活动和营销传播活动进行平均化的做法，其问题颇为严重。诸如平均购买周期、平均收入或者平均使用量之类的传统衡量指标遮蔽了个体的顾客或者顾客群及其所作所为的关键信息。下面我所举的这一个例子可以更好地说明这个观点。

# 将传统的平均衡量指标与3C衡量指标进行比较

有一家以探险活动为主的旅游公司，其旗下拥有一百万个顾客，公司主要为顾客提供特别设计的探险型假期旅行计划，包括滑水运动、爬山、蹦极、野外远足以及其他户外活动。有些顾客每年都会选择同样的旅行计划，而其他顾客则每年都会尝试各种新的探险活动。如果采用传统的分析方法，公司的营销传播主管会发现，平均而言，每个顾客每年给公司贡献50美元。但是，其顾客基数是非常不稳定的。也就是说，每一年都有相当一部分顾客因为这样那样的原因而决定不再参加任何探险旅行活动。因此，每年顾客流失率平均约为20%(当然，有些顾客与该公司的关系维持了长达五年以上，而有些则略短一些，平均而言，每年的流失率为20%)。根据这样的流失率，公司估算出每个顾客与公司的关系平均可能会维持五年左右。因此，每五年过去，该公司目前的所有顾客就基本上会被彻底换掉(20%的流失率×5年＝100%的顾客基数)。

　　如果用该公司所设定的15%作为折现率来计算所有顾客为公司所创造的净现值，那么其结果如表12.1所示。

表12.1　探险旅游公司

顾客平均分析——旧模型

| 基数： | 100万顾客 | | |
| --- | --- | --- | --- |
| | 50美元利润 | | |
| | 20%流失率 | | |
| | 15%折现率 | | |
| | **顾客总数** | **平均贡献** | **总贡献** |
| 1年 | 1,000,000 | $50.00 | $50,000,000 |
| 2年 | 800,000 | $50.00 | $40,000,000 |
| 3年 | 640,000 | $50.00 | $32,000,000 |
| 4年 | 512,000 | $50.00 | $25,600,000 |
| 5年 | 409,600 | $50.00 | $20,480,000 |
| 5年净现值：$11,583,590 | | | |

资料来源：Adapted from Clive Humby, "Customer Measures of the Brand" (presented at the Cranfield School of Management Conference on Leveraging Brand Equity to Create Strategic Value, Cranfield, England, April 19, 2002). Used with permission from dunnhumby associates.

　　基于15%的折现率，该公司所有顾客的预估净现值总额大约是1.195亿美元。基于这一预估，该公司可以规划一下，在接下来的五年时间里，其在营销传播活动上究竟可以投入多少，当然其前提是，平均而言，每个顾客能够为公司贡献50美元的收益。而且，该公司还可以制定计划来吸引新的顾客，或者推行维持住现有顾客的计划，当然，后者可能会遇到一些困难，因为在多数情况下，该公司搞不清楚究竟哪些顾客最终会流失。但是，如果基于这样的分析，其营销传播主管必须推出一些比较有效的活动来弥补每年大约20%左右的流失顾客所造成的损失。除此之外，很可能还需要推出一些维持顾客的活动，因为至今为止的假定仍然是有大约20%的顾客会流失。如果这个比例有所提升的话，那么，很不幸的是，原先所预估的收益就要再打折扣。

　　但是，这种分析方法的问题在于，该公司几乎从未有过一个所谓"平均"的顾客基数或者"平均"年份。有些年份，来自顾客的收入会有所增加，而其他年份，这些收入又会下降。由于将这些年份的收入进行了平均，并且对所有顾客都采用同样的折现率，所以该公司的管理者事实上掩盖了不同顾客群体的真正价值。这样一来，营销传播管理者也很可能受到误导，无法确定究竟哪些类型的活动才是公司需要的。所以，公司的当务之急就是找到一个更恰当、更审慎的分析方法。

　　新的3C分析模型则认为，应该针对每个顾客细分群体在每一年的情况进行分析，以此来确定并理解不同顾客的实际价值。如果营销传播管理者能够不再只是考虑所有顾客所带来的平均收入，而是估算出具体顾客群体所带来的不同收入的话，那么这家探险旅游公司就能挖掘出其顾客总价值中所隐藏的巨大差异。正如表12.2所展示的那样，所有顾客被划分为忠诚顾客、核心顾客、边缘顾客和被动顾客。在基于顾客的贡献率及其流失倾向，将每个顾客细分群体的净现值分析出来之后，该公司最终计算出接下来的五年时间其收入可以达到1.462亿美元，而不是原来的1.195亿美元(折现率是一样的，都是15%)。

　　这两种方法对于未来回报的估算之所以有差异，是因为后一种方法对不同顾客群体带来的总贡献、不同群体的流失率以及其每一年为公司所创造的价值有着不同的理解。比如，5万个忠诚顾客平均每个每年给公司创造的平均贡献为350美元，而不是原先基于顾客总体而得出的平均50美元。而且，与基于顾客总体而得出的20%的平均流失率相比，这一"最佳顾客"群体的流失率非常低，只有2.5%。因此，针对这批顾客群体，公司要制定完全不同的营销传播计划，不同于其他贡献相对较低而更容易流失的顾客群体。该表中的其他计算结果也颇有启发。所以，采用整合营销传播分析方法就可以尽量详尽地确定顾客的价值，因为只有这样的分析方法才能帮助人们更好地理解品牌和营销传播活动不断变化的真正价值。

**表12.2  探险旅游公司**

顾客细分分析——新模型

| 顾客总数 | 平均贡献 | 流失率 |
|---|---|---|
| 50,000 忠诚顾客 | $350 | 2.5% |
| 200,000 核心顾客 | $100 | 7.5% |
| 300,000 边缘顾客 | $30 | 12.5% |
| 450,000 被动顾客 | $8 | 33.4% |

5年净现值：$146,273,381

资料来源：Adapted from Clive Humby, "Customer Measures of the Brand" (presented at the Cranfield School of Management Conference on Leveraging Brand Equity to Create Strategic Value, Cranfield, England, April 19, 2002). Used with permission from dunnhumby associates.

# 通过3C分析方法来跟踪顾客迁移情况

直至现在，我们只是在分析现有的顾客细分群体，用不同的方法来分析，给他们赋予不同的价值。营销传播管理者面临许多更加重要的挑战，其中之一是如何去影响现有顾客的行为。回到旅游公司这个案例，该公司的一个核心目标可能就是如何激励现有顾客从一个细分群体迁移到另一个细分群体。表12.3深入分析了这一情况，也分析了如果营销传播活动能够取得预期成功的话，顾客价值会发生什么样的变化。

**表12.3  探险旅游公司**

顾客细分群体之间发生10%的变化所产生的影响

| 顾客总数 | 平均贡献 | 流失率 |
|---|---|---|
| 50,000 忠诚顾客 | $350 | 2.5% |
| 200,000 核心顾客 | $100 | 7.5% |
| 300,000 边缘顾客 | $30 | 12.5% |
| 450,000 被动顾客 | $8 | 33.4% |

加上：  10%的顾客上移到了一个更高的细分群体

10%的顾客下移到了一个更低的细分群体

5年净现值：$167,646,065

资料来源：Adapted from Clive Humby, "Customer Measures of the Brand" (presented at the Cranfield School of Management Conference on Leveraging Brand Equity to Create Strategic Value, Cranfield, England, April 19, 2002). Used with permission from dunnhumby associates.

在这里仍然有四个基本的细分群体(忠诚顾客、核心顾客、边缘顾客和被动顾客)。但是,该表还显示了这样的结果,即如果底下三个群体中的每一个群体中都有10%的顾客上移一个群体,将会发生的结果。也就是说,如果10%的被动顾客上移到边缘顾客里,10%的边缘顾客上移到核心顾客里,以此类推。而且,该表还展示了如果每个群体中都有10%的顾客下移一个群体所造成的结果。在接下来五年时间里,该公司的预计净现值总额从1.462亿美元上升到1.676亿美元,也就是增加了2100多万美元,等于这一段时间内的收入增长了15%。

同样,如果各个群体迁移的比率不同的话,那么公司从中所获得的收入可能更高。如表12.4 所示,如果有12.5%的顾客向上迁移,而只有7.5%的顾客向下迁移的话,那么顾客的价值就会增长到1.849亿美元,在前面1.676亿美元的基础上再增长大约10%。

## 表12.4 探险旅游公司

流失率下降10%

| 顾客总数 | 平均贡献 | 流失率 |
|---|---|---|
| 50,000 忠诚顾客 | $350 | 2.25% |
| 200,000 核心顾客 | $100 | 6.75% |
| 300,000 边缘顾客 | $30 | 11.25% |
| 450,000 被动顾客 | $8 | 30.00% |

加上: 　　　 12.5%的顾客上移到了一个更高的细分群体

　　　　　　7.5%的顾客下移到了一个更低的细分群体

5年净现值: $184,991,712

资料来源: Adapted from Clive Humby, "Customer Measures of the Brand" (presented at the Cranfield School of Management Conference on Leveraging Brand Equity to Create Strategic Value, Cranfield, England, April 19, 2002). Used with permission from dunnhumby associates.

但是,如果该公司能够降低顾客流失率,即任何一年离开该公司的顾客数量,那么其所获得的收入乃至利润都有可能进一步增加。表12.4已经考虑到了这种情况。通过将每个顾客群体的流失率降低10%(即忠诚顾客群体的流失率从2.5%降低到 2.25%,以此类推),从而使得顾客的平均流失率从20%降低到18%。降低了流失率之后,该公司接下来五年的净现值就提升到了1.849亿美元。

从这个案例可以清楚地看出，对顾客及其购买行为和忠诚度进行有效管理有多么重要。当然，这里的关键在于分析能力，界定顾客群体、评估顾客价值的能力，以及对顾客在企业所提供的产品组合内部的迁移情况进行监测的能力。同样清楚的是，对于营销传播管理者而言，其关键挑战在于，能否针对具体的顾客群体设定具体的行为目标，并制定和执行有效的营销传播计划来影响到这些顾客的行为。对顾客群体进行细分、对顾客价值进行衡量以及对顾客在与企业互动过程中的迁移情况进行跟踪，这些能力是营销传播活动能够取得成功的重要因素，也是最终帮助企业取得成功的重要因素。

## 采用3C分析方法继续向前发展

现在大家应该很清楚了，将衡量短期回报作为衡量长期回报的基础这种3C分析方法从本质上看是很有道理的。简单而言，长期回报归根到底是一系列短期回报的综合，当然也要考虑到变化和风险等因素。这种分析方法的主要价值在于，它能够将短期营销传播投资的所有决策整合起来，时刻跟踪这些活动给每一个顾客细分群体带来的影响，这些影响不仅体现为其当下价值而且还包括其潜在的未来价值。除此之外，采用这种连续的分析和评估方法能够为未来营销传播活动的价值衡量提供有用的标杆，因为这样的方法直接与不同顾客群体的行为而不只是其态度上的变化相关联。

最重要的是，3C分析方法克服了只从"平均"顾客以及"平均"投入和回报的视角来看待各种数据的局限和危险。这种方法展示的是与实际的顾客群体相关联的营销传播活动的价值，因而优化了目前仍被广泛沿用的传统的衡量方法。

# 回到第一步

正如我们前面已经探讨过的那样，整合营销传播流程第五步中的一个核心行为是对结果的评估，而这恰恰是未来的营销传播活动的基础之所在。换句话说，当初推行的活动所获得的结果能够帮助品牌明确接下来的发展目标(包括定性和定量)。营销传播策划者可以很容易地利用其从现有顾客和潜在顾客身上掌握的一切知识和洞察，来评估整个过程中的每一步是否奏效。然后，他可以重复地询问前面四个步骤中所问到的同样的问题：我们是否真正界定清楚了正确的现有顾客和潜在顾客？其价值是否已经得到了准确的评估？传播讯息和激励计划之间的组合是否正确？顾客对此做出的响应是什么样的，响应度如何？一旦对这些问题的答案胸有成竹了之后，策划者就可以重新从整合营销传播流程的第一步开始，对当中每一个新的计划进行完善，直至最后一步。这是一种闭环的方法，其中，前面的结果会被用来制定未来的计划，正是这种方法将整合营销传播的规划和计划方法与传统的营销方法区别开来。

# 总结与预览

3C分析方法最重要的价值也许就在于，它进一步证明了这一观点：品牌必须被当作公司的资产来看待，因为品牌反映了顾客和企业之间的关系。尽管品牌是无形的，但是，随着顾客和企业之间关系的建立和不断深化，品牌资产就会形成，有了品牌资产，品牌就能给企业带来巨大的价值。这一点促使企业理解，其成功在很大程度上来自与现有顾客和潜在顾客所保持的长期关系，而其所获得的回报通常也是源自顾客对品牌的忠诚。而且，3C分析方法为我们提供了一个有效的方法论，帮助我们基于不同顾客群体的不同价值和潜力来进行投资活动。

这就引导我们回到本书一直不断强调的一点，那就是，营销传播管理者需要实现四个共同目标：吸引新顾客、保持现有顾客当前给企业带来的收入水平、通过向上销售或者交叉销售提升现有顾客或者潜在顾客的当前价值和未来价值以及通过推动顾客在公司所提供的产品和服务组合内部迁移来改变现有顾客的价值。这些目标又将我们带回到起点——指导原则四所设定的战略性的组织目标：增加顾客带来的现金流、提高顾客带来的现金流的流入速度、稳定顾客带来的现金流以及影响股东的价值。

因此，整合营销传播规划本身就体现出了周而复始的特性，使营销传播管理者得以完成闭环的营销传播流程。因为在对整合营销传播活动进行评估时所分析的数据又直接转入新的继续进行的营销传播活动中，并作为其出发点，所以，第五步最终又回到了第一步。

至此，在财务衡量和评估方面，我们只剩下一个因素没有涉及，那就是，如何找到某种方式和方法来对品牌进行评估，评估营销传播活动已经创造出或者有可能创造出的品牌资产。很显然，这会让公司的股东或所有者直接受益。下一章，我们就针对这一话题展开详细讨论。

# 参考书目

1. Adapted from Clive Humby, "Customer Measures of the Brand," (presented at the Cranfield School of Management Conference on Leveraging Brand Equity to Create Strategic Value, Cranfield, England, April 19, 2002). The material here on consumer advocacy is based on a methodology developed by consulting group dunnhumby associates, plc, London.

# 第七部分

## 创造品牌未来价值

# 第 13 章

# 在整合营销传播活动与品牌资产和股东价值之间建立关联

本书进展到这里，不同形式的营销传播的价值已经得到了比较充分的讨论，这一价值主要体现为现有顾客和潜在顾客所带来的收入，营销传播的目的就在于创造或维持这种收入。归根结底，创造收入是一家企业建立和发展的不二法门。但是，当今世界众多上市企业以及许多私人企业还有另一个重要目标：创造认知或真实价值，使这种价值在将来的某个时间节点上能够转化成所有者或股东的利益。这些尚未实现的现金流被称作品牌资产。本章将从营销的视角来探讨品牌资产这一概念。第14章则会给大家介绍一下衡量品牌价值的方法论。

## 品牌资产和整合营销传播规划

《韦伯斯特大辞典》将资产定义为"一份或多份财产除去其留置权或总费用之后所剩余的价值。"正如企业净资产是一个企业在除去所有相关费用之后被出售的价值一样，我们也可以以类似的视角来看待品牌资产，将之视为将品牌公开在市场上出售后所获得的价值。品牌所有者通常会将品牌资产视为企业基本财务价值的一个组成部分。尽管这一价值尚未实现，但是从管理和价值评估的目的而言，它已然存在。

　　但是，对于其所有者来说，品牌的价值通常并不等同于品牌在外部市场上的价值。这意味着，企业所给出的品牌价值与外部投资者在收购或者拥有该品牌时愿意支付的价值不一定相等。两者之间可能存在很大的差异。顾客眼里的品牌价值与企业眼里的品牌价值也不相同。我们在后面会更深入地探讨这一差异普遍存在的原因。

　　很不幸的是，看待品牌的双重视角——取决于你是买品牌还是卖品牌——会把水搅浑，特别是在要确定品牌价值的时候。但是，就整合营销传播规划的目的而言，公司并不需要考虑品牌的外部——或者转售——价值。公司更多会把品牌作为一个能够创造现金流的企业资产，以其所固有的价值进行评估。从这一视角看出去，管理者就可以用评估公司其他资产的方法来对企业旗下的品牌价值进行评估，因为公司对所有这些投资都期待有所回报。

　　通过给品牌资产确立一个财务价值，企业可以做到以下几个方面：

- 从企业的角度来识别品牌所有权的财务价值，或者为其设定大小；
- 理解企业如何通过利用品牌资产价值这一标杆来发展，来判断品牌资产在一定时间里究竟是增加了还是减少了；
- 通过某种财务方法来评估对品牌追加投资是否能够产生应有的回报，从而优化对企业有限资源的利用。

# 品牌定义

　　可以毫不夸张地说，营销和传播人士一直在过度地使用并经常胡乱地解释"品牌"这个术语。对有些人而言，品牌是一个有形的商标，而对另外一些人而言，品牌则代表了所有无形资产的总和。菲利普·科特勒将品牌定义为"这样一个名称、术语，标志、象征或者设计，或者是所有这一切的综合体，其目的在于将一个卖家的产品或者服务与其竞争对手的产品或服务区别开来。"[1]

另外，Interbrand公司的创始人约翰·墨菲则将品牌定义为"这样一个商标，通过对其进行精心的管理、巧妙的推广和广泛的使用，而使消费者在心智中产生并主动接受一系列有形和无形的属性以及价值观，这些内容就是品牌。"[2]

事实上，一个品牌很可能同时包含了上述两个观点，甚至更多意义。为了获得一个对整合营销传播规划有意义的定义，我们有必要从三个视角来看待品牌：将之视为受保护的法律资产，将之视为建立关系的资产，以及最为重要的，将之视为财务资产。

## 品牌作为法律资产

从法律上看，品牌是由品牌主所享受的一系列可分拆、可转移的合法权利构成的。这些合法权利具有很多特征，这些特征可以在不同的政府部门那里进行注册，并有可能获得合法权利。名称、描述语、标志、图案、声音、色彩、气味、包装、标题或者口号、广告以及品牌的许多其他方面，在法律上都可以得到保护。对这些要素进行注册可以帮助品牌主建立法律上的壁垒，从而阻止竞争对手的使用。注册还能够让品牌主以受法庭保护的方式对其产品进行差异化。从本质上说，人们甚至可以这样说，品牌为拥有品牌的企业形成了一种合法的垄断，因为其他任何一个公司或者个人都不可以像该品牌主那样去使用该品牌。

## 品牌作为建立关系的资产

我们可以利用不同的营销活动来和现有顾客或者潜在顾客建立关系，这种关系——如同其法律特征——不仅能够将企业的产品和服务与竞争对手的产品和服务区分开来，而且还能够保护这些产品和服务，使之免受竞争对手的侵袭。这些通常属于功能性和情感性的特征，也就是营销传播管理者通过不同类型的广告、促销、包装、分销或者其他能够建立关系的传播活动所关注的。比如，功能性的特征通常包括以下几种：

- 通过对色彩、标识或者符号的运用来确保人们能够识别和认知品牌；

- 通过在某个品类中提供不同于其他产品线的差异化明显的产品或者服务而帮助消费简化其选择过程；
- 为产品或者服务的制造商或供应商提供来源上的担保或证明；
- 在品牌主用很长时间所建立的信任、声誉和接受度的基础上，承诺一种品质。

同样，情感性的特征则包括：

- 消除顾客的疑虑，让他们确信产品或服务经过长时间使用仍然能够维持同等程度的品质和使用效果；
- 将能够在现有顾客或潜在顾客心智中提升品牌的理念或者概念与该品牌关联起来，使该顾客偏爱该品牌，而不是其他品牌；
- 提出能够表述使用者所信服的、所接受的或者所希望成为的一切的话语体系来满足顾客的梦想；
- 通过在市场上展示品牌的使用来为顾客提供一种自我表达的方式。

尽管这些要素并没有具体的法律依据和保护，但是它们通常是品牌与顾客之间建立起来的最强有力的关联，因为它们所代表的是买卖双方之间的关系或者纽带。一般来说，正是这样的顾客和品牌关系才最终为企业创造收入，并持续不断地维持着这些收入。

## 品牌作为财务资产

尽管法律保护和消费者价值问题对于理解品牌来说是十分重要的，但是，从整合营销传播规划的角度来看，这两个方面尚未能触及品牌最重要的要素。由于整合营销传播主要关注的是如何通过一段时间来建立品牌价值，因此其对品牌的定义就必然会带上一种实用的财务的视角。简单而言，品牌是通过以下几种方式来为企业创造价值的：

- 品牌在现有市场上创造了一种保障形式。也就是说，品牌在现在乃至未来有能力持续不断地从顾客那里获得收入。
- 品牌通常能够带来溢价效应。由于一个品牌本身具有一定的顾客价值，因此顾客愿意为拥有该品牌支付更多。同样，品牌能够让其所有者在经济不景气之时或者面临极为残酷的竞争之际仍然能够维持住现有的价格。
- 强大的品牌与无品牌力或者品牌力不强的产品或者服务相比，能够实现更高的销售。因此，品牌通常能够为企业提供更多的销量，帮助企业实现规模经济效应。
- 品牌能够通过提供一个突破口帮助企业扩展到新市场去。在一个新的细分市场或者产品类别中，一个有知名度的品牌进入该市场比其他品牌相对要容易一些。
- 强大的品牌使得新产品上市更为容易一些，与那些相对陌生的产品或者服务在进入该领域时所需要投入的资源相比，强大的品牌所需要的资源相对要少一些。
- 强大的品牌有助于企业进入新的区域市场，与不知名或者无品牌力产品相比，一开始就更容易被消费者和市场所接受。
- 强大的品牌有助于营销者进入新市场，受到来自新用户的阻力要小一些，或者进行重大营销投资的需求要小一些。

就我们对品牌的这三个独特的维度——法律、关系和财务——的讨论来看，我们已经可以归纳出一个关于品牌的新定义，这一定义对整合营销传播规划来说意义重大：

> 品牌就是由名称、标志、图像或者其他可见、可认知的身份识别性要素所代表的产品或者服务。这些身份识别性要素(a)可以获得法律的保护，(b)可以交换或者出售，(c)可以为买卖双方之间的关系提供可感知的价值，(d)可以体现出某种财务价值，以及(e)可以由品牌所有者进行管理，使之持续不断地创造价值。

# 品牌资产的现有定义

品牌可以为与其相关的群体创造利益。之所以要评估品牌价值，就是为了确定这些利益。而评估品牌价值之所以比较艰难，是因为品牌是为两个完全不同的群体创造资产：首先，是企业及其员工、股东和管理层；然后，是现有顾客、潜在顾客和最终使用者。在每个群体各自为品牌创造了多大价值这一问题上，经常存在着显著的差异。

由于存在着两种形式可衡量的品牌资产，因此这个问题就变得越发复杂了：

- 现有顾客和潜在顾客在态度方面体现出来的价值，这主要是由对品牌的认知、观念、感知以及信任构成的，这些要素是由不同的利益相关群体经过很长一段时间才建立起来并不断延续的，可以使品牌与竞争对手区别开来。
- 品牌在市场上累积的财务价值，这一价值可以由企业、其所有者或者股东在未来的某一时间节点上转化成为现金或者现金等价物。

一个有意义的品牌资产定义必须把这三个不同的视角都考虑进去。要给出一个能够让整合营销传播规划者认可的定义，我们首先得看一下其他人是如何定义品牌资产的。美国营销科学院给出的定义聚焦于品牌的竞争性："有关品牌的顾客、渠道成员和母公司的各种关联和行为的集合，这些关联和行为使得品牌与该品牌不存在的情形相比能够实现更多的销售或者更高的利润，也使得品牌与竞争对手相比拥有更强大、更持久、更加差异化的优势。"[3]

管理思想家大为·艾柯则提出了一个更偏向管理而不是营销的视角："品牌资产是与品牌名称和标志相关联的一组资产(或者负债)，这些资产(或负债)会增加(或减少)一个产品或者服务为一个企业或其顾客所提供的价值。"[4]这一定义主要关注的是品牌的动态性质，也就是说，不断变化着的顾客体验或者感知会强化(或者减弱)品牌的价值。最值得大家关注的是，艾柯是从顾客的角度而不是竞争的角度来定义品牌资产的。

莱斯利·切尔纳托利和马克姆·麦克唐纳德则提出了另一个观点，更聚焦于品牌资产的财务和会计特征："品牌资产是由支撑品牌的差异性属性构成的，这些属性能够提升资产负债表的资产价值。"[5]

最后，品牌研究领域的著名学者凯文·雷恩·凯勒则提出了一个基于态度的消费者导向的品牌资产观点："基于顾客的品牌资产是品牌知识在关于顾客对品牌营销活动所做出的响应方面体现出的差异性效应。当消费者熟悉该品牌，并且在记忆中留下了强烈的、正面的、独特的品牌联想时，就会有品牌资产产生。"[6]

很显然，每一个关于品牌资产的定义都略有差异，这是因为下定义者的背景和视角不同。但是，上述定义中没有哪一种能够把握我们所认为的最有意义的品牌资产属性和特征，当然这种意义是对整合营销传播规划者而言的。基于此，我们将在下一部分给出我们自己的品牌资产定义。

# 整合营销传播的品牌资产定义

图13.1总结了我们所理解的品牌资产的五个关键的战略性要素。正如四个角所展示的那样，这些要素分别是品牌存在、品牌识别和形象、品牌承诺以及质量认知。这四个要素像四块基石，合起来为品牌创造财务价值，正如该图中心位置所展示的那样。这一切反映了现有顾客、潜在顾客、员工和其他相关群体——不只是企业本身——是如何看待品牌的。值得注意的是，品牌资产必须放在一定的情境下来看：首先，要考虑到股东如何看待品牌资产，如何将之与竞争对手的品牌资产区别开来；其次，要考虑到诸如合作联盟、投资者、社区领导以及工会之类相关群体如何看待品牌资产。还有一个事实也很重要，那就是，品牌资产的所有四个基石都是可衡量的，可以使用态度方面、行为方面和财务方面的各种指标进行长期监测。

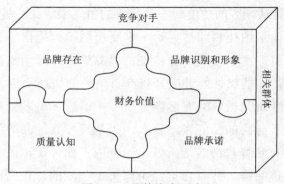

图13.1 品牌资产要素

接下来，让我们更加详细地了解一下品牌资产的四块基石，看看它们如何共同创造品牌的财务价值。

## 品牌存在

所谓品牌存在就是指现有顾客和潜在顾客以及其他利益相关者对品牌及其意义的了解程度。品牌存在通常通过研究品牌知晓度、品牌显著度和品牌偏好度等因素来衡量。一般来说，知晓度可以再分为：

- **再认度**。也就是现有顾客或者潜在顾客在被调查时识别出品牌的名称、图案、产品或者其他标志物的能力。
- **再现度**。这分有提示和无提示两种情况，其所反映的是现有顾客或者潜在顾客将品牌与其产品或者服务类别或者使用情况关联起来的能力，或者是将之与竞争对手进行某种比较的能力。

不管在哪一种情况下，人们都认为，品牌知晓度到了某一个节点是可以转化为更强有力的品牌显著度，也就是品牌在顾客心智中确实占有一个非常显著的位置。人们还认为，从这里开始，逐渐会形成品牌偏好度，而且，到了某一节点，很有可能产生针对某一产品或服务的购买行为，乃至于持续使用该产品或服务。

有些营销传播管理者认为，再现度是传播的首要目标，再现度能够反映出品牌的真实价值。如果现有顾客和潜在顾客知晓品牌的存在，而且其再认度和再现度很高，那么我们就可以由此推断营销传播尽职尽责了，顾客对产品或服务的购买和使用指日可待(正如第4章已经解释过的那样，这种思维模式所隐含的假定是顾客对一个品牌的态度能够直接产生购买行为，但是这一假定却是颇值得商榷的)。

## 品牌识别和形象

品牌识别和形象指的是诸如品牌主、营销者、现有顾客和潜在顾客之类群体对一个品牌所持有的观感、印象或者理解。品牌识别和品牌形象都是建立在不同利益相关者所赋予品牌的价值、属性、特征和个性基础上的。

为了讨论的方便，我们对品牌识别和品牌形象加以区分。品牌识别反映的是营销者或者品牌主的看法。也就是说，品牌识别代表的是品牌主或者管理者对于品牌究竟意味着什么的想法或意图，具体地讲，品牌对于顾客、消费者、潜在顾客以及其他利益相关者分别意味着什么。而另一方面，品牌印象则是在现有顾客、潜在顾客、使用者以及其他人看来，品牌究竟意味着什么，他们在某一时间节点上如何认为或看待品牌所代表的一切。以这种方式把品牌识别和品牌形象区分开来，其实是强调了这样一个事实，那就是，在企业对品牌的看法或者感觉与顾客和消费者对该品牌的体验之间经常存在着巨大的差异。

## 品牌承诺

品牌承诺反映的是顾客、消费者以及其他利益相关者对品牌的忠诚度。这种承诺可以从行为方面来衡量，比如说，可以衡量顾客维持率或者重复购买率。当然，也可以通过品牌的拥趸指标来衡量，这包括态度指标和行为指标。如果说品牌形象和品牌识别所代表的是品牌的认知价值，那么维持率和拥趸指标则能反映出现有顾客和潜在顾客的实际行为，这种行为可能是购买情况、使用情况，或者是在一段时间内针对品牌所采取的一个可衡量的相关行动。这样的行动包括持续不断地使用该品牌，或者向他人推荐使用该品牌。

## 质量认知

质量认知是现有顾客和其他利益相关者所持有的特殊类型的品牌联想，其所界定的是产品在使用过程中的表现及其给人们留下的印象。

关于质量，有很多种不同的类型。绝对质量是指产品或服务在市场上与企业或者竞争对手的产品所承诺、预期或者提供的各项指标相比，其实际表现如何。质量还和体现价值预期的价格相关；较低的价格可能意味着较低的价值，但是这样的价值对质量仍有一定的要求。顾客还可能将质量与竞争对手及其产品或者服务关联起来。而且，他们会将质量与其真实需求或认知需求关联起来。因此，质量通常取决于使用产品或服务的人的看法，并不是营销者所能掌控的。

由于质量认知是从顾客的视角看去对品牌的所有期望的总和，因此就与品牌的财务价值有着直接的关联，最终也会直接影响到股价以及企业在市场上的总体表现。

## 将所有要素整合起来

当我们将所讨论的这四块基石汇合起来，为公司创造出财务价值之后，我们就可以为品牌资产下定义了：

品牌资产是由品牌存在、品牌识别和形象、质量认知和各个利益相关群体对品牌的承诺四个要素组成的，其终极目的是为企业及其股东创造出长期的财务价值。品牌的各个维度既受竞争对手的一举一动的影响，也受现有顾客、潜在顾客、员工、联盟合作伙伴、投资者以及其他关键的利益相关群体的态度和行为的影响。

这一定义为整合营销传播规划者提供了一个手段，通过这种手段可以衡量品牌给企业或者其股东带来的价值,这种价值体现为短期和长期的现金流。究竟如何进行衡量,则是下一章要讨论的主题。

# 品牌是如何为企业创造价值的?

如果一个品牌不能为企业及其股东创造价值,那么企业显然也就没有必要把有限的资源浪费在其上面了。但是,营销传播究竟应该如何以高层管理者能够理解的方式来界定一个品牌的价值呢?界定品牌价值远非易事,其原因在于品牌资产并不同于诸如建筑、设备甚至研发之类资产,在企业的财务会计和报告活动中,品牌被视为无形资产。因此,品牌通常是不体现在资产负债表上的。举例来说,在一个品牌被另一个企业收购了的情况下,交易价格与其所获得的有形资产之间的差价通常会以"商誉"入账,然后分若干年来摊销。对于企业自己打造的品牌(即从未转过手的品牌)来说,企业的资产负债表从来都不记录任何有关品牌的财务价值。严格说来,品牌的资产价值一直不被企业视为重要的资产组成部分,除非哪一天品牌被买卖,或者被剥离出去,进行单独的理解、价值评估、体现某种财务估值。尽管确实有些企业以正式或非正式的方式,已经开始承认品牌的资产价值,有的甚至在年报中详细地分析品牌资产价值,并将之体现在资产负债表中,但是,对于绝大多数企业或者国家而言,这种做法显然并不常见。

为了帮助大家克服因为品牌的无形特征所造成的问题,同时也为了解决有关品牌资产这一更为重要的问题,我们先来概要地探讨一下无形资产问题。

## 理解无形资产

对于绝大多数企业来说,无形资产(品牌除外)是由诀窍、专利、顾客名录、许可权、重要合约和协议、资深管理团队等要素组成的。最近有一项研究,试图发展出一个为这些资产设定财务价值的方法论。[7]Brand Finance是总部设在伦敦的一家品牌评估公司,该公司在欧洲、拉丁美洲、亚洲和澳大利亚都有业务，最近对在伦敦金融时报交易所(FTSE)上市的350家企业的"无法解释的价值"进行了分析。

图13.2显示，对于FTSE 350中的所有企业来说，72%的市值都没有体现在其资产负债表上。这一分析算出了每个企业的总市值(通过将股数乘以当下股价而得出)，然后将之减去年末资产负债表上报告的有形资产的价值。然后，他们将这些数据整合起来，按照不同行业来展示无法解释的那部分价值的平均比例。整合后的数据表明，不同行业里的企业，其总市值和有形资产价值之间都存在着很大的差异，其中媒体差95%，公用事业公司也差17%。品牌及其价值正是处于无形资产的这一宽泛区间或定义之中。

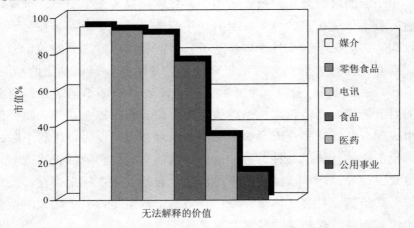

图13.2 市值和资产负债表中有形资产价值之间的差异 (1998年12月31日)

注：350个企业的市值中，有72%没有反映在其资产负债表上。
资料来源：From David Haigh, "Valuing and Managing Brands: Issues in Brand Valuation" (presented at Northwestern University, Evanston, IL, November 21, 2000). Used with permission from Brand Finance.

通过对在行业领头的美国企业进行类似研究，Brand Finance试图了解每个企业的市值中究竟有多少归结为无形资产。其结果与第一次研究并无二致(见图13.3)。对于盖普服装、埃克森石油、沃尔玛和亚马逊这样的企业来说，有形资产只占公司市值的25%，而无形资产却占了75%。即使是诸如波音、花旗和美国电话电报公司这类需要大量资本投入的公司，其市值中也有20%甚至更多是无形资产的价值。

基于这些数据，Brand Finance得出了一个结论，那就是，在未

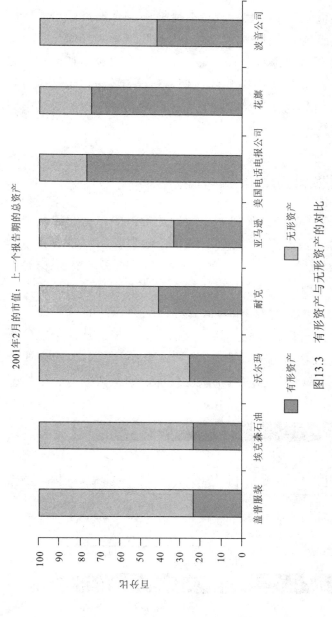

图13.3　有形资产与无形资产的对比

资料来源：From David Haigh, "Valuing and Managing Brands: Issues in Brand Valuation" (presented at Northwestern University, Evanston, IL, November 21, 2000). Used with permission from Brand Finance.

来，品牌在企业市值中的占比将继续提高。为了支持这一结论，Brand Finance用数据说话，其所引用的数据显示无形资产的价值在英国企业中是上升的。在二十世纪五十年代，在所有企业中，有形资产几乎相当于企业价值的80%。而到了九十年代，这一比例则下降到30%左右，而到了2010年，根据该公司的预测，有形资产将只占公司总市值的10%左右。这意味着品牌在企业价值中所占的比例从五十年代的5%上升到了2010年的60%。Brand Finance预计，在美国、欧洲乃至全球的新兴市场都将看到类似的发展趋势。

## 将品牌视为重要的价值驱动力

图13.4向我们展示了品牌是如何为企业创造价值的。企业的品牌建设通常会在四个主要领域给企业带来回报：(1)顾客增加，即购买品牌的顾客的绝对数量增加；(2)使用量，即现有顾客的购买量增加；(3)由于忠诚度的提高而使得顾客所带来的收入增加，从而为品牌增加了需求份额，或者减少了购买的波动性；(4)企业进行品牌延伸的能力提升，即将品牌向新的或者从未开发过的产品或类别领域延展，从而争取到新的顾客、新的销量，或者两者兼而有之(提请注意的是，品牌给企业带来的这些回报如此贴近营销传播的四个主要目标，即争取顾客、维持顾客、提升销量和价值以及在产品组合中转移顾客)。

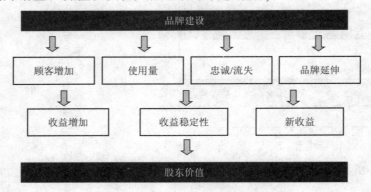

图13.4 品牌：重要的价值驱动力

资料来源：From David Haigh, "Valuing and Managing Brands: Issues in Brand Valuation" (presented at Northwestern University, Evanston, IL, November 21, 2000). Used with permission from Brand Finance.

提高收入方面的这四个机会使得企业或者品牌的收益也得到了相应的提升；收益的安全性或确保程度也提升了，未来顾客所带来的收入更加稳定了；新顾客所带来的新收入机会也增加了，这些是通过顾客推荐、服务区域扩展或者其他因素获取的。所有这一切都可以为股东价值做出贡献。

## 品牌收入模型的实际案例

图13.5所展示的是一个简单的品牌收入模型在市场中实际运作的情况。Orange是一家电讯公司，1994年开始在英国境内提供电信业务服务。1997年该公司的品牌建设投入达到6300万英镑。投入的这些营销活动最终帮助公司争取到了11万个新用户作为公司的通信业务客户，为公司带来了不少收益。最初一轮营销传播投入的回报达到了3.88亿英镑。这一数字表明，一个企业在营销方面的努力可以让企业获得回报，这种回报最终也让股东受益。

其营销传播投入的回报包括：(1)新注册用户带来了2.2亿英镑收入；(2)现有用户新增加了3100万英镑收入，即现有顾客新增加的服务或者使用量；(3)注册用户的终生价值增加了1.44亿英镑，即按照预期不会轻易离开的顾客数量(顾客流失率降低了)；(4)增加了1100万英镑许可权收益，这是指Orange这个牌子更响了，可以帮助该公司进入新的市场，并且向其他关联企业出售品牌使用许可权。

将所有这些收入按新增加收入、稳定性收入和品牌多元化收入这三个类别进行加总，其最终结果是3.88亿英镑，这一结果应该归功于Orange的品牌建设计划和活动。对于股东来说，这样的回报意味着，只在一年之内，品牌建设的投资就翻了五倍多。很显然，通过品牌和营销的传播而进行的品牌建设活动，对于代表着Orange所有股东的公司管理层而言，似乎是一项非常不错的投资。

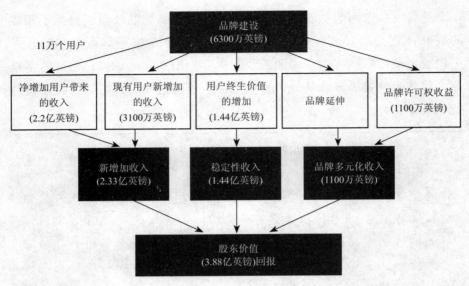

图13.5  Orange的品牌收入/回报(1997)

资料来源：From David Haigh, "Valuing and Managing Brands: Issues in Brand Valuation" (presented at Northwestern University, Evanston, IL, November 21, 2000). Used with permission from Brand Finance.

# 品牌如何为企业和股东创造价值

品牌通过两种方式为其所有者创造价值。首先，品牌通常会为其所有者移动需求曲线，也就是说，将产品的需求曲线向上、向外移动，意味着能够销售更多的产品，通常以更高的价格来销售(我们可以回顾一下本章前文中所提及的营销科学院对品牌的定义)。因此，与普通品牌或品牌力比较弱的竞争对手相比，一个强品牌可以帮助营销者，要么以更高的价格销售产品，要么在既定的价格上销售出更多产品。

正如图13.6所展示的那样，一个产品或者服务的销售和利润取决于其需求曲线，也就是，顾客究竟愿意购买多少数量的产品，以什么价格购买。尽管只是举了一个例子而已，但是该图已经充分说明，顾客对一个有品牌力的产品的需求更高，而且，对于一个有品牌力的产品来说，其定价也要比无品牌力产品更高。正是基于这一基本前提，企业才致力于发展品牌、维护品牌——品牌使产品得以脱离只靠价格和铺货来竞争的无差异化商品状态，进入到更高的层面，在这一层面上，品牌能够为其所有者创造更大的价值。

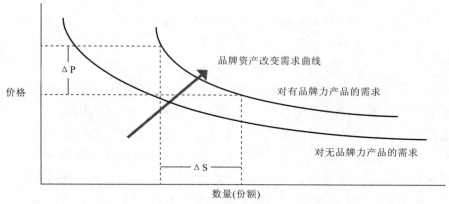

图13.6 品牌改变需求曲线

资料来源：From David Haigh, "Valuing and Managing Brands: Issues in Brand Valuation" (presented at Northwestern University, Evanston, IL, November 21, 2000). Used with permission of Brand Finance.

顾客需求曲线之所以会移动，主要是因为以下几个原因：

- 品牌及其认知价值会使整个市场类别得以发展。比如说，索尼随身听的上市使得整个随身听音乐这一类别得到了长足的发展。

- 品牌能够通过鼓励消费者放弃竞争对手的品牌转而选择本企业的品牌，为本企业获取新的顾客。

- 品牌能够从品类的新进入者那里获得新顾客。这些新顾客过去未曾尝试过这一产品类别，现在因为市场上出现了该营销者的品牌而开始尝试使用了。

- 品牌维护顾客的能力比想象的要强。通过降低顾客流失率，品牌能够影响需求曲线，使之朝着有利于企业的方向移动。

- 现有顾客会交叉购买或者向上购买营销者的品牌下的其他产品，原因很简单，他们对目前的品牌非常满意。

- 品牌能够帮助企业为其产品或者服务设定更高的价格，因为品牌能够提升人们对其产品或者服务的价值感知，或者，正是因为品牌本身所具有的价值，所以品牌能够帮助企业在面临整个类别的价格都在下降这种局面时仍然维持原来的售价。

我们可以举一个实际例子，来说明品牌所拥有的改变需求曲线的能力。丰田公司将其在英国生产并销售的一款车型命名为"花冠"（"卡罗拉"）。丰田公司用"卡罗拉"作为品牌销售该款汽车，不仅销量更大而且价格更高，而丰田和通用汽车公司的合资企业推出的一款汽车，其车型与"卡罗拉"完全相同，只是品牌名称叫"Geo Prizms"，不仅销量小而且售价低。因为这两款车型无论是配置还是性能都毫无二致，唯一的差别就在于品牌，所以，两者之间在销量和价格上的差异也就显得非常重要了。事实上，这两款汽车还是在同一家工厂、由同一批工人、使用同样的机器设备甚至是同样的底盘和框架制造出来的，所以二者之间根本没有任何实际上的差异。很显然，是品牌的价值导致购买者把它们看作不同的汽车。

品牌为企业创造价值的第二种方式是移动供应曲线。正如图13.7所展示的那样，强大的品牌资产能够帮助企业降低成本，因为人们对该品牌的需求远远超过对无品牌力产品的需求。对品牌的更大需求以及随之而来的更大销量给企业的制造和分销带来了更大的规模经济效应。

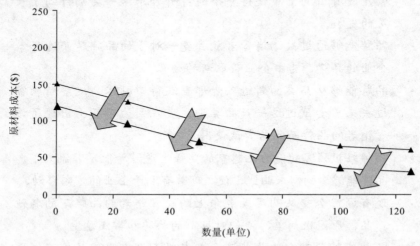

图13.7　强大的品牌资产改变供应曲线

资料来源：From David Haigh, "Valuing and Managing Brands: Issues in Brand Valuation" (presented at Northwestern University, Evanston, IL, November 21, 2000). Used with permission from Brand Finance.

一般来说，供应曲线的移动体现为以下六个方面：

- 由于潜在顾客对大品牌或强品牌所提供的价值有着更多的认知和更深的理解，所以这样的品牌推销起来所需要的销售转换费用就比较低。

- 通常而言，对大品牌或强品牌来说，渠道和其他相关方在贸易条款方面所要求的平均折扣率并不大，也就是说，比起普通品牌或品牌力比较弱的营销者来说，大品牌或强营销者在销售产品或服务时通常能保持比较高的净价，更接近其所设定的刊例价。

- 一般来说，拥有强大品牌资产的企业的用人成本比较低，招聘的成本比较低，员工的流失率也比较低。

- 拥有强大品牌资产的企业在和供应商的合作中通常能够获得更优惠的条件，也就是说，在与提供原材料和专业服务的供应商谈判时，谈判力比较强。

- 拥有强大品牌资产的企业获取资金的成本也相对较低，因为贷款方对这类企业总是更加有信心，认为这类企业与一般企业相比，销售产品或者服务的能力更强，盈利的能力也更强。

- 上述五点综合起来，其结果是，品牌力强的企业通常能够在生产上实现总体的规模经济效应。

如此一来，我们就不难看出，强大的品牌如何转化成巨大的品牌资产，进而为企业的股东创造出更大的价值。

# 总结与预览

在本章中，我们讨论了品牌如何为其所有者创造价值。尽管品牌一般来说属于无形资产，但是却具有财务价值，并且能够为企业及其管理者提供财务杠杆。

带着对品牌的上述理解，我们可以开始讨论如何衡量品牌资产的方方面面。这就是下一章的内容。

# 参考书目

1. Philip Kotler, *Marketing Management*, 10th ed. (Upper Saddle River, NJ: Prentice Hall, 2000): 404.

2. John M. Murphy, ed., *Brand Variation* (London: Business Books, Ltd., 1989): 173.

3. Marketing Science Institute, quoted in Kevin Lane Keller, *Strategic Brand Management*, 2nd ed. (Upper Saddle River, NJ: Prentice Education, 2003): 43.

4. David A. Aaker, *Building Strong Brands* (New York: The Free Press, 1996): 7–8.

5. Leslie de Chernatony and Malcolm McDonald, *Creating Powerful Brands in Consumer, Service and Industrial Markets*, (Boston: Butterworth-Heinemann, 1998): 397.

6. Kevin Lane Keller, *Strategic Brand Management: Building, Measuring, and Managing Brand Equity,* (Saddle River, NJ: Prentice-Hall, 1998): 45.

7. The section that follows is adapted from David Haigh, "Valuing and Managing Brands: Issues in Brand Valuation" (presented at Northwestern University, Evanston, IL, November 21, 2000).

# 第 14 章

# 品牌资产的评估方法

至此，我们已经界定了品牌资产的组成要素，即品牌存在、品牌识别和形象、品牌承诺以及质量认知，而且我们还了解了这些要素究竟是如何结合在一起，为企业创造财务价值的，而接下来摆在我们面前的挑战是，如何评估品牌资产的长期价值。概括地讲，至今为止已经出现了两种评估品牌资产的方法。第一种方法是评估消费者或者顾客的态度、情感关联以及顾客和品牌之间所形成的认知和关系。第二种方法是从财务角度来评估品牌资产，这对于整合营销传播规划者来说具有最重要的意义。本章将会详细探讨这两种方法。

## 用顾客态度来评估品牌资产

品牌价值或者品牌资产的传统评估方法主要通过衡量品牌在现有顾客和潜在顾客那里的态度方面的价值来进行的。也就是说，所有的研究技术基本上是聚焦于现有顾客或者潜在顾客对品牌及其品质、属性、传播讯息等方面的了解和理解。事实上，本书第4章中讨论过的那个人人熟知的效果层级模型就是用来评估品牌认知度的最简单的一个方法。

尽管将态度方面的指标和财务结果直接关联起来有难度，但是态度方面的指标仍然扮演着一个十分重要的角色，能够帮助管理者理解顾客选择和偏好如何驱动品牌创造价值，这种价值也是顾客看重的。市场研究行业已经发展出了十几种(如果不说是几十种)工具和技术来衡量和监测消费者、现有顾客、潜在顾客的观点和看法，涉及品牌健康度、品牌力和品牌价值等各个方面。因此，为完整起见，我们有必要在此简要地介绍一下基于态度的各种品牌资产评估模型中最著名的四种。

在我们开始介绍之前，理解这样一点是很重要的，那就是，所有态度方面的指标与效果层级模型所赖以建立的基础和所采用的术语都是大同小异的。不管是哪种方式，一般都希望衡量这样一些因素，包括品牌知晓度以及某一类别或品牌的关联、理念和认知情况，顾客是如何使用品牌的，是谁在使用，是在什么情境下使用的。

对上述领域中的每一个指标进行收集、分析和解释能够揭示品牌力的方方面面。比如，我们可以说某一个品牌的品牌力很强，因为有许多人都听说过它，每当提及某一类产品时人们就不由自主地联想起该品牌。如果有许多人，要么是通过言辞要么是通过行动，都对某一品牌表达出很强的忠诚度或者喜好度，那么我们显然也可以认为该品牌的品牌力很强。除此之外，如果与某个品牌密切相关的意象或者功能、情感或自我表达方面的利益能够是现有顾客或者潜在顾客心驰神往的，那么该品牌的品牌力也很强。

所有这些认知最终之所以与企业的利润息息相关，是因为这些认知在一定程度上能够转化为消费者的行为。换句话说，态度方面的衡量指标假定，态度和认知先于行为而发生，并进而引导人们购买某一品牌，忠诚于该品牌，愿意为了该品牌付出更多，甚至自觉地将该品牌推荐给朋友和家人。

基于这样的假定，研究人员发展出了各种不同的模型，用来衡量品牌力、评估品牌绩效。这里我们会着重讨论其中四个模型。所有这些模型都需要依靠某种形式的研究，将品牌与同一产品类别中的竞争对手关联起来，而且，在很多情况下，将品牌与其他领域的品牌进行关联。所有这些模型都没有什么地域性限制，已经为世界各地许多行业的领导者公司所普遍采用。这些模型是BrandDynamics(品牌动力模型)、the Conversion Model(品牌转化模型)、EquiTrend(品牌资产趋势模型)和Brand Asset Valuator(品牌资产评估者模型)。

# BrandDynamics(品牌动力模型)

BrandDynamics是由Millward Brown公司发展出的一个根据品牌关系的五个阶段来跟踪品牌资产的模型。这一模型认为，顾客态度和偏好会依次递进，从品牌的一般存在一直到品牌与顾客之间缔结情感纽带，正因为如此，在这里所讨论的四个模型中，该模型与效果层级模型之间的共同之处最多。BrandDynamics分析的目的是帮助企业更好地理解品牌在五个不同阶段的状态和影响。图14.1形象地展示了BrandDynamics的金字塔模型。在任何一个阶段，横条的宽度取决于在该层面上可以计算在内的现有顾客和潜在顾客所占的比例。

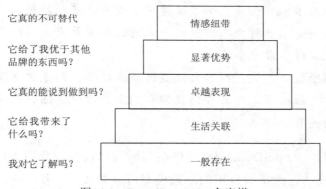

它真的不可替代　　　情感纽带

它给了我优于其他
品牌的东西吗？　　　显著优势

它真的能说到做到吗？　　卓越表现

它给我带来了
什么吗？　　　　　　生活关联

我对它了解吗？　　　一般存在

图14.1　BrandDynamics金字塔

资料来源：Used with permission from Millward Brown North America.

金字塔的每一层都代表顾客和品牌之间关系的一个阶段。每一层也同时展示了如果要将某一阶段的顾客向下一个层面迁移所需要做到的一切，而这也提出了独特的传播挑战。该模型中不同阶段的具体情况如下：

1. **一般存在**。这里衡量的是目标顾客群体对品牌的知晓度。如果顾客不知道品牌名称或者不能回忆起是否使用过该品牌，那么营销者就需要对其营销投入力度、传播讯息或媒介投放重新进行评估。

2. **生活关联**。这里衡量的是现有顾客和潜在顾客是否认为品牌确实为他们提供了与其生活息息相关的东西。如果关联度得分偏低，那么营销者也许需要更有效、更充分地展示该产品的用途，或者把顾客能够关联到的使用者究竟是个什么样子描述清楚。

3. **卓越表现**。这关系到产品的质量认知、耐用性和功能。如果现有顾客和潜在顾客不认为品牌兑现了其承诺的话，那么营销者也许需要通过实际的测试、展示、试用等措施向人们证明产品的功效表现。

4. **显著优势**。这一指标衡量的是目标受众是否感知到了或者理解了品牌的独特属性或特性。无差异品牌在这一维度上的得分通常都很低。但是，如果品牌确实拥有真正独特的属性，那么，营销者以一种令人信服的方式将这些差异点沟通给目标顾客，就显得非常重要了。

5. **情感纽带**。这是顾客忠诚度的最高境界。到了这一境界，营销者要强化顾客对品牌的信仰和承诺，珍视并回馈这一天长地久的关系。

很显然，BrandDynamics模型在判断品牌以往的营销和传播工作是否取得了成功方面是最有用的。该模型可以做成一个积分卡，记录品牌在市场上已经取得的成就，并为未来的营销和传播行动指引方向。

BrandDynamics模型的优势在于，它能够跟踪处在每个阶段的参与者所占的比例，以此来监测某一个品牌(及其竞争对手)的移动情况。由此出发，营销者可以更为详细地了解每个阶段和每个层面上品牌和竞争对手各自的顾客的特征。但是，由于这种方法仍然是一个基于态度的方法，因此它只能看到品牌资产问题的一面——现有顾客和潜在顾客目前对某一品牌的看法和感受如何。因此，该模型仍然不能使得品牌资产的任何财务指标相互之间建立关联。

# The Conversion Model(品牌转换模型)

品牌转换模型是由南非调查公司发展出来的。目前索福瑞公司通过其所获得的授权协议将该模型推广到了全球市场上。该模型致力于评估品牌的"消费者承诺"的程度。简而言之，这意味着衡量顾客和品牌之间的关系的深度。过去，对顾客承诺的衡量一直主要是与广告认知和品牌形象一起进行的。

品牌转换模型有一个假设，那就是，顾客承诺一个品牌绩效指标，该指标不同于传统的广告和营销的态度指标，远比后者要有效果。对顾客承诺的评估通常会采用少数几个问题，主要衡量与购买决策过程相关的四个因素：

- 对产品类别的卷入度
- 对所使用品牌的满意度
- 对竞争对手的倾向性
- 对品牌态度的暧昧性

基于对这四个因素的数据收集，品牌转换模型能够在由八个完全不同的关系类别所组成的系统中勾勒出现有顾客和潜在顾客的特征，具体见图14.2。

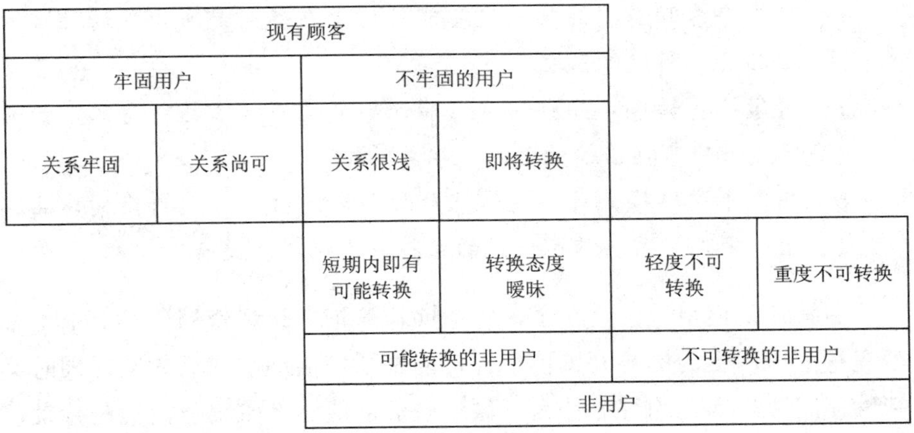

| 现有顾客 | | | | | |
|---|---|---|---|---|---|
| 牢固用户 | | 不牢固的用户 | | | |
| 关系牢固 | 关系尚可 | 关系很浅 | 即将转换 | | |
| | | 短期内即有可能转换 | 转换态度暧昧 | 轻度不可转换 | 重度不可转换 |
| | | 可能转换的非用户 | | 不可转换的非用户 | |
| | | 非用户 | | | |

图14.2　转换模型

前四种关系反映的是品牌现有顾客，代表了他们对品牌所表现出的承诺程度：

1. **关系牢固**。这些顾客对当前所使用的品牌，其承诺度很高。在可以预见的未来，他们根本不可能转换品牌。

2. **关系尚可**。他们对当前所使用的品牌有着一定的承诺，但是其程度比不上关系牢固的顾客群体。在可以预见的未来，他们也不太可能转换品牌。

3. **关系很浅**。这些顾客对该品牌并没有太多的承诺，转换其品牌可能会很快很轻易。这一群体中的有些顾客可能已经在积极地考虑其他选择了。

4. **即将转换**。这些顾客对品牌已经开始感到不爽了，已经想移情别恋了。他们在不久的将来就很有可能放弃该品牌。

接下来四种关系则是由品牌的非使用者组成的。研究者试图使用研究工具测试出这些人从其当下所使用的竞争对手的品牌那里转换过来的意愿和可能性。

5. **短期内即有可能转换**。品牌的这些非使用者是最有可能在短期内争取过来的。

6. **转换态度暧昧**。品牌的这些非使用者在其当前所使用的品牌和该品牌之间犹豫不决。

7. **轻度不可转换**。品牌的这些非使用者是不太容易获得的，但也不是没有可能去影响的。

8. **重度不可转换**。品牌的这些非使用者绝对不可能转换到该品牌上。他们对其当前所使用的品牌有着强烈的偏好。

品牌转换模型的价值在于，它能够让营销者认识营销活动对消费者潜在行为所产生的影响。该模型评估的是营销活动的滞后效应，同时又帮助品牌更好地预测究竟什么时候这些活动能够产生销售。一些持批评意见的人认为，该模型并不是在评估品牌资产，而更多的是对广告和传播进行观察，其所聚焦的是营销传播监测和跟踪的效果与效率。

# EquiTrend(品牌资产趋势模型)

由Harris互动公司发展出的EquiTrend品牌资产评估方法是一个在线的研究，每年举行两次，着重对多个品类中的上千个领导品牌进行跟踪研究。[2]在该研究中，被访者需要给100个品牌打分，其中20个是每个人都要打分的核心品牌，而另外80个则是从研究中余下的品牌中随机挑选和轮换的。EquiTrend方法主要是基于以下三个衡量指标：

* **品质**。采用10量表，其中0分代表"品质极差/绝对不能接受"，10分代表"卓越/超群的品质"。
* **名气**。知道某一品牌，并认为自己已经获得了足够多关于该品牌的信息，可以给它打分了的人所占的比例。
* **资产**。品质得分乘以名气得分。

EquiTrend方法将品质得分大于等于8的品牌定义为"世界级品牌。"在2002年春季的研究中，被认为是世界级品牌的所有品牌中，美国的Discovery Channel("发现"电视频道)排名第一，如表14.1所示。

表14.1　EquiTrend 2002年春季研究结果

| 排名 | 品牌 | 品质 | 名气 | 资产(品质×名气) |
|:---:|---|:---:|:---:|:---:|
| 1 | Discovery Channel | 8.38 | 92 | 77.1 |
| 2 | Craftsman tools | 8.37 | 89 | 74.5 |
| 3 | Hershey's Kisses | 8.16 | 99 | 80.8 |
| 4 | Bose stereo and speakers | 8.15 | 70 | 57.1 |
| 5 | WD-40 spray lubricant | 8.15 | 91 | 74.2 |
| 6 | Crayola crayons and markers | 8.15 | 92 | 75.0 |
| 7 | Reynolds Wrap aluminum foil | 8.12 | 84 | 68.2 |
| 8 | TLC (The Learning Channel) | 8.12 | 84 | 68.2 |
| 9 | Neosporin ointment | 8.11 | 86 | 69.7 |
| 10 | M&M's chocolate candies | 8.09 | 98 | 79.3 |

# Brand Asset Valuator(品牌资产评估者模型)

1993年，由扬雅广告公司首先开始采用品牌资产评估者模型，该模型是全球性的品牌跟踪研究专属数据库，在我们所讨论的四个方法中，人们对其熟悉度最高。[3]该模型自建立以来，已经在全球四十多个国家进行了120多项研究，先后接触的消费者超过18万，所有这些研究都采用完全一致的方法。因此，这个数据库是十分可靠的，在全球范围关于品牌的总体研究中很可能是最好的。该方法采用了56个关键指标，然后进行加总、汇集，最后形成关于品牌表现的四根重要"支柱"(维度)。根据扬雅公司的说法，之所以选择这四个维度是因为这四个维度之间的变动情况与各种维度的任何其他组合方式的变动情况相比，似乎更能解释清楚品牌何以发展、如何衰落以及如何起死回生。这四根支柱具体如下：

- **差异性**。品牌区别于同类别中其他品牌的程度。
- **相关性**。品牌对于顾客个人的意义和相关程度。
- **尊重度**。顾客喜欢并且看重品牌的程度。
- **认知度**。顾客对品牌知晓和理解的程度，是否理解品牌所代表的一切。

如果我们把这四根支柱放在一起来看，那么前两个指标——差异性和相关性——合起来代表了品牌之力。后两个指标——尊重度和认知度——合起来代表了品牌之位。图14.3展示的是品牌评估的整体框架，通过不同的指标来分析品牌及其与顾客之间的关系。

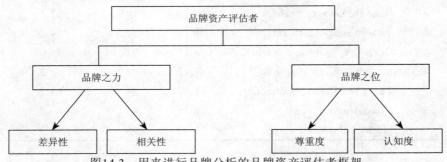

图14.3 用来进行品牌分析的品牌资产评估者框架

资料来源：From "White Paper on the Brand Asset Valuation," 2000, yr.com. Used with permission from Young & Rubicam Inc.

　　品牌资产评估者模型所赖以建立的前提条件是这样一个假定，该假定认为，品牌是按照一定的序列来打造的，也就是说，一开始品牌需要将自己和其他品牌区分开来，而最终要在消费者那里实现很高的品牌认知度，从而完成整个品牌建设过程。根据这样的方法，差异性就是整个过程中的一个关键要素，它推动其他所有要素的发展。该模型始于差异性，然后向相关性发展，以此初步形成品牌之力。接下来是尊重度，最后是认知度，至此，品牌之位也已成就。但是，每根支柱中，其衡量指标又是动态的，而一个品牌的价值很可能在品牌之力和品牌之位两方面都下降，尽管说二者并不一定以相同的速度下降。

　　为了更好地基于品牌所获得的分数来理解不同的品牌并加以比较，我们需要借助图14.4所展示的品牌力网格。这个网格对品牌之力的分数和品牌之位的分数进行了组合。

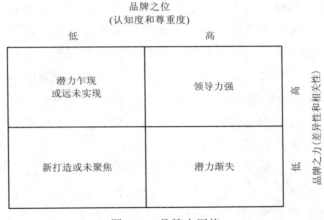

图14.4　品牌力网格

资料来源：From "White Paper on the Brand Asset Valuation," 2000, yr.com. Used with permission from Young & Rubicam Inc.

　　品牌之力和品牌之位得分都低的品牌——在左下方的象限里——很可能是一个新品牌，或者是一个未聚焦的品牌，很少有人知晓它，也不知道它代表什么。而在另一方面，品牌之力得分高但是品牌之位得分低的品牌——在左上方的象限里——有了初步发展，不过还有很大发展空间。这些是典型的新兴品牌或者其潜力远未实现的品牌。

　　在右上方象限里的是拥有稳固领导地位的品牌，比如迪士尼、索尼等。它们在品牌之力和品牌之位两个维度上的得分都很高，因而拥有很高的品牌忠诚度和卓越的市场表现。很不幸的是，强大的品牌并不可能一劳永逸地永葆领导地位。如果管理不善，一个品牌在这个品牌力网格中就可能开始丧失其差异性和相关性。对于品牌而言，这样的命运当然不招人待见，这样的品牌尽管仍然广为人知，但是却丧失了其在顾客心目中的独特性和重要性。最近几年来，根据品牌资产评估者研究的结果，诸如TWA、灰狗长途汽车公司、假日酒店之类品牌已经沦落了，陷入"潜力渐失"这一象限里，这对于所有品牌的所有者都是前车之鉴，不可不慎啊！

品牌资产评估者模型就其本质而言是一个诊断工具，使用这一工具可以捕捉市场机会，遏制品牌衰退，帮助营销者理解品牌与相似产品和品牌相比所具有的价值。颇为有趣的一点是，品牌资产评估者模型一直以来都赋予品牌以财务价值，但也没有人明确指出，如果管理者能够提升有关差异性和相关性这两个关键的衡量指标的话，企业可以从中获得什么样的回报。但是，值得关注的是，扬雅公司最近和Stern Stewart公司签订了一个协议，双方决定一同打造一个新的模型，叫做"Brand Economics"。他们将品牌资产评估者模型研究所获得的数据与财务数据以及Stern Stewart公司的经济增加值(EVA)这一财务价值评估方式关联起来。这两家公司认为，这种结合有可能在世界上建立一个最好的品牌价值评估方法。其中，品牌资产评估者模型这一部分可以界定品牌所处的地位以及进一步提升的方法，而EVA的方法则可以界定品牌的经济价值，这对于需要考虑投资及其回报的管理者来说是极有价值的。 让我们拭目以待Brand Economics模型的未来发展趋势。

## 基于态度的品牌资产评估方法的固有缺陷

所有基于态度的品牌资产评估系统都存在着一个主要问题，那就是，研究公司或者营销者无法将态度方面的衡量指标与实际的购买行为关联起来。从直觉上看，二者之间似乎存在关联，但是仍然有待证明。因此，尽管营销者可能非常了解人们对品牌的看法和感受，但是要将人们的态度与其在市场上的实际表现关联起来，以及为这些看法和感受赋予某种财务价值，都是非常困难的，甚至是根本不可能的。

当然，对于品牌的管理者来说，了解品牌存在、品牌识别和形象、质量认知或者消费者的承诺程度是非常重要的。但是，这些衡量指标本身无法指导营销者决定在品牌上投入多少，也无法让营销者知道投入能够带来多少回报、什么时候能够带来回报。态度方面的评估确实能够帮助营销者对自己品牌和竞争对手品牌进行比较，但是，同样的问题还是存在——我们几乎没有办法把这些竞争方面的指标与任何财务价值关联起来。高层管理者提出的目标是要对真正的结果进行评估，不只是对一般的产出进行评估，而为了实现这一目标，我们不得不对品牌价值或者品牌资产的财务指标进行某种衡量。

# 品牌资产的财务评估方法

过去已经发展出了几种可以用来确定品牌或者品牌资产的财务价值的方法。我们先介绍其中五种主要方法：历史成本法、替换成本法、市值法、权益金节省法和经济适用法。经济适用法与基于价值的整合营销传播之间最具协同性，其中原因我们后面会予以介绍。接下来，我们将一一介绍上述方法。

## 历史成本法

顾名思义，历史成本法是指品牌所有者多年以来在品牌发展过程中究竟投入了多少才使得品牌发展到了今天这个程度。这些投入通常包括对营销传播、包装、品牌图案和符号以及标识系统等方面的投入。将相关发展阶段品牌所有者的所有投入都加在一起，就可以确定实际投入了多少。

当然，这种方法在使用过程中也会面临很多问题，其中包括收集较长一段时间内的确切投资数额是很困难的，以当下市值对成本重新进行估值几乎是不可能的，可进行比较的类似品牌很难找到，等等。这种估值方法所面临的主要问题是各种成本，即投向品牌的各种投资，与品牌当下的市值毫无关联或关联甚小，当然，这里说的市值是根据顾客所带来的收入或者市场所提供的购买价格来确定的。

# 替换成本法

和历史成本法相类似的是，替换成本法这种估值方法同样需要评估为了替换当下市场上的品牌需要花费多少成本，这些成本包括在营销、传播、设计和其他品牌建设活动上的投入成本。因此，该方法要计算的是在同样的市场上，采用现有的工具、采取现有的行动，建立一个相类似的品牌需要付出的代价。考虑到品牌发展的乘数效应，要清楚地确定在当前市场上重建或者替换该品牌，或者从头开始建立一个新品牌来取代现有的品牌，究竟需要多少投入，这通常是难上加难的。同样，要界定在当前或者未来市场上创造出相同的品牌价值究竟需要哪些相关成本也会面临重重困难。这一方法借用了传统的会计方法，其中有形资产(机器、滚动库存、计算机等)的价值是能够估算出来的，只要确定替换这些材料或者设备需要多少成本就可以了。通常来说，考虑到品牌所具有的无形和动态特性，这样的评估方法是不合适的，尽管也有一些研究机构试图用这种方法来评估品牌建设的成本和因此产生的品牌价值。

# 市值法

我们在前文中就提到过品牌评估所采用的市值法。如果我们针对感兴趣的对象将一个品牌挂牌出售，就可以看看该品牌的市场价值(市值)是多少，或者该品牌可能为企业带来多大价值。尽管这样的估值方法确实能够确定一个品牌在潜在的买主那里的市值，但是如果一个企业不打算出售该品牌，评估其价值只是为了更好地管理其资产和资源，或者为了使未来的投资有一个基础的话，那么，这种方法就没有什么用处。因此，尽管市值法确实能够精确地界定品牌的真实市值，但是，它在日常的成本管理和投资决策方面对于品牌所有者并没有什么帮助。

# 权益金节省法

这一方法确定的品牌资产价值更接近于品牌持续变化的真实市值。该方法的基本假定是，如果对品牌进行估值的企业本身目前并不拥有该品牌，为了在市场上获得该品牌的价值和利益，该企业需要支付一定的费用或者权益金。因此，权益金节省法试图确定的是，一家企业需要支付多少许可费或者权益金给某个品牌的所有者，才能在市场上使用该品牌名称及其不同属性。换句话说，从品牌价值评估的角度来看，一家企业自己拥有一个品牌，而不是为了使用它而向别人租用或支付权益金，这样的话，能够节省下来多少钱？

为了确定权益金，企业可以比较类似产品的许可费费率，或者咨询外部专家什么样的费率是合适的。如今，有很多数据库都有关于大多数企业当下的权益金率的信息。尽管有这些数据资源可以利用，但是权益金节省法还是存在一个很大的问题，那就是，如何找到一个相关的品牌进行比较；另外，复杂的费率结构问题和权益金率的透明度问题都难以解决。

表14.2提供了一个实际案例，从中可以看到权益金节省法是如何确定品牌价值的。被评估品牌的净销量预测做了五年，起始年被设定为第0年。权益金是按销售额的10%收取的。如此推算，第0年的权益金为50美元，第1年为52美元，依此类推。其中，还要去掉预估的税收。使用33%的税率，第0年的税收为16.5美元，第1年为17.16美元，依此类推。这样就能算出权益金净值(见e行)。以这一权益金净值为基础，还要用折现现金流(这里采用15%折现率)的方法计算出权益金收入的净现值。用权益金除以折现系数(见f行)，我们就可以得出五年中每一年的现金流折现后的净现值(见g行)。第5年的价值(g行中每一年的总和)为129.11美元，显示在h行。除此之外，在权益金总额中还要加上年金额，以包括第5年以后的未来收益，这样得出的结果是144.35美元。将这一结果和129.11美元这一净现值相加，所得到的品牌总价值是273.46美元。这就

表14.2 权益金节省法

| 简化版 | | 0年 | 1年 | 2年 | 3年 | 4年 | 5年 |
|---|---|---|---|---|---|---|---|
| 净销售额 | a | $500.00 | $520.00 | $550.00 | $580.00 | $620.00 | $650.00 |
| 权益金率 | b | 10% | 10% | 10% | 10% | 10% | 10% |
| 权益金收入 | c | $50.00 | $55.00 | $55.00 | $58.00 | $62.00 | $65.00 |
| 税率 | d | 33% | 33% | 33% | 33% | 33% | 33% |
| 税收 | d | $16.50 | $17.16 | $18.15 | $19.14 | $20.46 | $21.45 |
| 权益金净值 | e | $33.50 | $34.84 | $36.85 | $38.86 | $41.54 | $43.55 |
| 折现率 | f | 15% | | | | | |
| 折扣系数 | f | 1.00 | 1.15 | 1.32 | 1.52 | 1.75 | 2.01 |
| 折现现金流 | g | | $30.30 | $27.86 | $25.55 | $23.75 | $21.65 |
| 第5年的价值 | h | $129.11 | | | | | |
| 年金 | i | $144.35 | | | | | |
| 增长率 | | | | | | | |
| 品牌价值 | | $273.46 | | | | | |

是使用这种方式计算出来的品牌的当下价值。相应地，如果营销者准备出售品牌许可权或者为了获得该品牌的使用权而支付权益金的话，那么这就是其所要支付的金额，或者该品牌对于其所有者的价值。

## 经济适用法

由于这是评估或者计算品牌价值或者品牌资产的最受欢迎的方法，所以接下来我们会在下一节更为详细地予以解释。这一方法是建立在这样一个理论基础上，该理论认为，增量的收入来自品牌的所有权，而品牌的价值是指品牌所有者获得的未来收益。经济适用法的意义是，有很多证据表明，如果品牌价值评估工作做得好的话，那么就能够给企业提供有用的管理洞察，从而更好地理解品牌对整个商业模式的影响。

接下来的案例解释了经济适用法的作用原理。该模型是由一家专门从事品牌价值评估的总部位于伦敦的咨询公司Brand Finance建立的。

# 经济适用法的作用原理：
# Brand Finance模型

这个品牌价值评估模型的第一步是确定品牌可能给企业带来的当下和预计的未来收益。然后，再将这些收入进行折现，以得出净现值。接下来几个章节中将详细地阐释并演示折现现金流(DCF)法，这是计算未来收益最常见、最广为人接受的方法。

图14.5展示了Brand Finance的模型。这一模型包含了下列三个基本组成部分：

- 品牌细分和当下业务预测；
- 品牌附加值(BVA)指数，即用来确定收入中品牌所带来的价值的指数；
- 品牌Beta分析，用来确定计算风险和金钱现值所需要的折

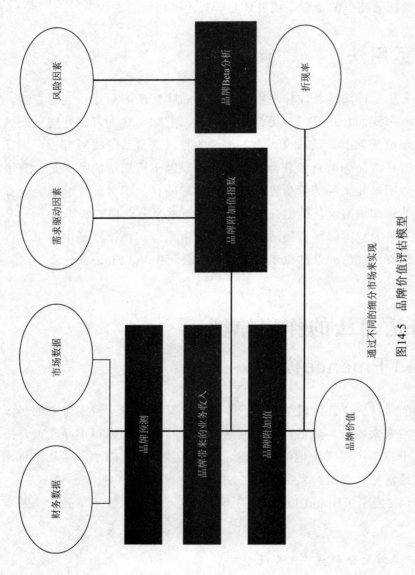

图14.5 品牌价值评估模型

资料来源：Used with permission from Brand Finance.

现率。

# 品牌细分和业务预测

首先，通过采用财务数据(管理层用来开展业务的销售和利润方面的历史信息)并将之与成长率、市场份额、分销模式之类市场因素数据结合，来确定品牌价值。在这一基础上，再通过对公司内外和市场数据的分析来进行品牌预测。

然后，再将这些品牌预测分成由品牌带来的业务收入和不是由品牌带来的业务收入。要做到这一点，需要使用资本投资的名义回报率来算出哪些部分的收入归功于企业的有形资产(厂房、机器和库存等)。在这之外的收入则可以归功于企业的无形资产，主要是品牌。这一数字可能还包括诸如专利和顾客名录等为品牌所有者创造某种价值的资产。对于由品牌带来的收入和不是由品牌带来的收入，不同行业之间或者不同产品类别之间，甚至同一个产品领域内的不同企业之间，存在着很大的差异。比如，在航空业、公共事业或者造纸业之类资本密集型行业，由品牌带来的收入占比要低于时装、化妆品业或者包装消费品等行业，因为对后面这些行业来说，有形资源和资本投资没有那么重要。

对品牌价值评估过程来说非常重要的一点是，品牌和业务细分到什么程度才是合适的。可以采用公司现在使用的方法来进行细分，或者在有些情况下，分析师必须发展出新的细分方法。细分群体必须是同质的，而且按地域、产品、渠道、人口统计因素或者其他指标进行细分。在很多情况下，所采用的细分方法是由可获得的数据决定的。任何一种细分方法的关键组成要素都是由市场和市场研究信息、财务数据以及竞争品牌信息所决定的。对于这一方法来说，理解品牌对每个细分市场的价值是非常重要的，因为在这一过程中，一个至关重要的变量是顾客究竟如何评判品牌的价值。

而一旦把由品牌带来的业务收入单列出来之后，下一步需要确定品牌的关键驱动因素，从而确定品牌附加值，并最终对品牌进行财务价值评估。

## 品牌驱动因素和BVA指数

　　品牌价值评估过程的第二步是理解需求驱动因素，即究竟是哪些要素最终决定了品牌在市场上的接受程度和价值。Brand Finance将这些驱动因素的总和和平均数称为BVA指数。正如图14.6所展示的那样，品牌的需求驱动因素会随顾客类型和渠道等因素的变化而变化。因此，针对特定市场上特定品牌的驱动因素进行全面而又详细的分析就显得十分必要。其中一个关键的要素是，要理解品牌偏好是如何形成的，品牌偏好又是如何受到品牌转换障碍和转换诱惑的影响，而这一切都会体现在顾客的购买行为上，最终体现为销售数量和财务价值。一旦把BVA指数应用到由品牌带来的业务收入之后，我们就能确定品牌的实际价值了。

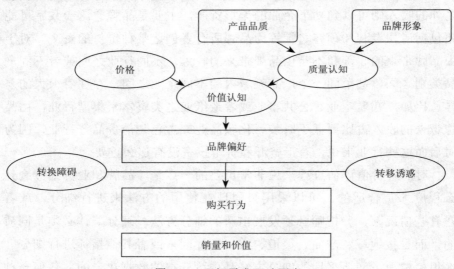

图14.6　理解需求驱动因素

资料来源：Used with permission from Brand Finance.

## 风险因素和品牌Beta因素分析

　　在完成了该模型的前两步之后，分析师就可以确定在一个给定的时间节点上品牌对企业收入做出的贡献。但是，由于该模型的真正目的是为了评估品牌在未来的持续变化的价值，所以还需要预估品牌收入是否能够持续，是继续增长呢还是有可能衰退。因此，品牌价值评估模型的最后一个要素是要对企业的风险进行评估，要评估预测是否准确、是否有预见力；这促使我们确定一个估算品牌收入所需要的合适的折现率。

我们可以通过多种方式来界定风险，其中最为常见的风险是，以往的经验可能无法沿用到未来，也就是说，未来很可能不同于过去。为了评估可能会影响品牌未来潜力的不同要素，Brand Finance使用其专属的品牌Beta分析框架，在10个因素方面为品牌评分，这些因素包括入市时长、分销情况、市场份额、市场地位、销售增长率、溢价能力、价格弹性、市场花费/支持、广告知晓度和品牌知晓度。针对每个因素给品牌打0到10分，既采用态度方面的指标也采用行为方面的指标，最终得出一个总分。品牌在每个属性方面的最高分是10分，根据最终得分来对品牌进行评级。需要注意的是，这总得分并不等于品牌的真实价值，而是用来对品牌进行比较，见图14.7。

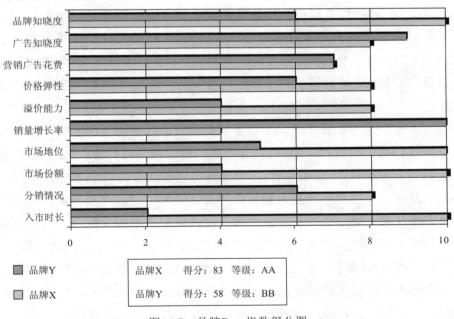

图14.7 品牌Beta指数得分图

在这一例子中，我们比较了两个品牌在不同属性上的得分。然后，我们将这些分数转化为不同的等级，从AAA到D。在这里，品牌X在每个因素上的得分几乎都远远高于品牌Y，其总分数为83分，等级为AA。而品牌Y，只在两个因素上的得分超过了品牌X，其总分只有58分，等级为BB。因此，相对来说，品牌Y在这两个品牌中是风险较高的那个。基于此，我们知道，估算这两个品牌的未来收益时，对品牌Y所采用的折现率要高于品牌X。

# 品牌价值评估产出：未来收益折现法

Brand Finance品牌价值评估模型的最终产出是品牌价值的计算。表14.3展示的是各种计算和产出的一个例子。这里使用的收入预测与前面讨论过的权益金节省法中的是相同的。尽管在这两种情况下我们采用了完全一样的折现率，但是这里介绍的方法评估出的品牌价值要相对高一点。

跟前面一样，我们以第0年的净销售500美元作为起始。按照预估，到了第5年，销售会稳健地增长到650美元(需要注意的是，净销售剔除了企业中无品牌和店家品牌的生产部分)。然后确定营业收益。在前面的例子中，收益增长率预估为每年15%(复合增长)。因此，第0年的75美元收益到第5年就增长到了97.7美元，当中每一年的相关数据也显示在那里了。

下一步是将收益分成有形和无形两部分。这是为了确定哪一部分收益应该归功于企业有形的硬资产(厂房、设备和原材料等)，哪一部分应该归功于无形资产(比如品牌)。为了进行这种区分，有必要先估算出产品开发和生产过程中所投入和使用的有形资本。这些有形资本包括以当前市值计算的固定资本和运营资本。在这个制造企业案例中，这部分资本包括工厂、转换设备以及产品生产和服务过程中所使用的其他要素。其数值在第0年为250美元，到了第5年增加到了325美元。这说明，有形资本在增长，占了净销售的50%，后者是按复合增长率来计算的。为了理解品牌价值，在使用这些有形资产及其相关设施时，就必须按照一个名义的费率或者补偿率返还给企业。在这个例子中，每年有形资本的使用费率是5%(需要注意的是，这里资本的使用费率是"实际"费率，剔除了通货膨胀率)。实际上，每一年首先向当年所使用的有形资本收取

未来收益折现法

表14.3　简单的品牌价值评估例子

| | | 0 年 | 1 年 | 2 年 | 3 年 | 4 年 | 5 年 |
|---|---|---|---|---|---|---|---|
| 净销售 | | $500.00 | $520.00 | $550.00 | $580.00 | $620.00 | $650.00 |
| 运营收益 | a | $75.00 | $78.00 | $82.50 | $87.00 | $93.00 | $97.50 |
| 有形资本收益 | | $250.00 | $260.00 | $275.00 | $290.00 | $310.00 | $325.00 |
| 有形资本成本@5% | b | $12.50 | $13.00 | $13.75 | $14.50 | $15.50 | $16.25 |
| 无形资产收益 | c | $65.50 | $65.00 | $68.75 | $72.50 | $77.50 | $81.25 |
| 品牌收益@75% | d | $46.88 | $48.75 | $51.56 | $54.38 | $58.13 | $60.94 |
| 税率 | | 33% | 33% | 33% | 33% | 33% | 33% |
| 税收 | | $15.47 | $16.09 | $17.02 | $17.94 | $19.18 | $20.11 |
| 税后品牌收益 | e | $31.41 | $32.66 | $34.55 | $36.43 | $38.94 | $40.83 |
| 折现率 | | 15% | | | | | |
| 折扣系数 | f | 1.00 | 1.15 | 1.32 | 1.52 | 1.75 | 2.01 |
| 折现现金流 | g | $31.41 | $28.40 | $26.12 | $23.95 | $22.27 | $20.30 |
| 到第五年的价值 | h | $152.45 | | | | | |
| 年金率0% | i | $135.33 | | | | | |
| 品牌价值 | | $287.78 | | | | | |

5%的使用费。如图所示,这个费用在第0年为12.5美元($250×5%),到第5年增加到了16.25美元($325×5%)。因此,每一年的收益结存就归入企业的无形资产。

从运营收益(a行)中减去有形资本成本(b行)就得出了无形资产所带来的收益(c行)。在第0年,运营收益为75美元,减去有形资本成本12.5美元,得到了62.5美元的无形资产收益。

接下来,要计算或者说估算由品牌直接产生或者直接贡献的无形资产收益。在这个例子中,由品牌带来的收益占所有无形资产收益的75%,这意味着该企业绝大部分的无形收益都来自品牌,只有一小部分(25%)来自其所拥有的专利、人力资本和其他要素。正如d行所展示的那样,按照无形资产收益的75%这一比例来计算,品牌给企业带来的收益在第0年为46.88美元,到第5年则预计达到60.94美元。

税收,不管当前的税收还是未来的税收,都必须从品牌收益中去除,才能得出税后的品牌收益(e行)。这个例子所使用的税率是33%,这一税率对于绝大多数发达国家中的绝大多数企业来说都是比较标准的税率。第0年的税收为15.47美元(d行中的品牌收益的33%),到第5年上升到20.11美元。从品牌收益中去除这些税收,最终得出的税后品牌收益在第0年为31.41美元,到第5年这个数字上升到了40.83美元。这一税后收益预估是品牌的真实价值,也是品牌在接下来五年时间里将要为企业做出的贡献。

但是,评估尚未完成,计算仍需进行。根据折现现金流原则,今日的现金通常比明天的现金更值钱。正如我们已经指出的那样,预估的收益必须进行折现,以体现金钱的时间价值以及品牌收益的潜在风险,即品牌收益不能按照预计的节奏继续产生。这个例子所设定的折现率是15%(值得注意的是,合适的折现率需要在特定市场、特定行业和品牌Beta因素分析基础上确定)。这就产生了折现系数(f行),然后将该系数去除税后品牌收益(e行)。g行给出了品牌折现后的现金流,所用的折现系数第0年是1,第5年是2.01。由于第1年的折现系数为1.15,所以当年品牌收益的折现现金流是28.4美元($32.66/1.15)。越往未来年份,折现程度越大,例如,第5年的折现率为2.01,当年品牌收益的折现现金流只有20.3美元($40.8/2.01)。

下一步是确定从现在一直到第5年的品牌价值。这很简单，无非是将品牌从第0年到第5年的折现现金流加起来。正如h行所示，到第5年，其价值为152.45美元。

确定品牌真实价值的整个过程现在还剩下最后一步。至现在为止，我们只是计算出了品牌到第5年年末的价值。很显然，如果品牌所有者在5年之后继续在市场上推广该品牌，那么未来拥有该品牌也必然会继续给企业带来某种价值。这一价值可以通过年金的计算来确定，见i行。在绝大多数情况下，年金的增长率是0%。年金就是企业在未来持续获得的品牌价值。年金可以通过查年金表来确定，年金表是会计和财务活动常用的工具。这个例子算出的年金为135.33美元(i行)。将第5年152.45美元的品牌价值(h行)和年金(i行)相加，我们就算出该品牌的估值为287.78美元。

# 品牌价值评估到底意味着什么

了解品牌的财务价值的确是一件很有趣的事情，有时候会让企业管理层兴奋不已。但是，对于营销传播管理者而言，了解了品牌的财务价值到底意味着什么呢？

首先，理解品牌的预估价值给管理层带来很大裨益，因为这可以帮助他们将品牌视为企业的资产，并将这一资产的价值与其所管理的其他有形资产的价值进行比较。比如，采用前面案例中所使用的计算方法，如果管理层了解了一项有形资产——比如说一个厂房——的价值是25美元，而品牌的价值是287.78美元的话，那么，这显然会帮助管理层更好地理解品牌和品牌管理的重要性。一旦认识到品牌是企业所掌控的最有价值的资产之一之后，董事会和高层管理者就会主动地关注品牌和品牌管理。

其次，了解品牌价值可以为品牌投资及其评估提供基本规则。如果有证据表明，品牌价值的复合增长率可以达到5%，那么在营销和品牌传播方面的投入上增加1到2个百分点显然是确定品牌投入预算的一个合乎逻辑的方法。在前面的例子中，如果将目前品牌价值中的1个百分点投入到营销和传播活动中，那么每年这笔投入就有2.78美元左右，从所保护或所增加的资产价值来看，这笔投入虽不算小，但却是完全站得住脚的。

第三，确定品牌价值能够为评估营销和传播投入的长期回报奠定基础。如果企业知道其品牌价值为287.78美元，如上例所示，那么就可以为企业衡量品牌投资的未来回报提供一个不错的基础。让我们假定，品牌通过一次营销传播活动投入了1美元。这一投入需要从第1年的折现现金流当中减去，然后从第1年到第5年都需要抵扣掉。但是，如果税后品牌收益能够提升2美元，换句话说，如果营销传播不仅能够收回其成本，而且还能够提供增加1美元的品牌收益(表14.3中的d行)的话，那么税后品牌收益只需要增加2个百分点就可以实现收支平衡。显然，这并不是什么不可能实现的任务。

因此，如果了解了品牌的当下价值，管理者就可以根据营销和传播方面的投入情况对品牌价值进行重估。这样的重估可以每年进行一次，或者，有必要的话，也可以频度更高一些。企业还可以比较精确地估算出这些投入为股东持续创造的价值。因此，尽管有很多关于品牌价值评估的概念，比如拥有溢价能力、建立进入壁垒，降低营销费用等，这些都是评估品牌价值的有趣方法，但是这些方法的说服力或合理性都远不如对于品牌通过有效管理为股东创造了多少新价值的衡量。而且，有了Brand Finance模型，这种评估似乎任何企业都可以进行。

# 总结与预览

探讨了品牌价值和品牌价值评估之后，我们最终完成了整合营销传播流程的五个步骤。但是，制定和执行整合营销传播战略和计划策略还涉及其他相关话题，包括组织架构和整合营销传播方法在实际推行中所面临的障碍，我们将在下一章探讨这些话题。

# 参考书目

1. "Brand Dynamics Online Information," millwardbrown.com.

2. "Discovery Channel Rated #1 for Overall Quality According to Latest EquiTrend Best Brand Study," June 19, 2002 (Rochester, NY: harrisinteractive.com).

3. Young & Rubicam, "White Paper on the Brand Asset Valuation," 2000, yr.com.

# 第 15 章

# 为实现整合而进行组织变革

以 流程为驱动的系统化的营销和营销传播方法显然是未来发展的必然趋势。随着商业环境变得日益复杂，变化日益加快，整合营销传播日益变得关乎企业成败。但是，毋庸置疑的是，整个商业缺乏正式的、结构化的方法，可以帮助营销传播管理者制定并执行长期和短期策略以及营销传播计划。我们认为，本书响应了人们的需求，为营销活动的执行和财务衡量提供了一个具有战略意义的流程。

在当今这个以财务为导向的商业环境中，我们所描述的流程是很有道理、很有意义的，但是问题是，为什么采用和执行这一流程的公司还不是太多、不太能做到坚持不懈呢？问题出在组织结构上。本章将检视企业当前的组织结构，并提出相应的变革措施，帮助企业实现真正的整合。

## 阻碍整合的组织问题

事实上，无论是小公司、大公司、伙伴人公司还是大型企业集团，人们能够想到的每一种企业，都会遇到同样一个问题，那就是无效的组织设计和落后的组织结构，这是阻碍整合工作顺利进行的拦路虎。根据我们自己的经验，组织结构通常会抑制整合、协同以及对人力和资源的有效利用，从而阻止企业投资实现最大化的回报。一个企业只有建立了有效的流程和制度，将企业的所有职能要素都协调和协同起来，其营销和传播活动才能产生理想的结果——优化现金流，优化股东价值。

很不幸的是，当今的企业，其组织结构总是在阻碍企业更好地服务顾客，不论是服务的效果、效率还是效用都不令人满意，服务的一致性也很差。其后果是管理层所设定的创造现金流、创造股东价值的目标经常落空。更好的手段和办法不是没有。但是，要真正采用本书提出的这种流程和方法，企业必须进行某种组织变革。

为了真正理解如何建立一个整合度高的企业，我们必须首先理解如何将企业的物质资源、人力资源、各种活动和各种行动组织起来、协同起来。在我们十多年为企业提供整合营销传播咨询，帮助企业以整合的方法推进营销/品牌/传播的过程中，我们发现，在建立能够推行整合活动的一个有效、协同的组织结构方面，管理者往往面临四大挑战。各个企业都必须面对的这四大挑战是：

- 从眼睛向内转向眼睛向外；
- 从纵向沟通系统转向横向沟通系统；
- 从低效奖惩制度转向高效奖惩制度；
- 从关注短期顾客和组织价值转向关注长期顾客和组织价值。

## 问题一：从眼睛向内转向眼睛向外

正如我们在第1章讨论过的那样，工业化时代的企业是基于制造这一概念建立的，这包括专业化、生产线、加工和效率。因此，绝大多数企业的组织目标是要建立简单、直接、容易设置的管理手段，最重要的是，这些手段要便于指挥、容易控制。这就是所谓"命令加掌控"的时代，其所聚焦的是时钟、效率专家和平庸的操作系统。人，不管是员工还是顾客，并没有被当作相关的因素来考虑。整个企业所关注的目标只有规模经济效应：规模越大越好，速度越快越有效率，变革越少流程越有效率速度越快。简而言之，企业的结构和设计只是围绕着如何产生机械性的输出，而不是有意义的结果。这一点，在企业的组织方式和人力资源的使用方式中暴露无遗。

将原材料转变成为成品确实需要专业化。为了实现专业化，企业建立了各种不同的职能，比如会计、财务、定价、制造、采购，甚至销售和市场。所有的这些职能领域里的活动，其目的都是为了帮助企业完成产品的组织、加工、制造和分销这一目标。至于说服务，如果确实存在的话，其目的也主要是为了让产品通过这个系统流动得更容易一些，或者为了向购买者宣传或者解释产品的利益点而已。

这么多年来，营销和传播活动也是沿用同样的模式在发展。由于企业是制造"东西"的，因此销售(因为市场营销对于少数几个管理者来说还有印象，但也是模模糊糊的)的任务主要是尽快把企业生产出来的东西倒腾出去或者卖出去。因此，企业的全部关注点就是产品流动。找到买主。找到分销商。找到市场。在这样的年代里，一切无非采购、制造、配送，如有必要，留点库存。

这种只关注产品和配送的眼睛向内的做法造成了界限分明、等级森严的组织结构。正如我们在第3章所讨论过的那样，在传统结构的企业里，不同职能部门——会计、生产、市场、研发、物流和运营——设置的目的就是为了层层向上汇报，直到汇报到最高管理层。各职能部门操控了所有的企业活动。因此，部门经理成了企业内部的小国王。着重部门发展。着重资源获取。对照其他部门经理和活动来打造自己部门的权力。对于高层管理者来说，这样的结构比较简单，易于控制，易于管理——只要控制好各个部门的负责人就可以掌控好整个公司了。

而由于部门经理沿着掌控链层层向上汇报，因此他们的想法最终也能够到达高层管理者那里。只有到了这个金字塔的顶端，所有事情才汇集到一起，这也是这种组织设计的题中应有之义。照设计，高层管理者从那个高高在上的尖顶应该能够看到各个部分如何汇合到一起，并且能够把整个企业"管理好"，实现股东或所有者的利益最大化。

值得注意的是，顾客被抛到脑后了。高层管理者的所有关注点是，也不可能不是，如何管理好内部的各种活动、资源、人力和其他要素。以往的生产制造商都是眼睛向内的，只关注产品不关注顾客。

宝洁公司在二十世纪三十年代引进了所谓的新营销方法，该方法是围绕品牌或者产品经理建立的，但是仍然更多地关注产品，而不是顾客、使用者或者潜在顾客。产品经理仍然需要和其他部门打交道，这些部门包括制造、分销、研发、法律、市场研究、销售、采购、包装、媒体和广告。但是，他们眼里唯独没有顾客。所有的互动都只是发生在企业内部。所有这些活动都围绕着如何打造一个更好的产品，如何找到一个更好的运营模式，或者如何更有效率地使用有限的企业资源。一句话，他们的目标是找到一个最佳最有效率的方法，把企业所生产的东西尽快卖掉。

当然人们可能会说，任何一种制造型企业，任何一个品牌或产品经理制度，其内部都有一个关注顾客、消费者或最终使用者的聚焦点，但是大多数经验告诉我们，部门经理更聚焦于他们自认为重要的事情，或者做了会有回报和奖励的事情。整个企业都需要高层管理者来设定成功的标准——通常就是销售和利润的增长。在这种做法中，顾客同样也不见踪影。

而整合营销传播建议企业把顾客放在更重要的位置上，在进行组织结构设计时，不要只是眼睛向内，而是要眼睛向外，更多地聚焦于现有顾客和潜在顾客而不是一味地盯着产品。获得这样一种外部视角，需要对整个组织结构进行变革，而这通常只有高层管理者才能做到。这就是为什么那么多由中层管理者推动的组织变革都以失败告终。这些中层管理者，不管多么勤勉，但是仍然无法拥有推动重大组织变革的权力、声望或者影响力。而且，最糟糕的是，许多中层管理者并无能力吸引到高层管理者的注意，从而获得进行变革所必需的帮助。因此，为了真正地将整个企业整合到一起，所要做的第一步就是在高层管理者当中找到一个牵头者来推动变革进程。

正如我们在第3章中所展示的那样，要形成一个关注外部的视角意味着将顾客置于企业的中心位置。我们不妨回顾一下图3.3。只有当顾客真正成为企业的核心，才有可能将日常管理、产品开发和产品分销以及营销和传播整合起来，整合成一个有意义的整体。因此，企业的组织结构对于一个有效的整合营销传播活动的成功来说是至关重要的因素。

在一个以顾客为中心的整合的企业中，管理的重点发生了转移，从管理产品甚至品牌转移到了管理顾客和顾客群。这意味着企业的主要关注点变成了研究现有顾客或者潜在顾客真正需要或想要什么，而不是企业能够做什么。正是因为如此，整合营销传播流程的第一步和第二步才显得特别重要。只有真正地了解、理解现有顾客和潜在顾客，把他们聚合起来，企业才能真正地做到聚焦于顾客。但是，尽管营销传播管理者起着引领作用，要想使整合营销传播流程真正奏效，他们仍然需要得到高层管理者的大力支持。

很不幸的是，对于何为以顾客为中心，即使是企业高层管理者，也不能自说自话。这需要企业各个层面的支持。以顾客为中心，并不体现在组织架构图里，也不体现在会议纪要中，更不体现在员工大会上。以顾客为中心，就是来自企业内外的每个人所做出的"顾客第一"的真诚承诺。

所有这一切都意味着，整合并不是什么轻而易举就能做到的事情，也不是单靠一两个部门就能做到的事情，不管这些部门之间多么合作无间。整合是公司经营管理的全新方式。尽管整合会面临很多困难，但是也不能因此就说整合是无法实现的，许多公司过去几年的成功经验已经证明了这一点，这些公司包括了陶氏化学公司、USAA、Nordstrom、星巴克、IBM、联邦快递、CIGNA保险公司、Ben&Jerry's、凯悦国际等。

企业以顾客为中心，着重发展顾客关系，也不是因为安装了最新的技术或者软件。对此，有些管理者持有不同的看法。以顾客为中心要求企业将注意力转移到获取、发展和维持顾客上，并且要把眼光放得长远一些。换句话说，企业的目标是与顾客之间发展长期关系，而不是如何找到更便宜的接触管理方式，或者如何找到交叉销售或者向上销售的机会。而要做到这一点，显然需要企业所有部门都投入时间和精力。USAA作为顾客导向的企业中最成功的公司之一，并没有把自己所获得的成功归结为安装了最精密的软件或者电脑系统。事实上，由于该公司历史悠久，因此许多电脑系统和流程都已经老化了，有些软件都还是很多年前安装的。相反，该公司认为，每一个员工都认同的公司愿景、价值观和组织使命才是他们以顾客为中心的真正动力。每一个员工和整个管理团队都做到了不遗余力地服务顾客，而不只是为了推销保险或者金融产品。USAA上上下下都能做到以顾客为中心，其98%的顾客维持率就是该系统奏效的明证。

　　有一些企业成功地做到了以顾客为中心的途径则是进行组织结构变革，从原先严格以职能为基础转变为以流程和结果为基础。营销不再成为一个独立的职能部门，而是跨部门团队和群体的发起者和支持者，这些跨部门团队为企业更好地服务顾客提供了必要的能力、资源和流程。在这类企业中，营销和传播通常与各种跨部门团队通力合作，一起来完成各种任务，包括争取新顾客、管理现有顾客或者帮助顾客在产品组合内迁移。

　　这并不意味着企业重组只有一种方式。其实，方法有很多。但是，不管是哪种方式或方法，其核心要素都是一样的，那就是，聚焦于真正的结果而不是所谓的产出，建立跨部门的团队来达成具体的目标和结果，更加强调顾客满意度而不是市场份额或者产品销量。正是这些结果真正能够驱动以顾客为中心的企业向前发展。

　　图15.1展示了一个以顾客为中心的企业所要进行的各种顾客管理活动。该图展示了现有顾客和潜在顾客的获取和维护是怎样进行的。在这里，企业的结构是围绕着关于顾客的四个主要任务来设计的，它们是争取顾客、维护顾客、发展现有顾客以及帮助顾客在企业的产品或服务组合内迁移的关键。

　　图的左边显示的是争取新顾客。这些活动和人员负责与新顾客有关的设计、识别、价值评估和争取工作。在这一管理系统的另一端是专门的顾客维护人员。这些人及其所开展的活动负责长期地维护这些顾客，维护其所产生的收入。要做到这一点，可能需要确保现有顾客对企业的产品或者服务的满意，确保他们得到的服务是快速而又有效的，以及最为重要的，确保提供机会以便顾客在未来继续和企业做生意。

　　在企业当中的是客户经理/产品经理。这些人的任务是在顾客和企业做生意时将产品和顾客以及顾客和产品进行匹配。这些管理者的任务是在顾客需求和企业所提供的产品或服务之间找到"匹配点"。如图所示，这些管理者负责把一群顾客管理好。要做到这一点，他们就需要了解顾客群体的需求，理解顾客对产品或服务的要求，帮助顾客找到其所需要的产品或服务，不管这些产品或服务是该公司能提供的还是不能提供的。尽管许多企业将这类活动和对顾客的管理看作"交叉销售"或者"附加销售"的机会，但是除非其他产品或者服务真的能满足顾客的需求，而不只是推销企业希望推销或者认为顾客应该购买的产品，否则的话，这样的管理活动是无法奏效的。

图15.1同时还显示，在有些情况下，顾客的要求会超出管理他们的某些客户经理/产品经理的专长领域。在这样的情况下，企业内部的管理者必须将这些顾客转移到另外一个小组或者另一个经理那里，后者更擅长满足这些顾客的需求和愿望。在有些情况下，那样的产品或者服务可能就在企业内部，像图中所显示的那样。而在另外一些情况下，顾客的需求和愿望可能需要管理者走出企业，到外部才能找到合适的产品或者服务来满足。这就是为什么，对于有效的顾客管理来说，与其他公司联盟和合作是很重要的。

一旦一个企业做到了以顾客为中心，接下来很自然的一步就是找到合适的方法来建立横向的内部沟通系统。下一部分就要讨论这一话题。

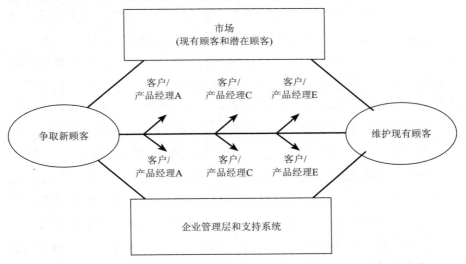

图15.1　顾客管理的结构

## 问题二：从纵向沟通系统转向横向沟通系统

建立一个整合的组织结构所面临的第二个问题是需要建立能够鼓励

和支持横向沟通系统的流程。回顾一下营销部门的传统结构就会发现这一需求十分迫切。对于企业内部有多种业务的复杂企业，比如石油公司，其营销部门通常都是按照职能和产品来划分的(包括产品供应和输送、沥青产品销售、定价、工程、批发营销、零售营销以及营销执行)。而且，每个管理者底下通常会有许多专业人员向其汇报，这种汇报模式通常是垂直型的。这样，每个管理者最终都向上汇报给顶层的营销副总裁。一般来说，这些职能部门，哪一个都无需直接负责顾客，他们所负责的只是产品或者任务。而且，所有的内部沟通通常都是自上而下的，或者是自下而上的，跨部门的交流少得可怜。纵向沟通系统所面临的主要挑战是如何找到内部沟通的有效方法。

当然，如果说身处不同职能部门的管理者所面对的是同一批顾客，其问题、担忧以及与企业的关系都是一样的话，问题就复杂化了。组织结构是管理者无法同样地理解顾客的主要障碍，因为对于他们来说，没有什么有效率、有效果的方法可以帮助他们了解顾客的共同需求，也没有什么方法可以帮助他们找到一个共同的解决方案或者传播方法来解决上述问题。简而言之，传统的等级森严的组织结构鼓励企业各部门内部和各部门之间进行纵向沟通，不鼓励横向沟通。很显然，如果企业想要实现全面整合，就需要建立某种横向沟通的流程，使得不同部门能够突破结构上的障碍，这样才可能有所成就，先实现沟通上的整合。

管理理论家亚德里安·佩恩认为，上述挑战是阻止企业以顾客为中心的主要原因之一。图15.2将这个问题及其解决方案和盘托出。

在佩恩看来，绝大多数企业都是围绕着各自为政的职能部门来建立内部的运营系统流程。营销、财务、人力资源、信息技术和运营部门下面纵向的三角充分地揭示了这一点。每个职能部门的负责人都直接向首席执行官汇报。由于缺乏整合的规划手段，每个职能部门建立的是只属于自己的个体系统或者运营流程。

佩恩认为，当今的商业运营环境真正需要的是一种横向的规划方法，能够将横跨垂直条块的各自独立的职能要素统一起来，整合起来。这种跨部门的新规划系统在图中展现为水平的箭头。每个纵向职能领域的专业人员现在可以通过共同的流程加以整合，这些流程包括战略制定、价值创造、渠道管理、信息管理和绩效结果管理。这五个流程都致力于协调企业的所有活动，从而更好地服务企业所发现的顾客。

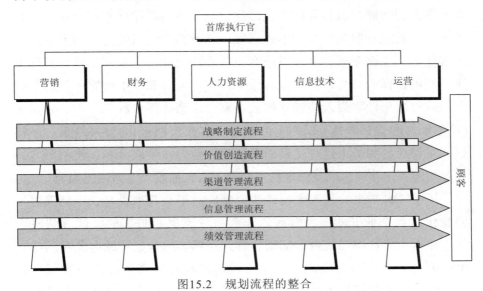

图15.2　规划流程的整合

资料来源：Adapted from Adrian Payne, "Customer Relation Management" (presented at Northwestern University, Evanston, IL, November 11, 2001). Used with permission from Adrian Payne.

佩恩的方法中最有价值的一点是，通过建立横向的流程，而不是以通常的垂直职能为基础，企业横跨各个不同的职能部门，协调并整合所有的资源，去更好地满足现有顾客和潜在顾客的需求和愿望。这就是我们通常所认为、所期待的以顾客为中心、以顾客为导向。

显然，横向的流程一旦建立，就能让企业的所有部门有效地连接起来，相互之间通力协作，去服务现有顾客和潜在顾客，而不再只是关注企业内部的各种活动。而且，这些流程也水到渠成地提供了横向沟通系统，从而使顾客和各职能部门之间的对话和交流得以顺畅进行。正是通过这种横向的流程和方法，营销和营销传播的整合才能真正得以实现。

## 问题三：从低效奖惩制度转向高效奖惩制度

企业要做到整合和以顾客为中心，其第三个必要条件是管理好针对管理者和员工的激励，要奖励他们去完成对企业而言最重要的任务，那就是，争取并维护顾客。这意味着必须根据管理者和员工在服务现有顾客和潜在顾客时的具体表现来奖励他们，而不是根据他们替公司推销掉了多少产品或者服务。我们不妨回顾一下我们曾经讨论过的四个基本的顾客任务。当企业真正做到以顾客为中心，企业就会自然而然地开始为完成新的目标而努力，即发展和维护顾客，发展和维护顾客所创造的收入。这种聚焦顾客收入的管理模式是整合营销传播流程第一步、第二步(界定顾客和评估顾客)和第四步(估算顾客投资回报)的直接结果。一句话，对管理者和员工进行奖励的基础是，他们在争取顾客、维护顾客、发展顾客、迁移顾客以及管理顾客给企业带来的收入方面做得如何。

基于顾客带来的收入来设计奖惩制度对于企业来说是一个翻天覆地的变化。当企业开始把顾客收入作为对管理层和员工的奖惩方法时，其关注点也就从部门的内部活动转移到对顾客的理解和顾客关系的建立上。而且，新的系统还激励员工主动承担起对顾客进行财务管理的责任，而不只是掌握战术性的活动而已。还有一个巨大的变化，那就是，企业必须开始向管理者和员工开放产品毛利、净利、成本等信息，这些信息以往都是企业最核心的机密。一个员工，如果不清楚谁是最重要最有价值的顾客，每个顾客或每个顾客群究竟能够带来什么样的回报，争取、维护和发展某个顾客或顾客群会对企业的总体成功产生什么样的影响，那么，该员工又怎么能够确定如何来分配其时间、技能、精力和资源呢？事实上，转向以顾客为中心就意味着企业要做出巨大的变革。如果不进行这种变革，要想实现组织整合或者营销和传播整合，显然是希望渺茫的。

既然在前面几章我们已经探讨了顾客收入和回报的界定、评估和预测，对于要根据顾客收入来奖励这一点，在此我们就无需赘述了。但是，有一点必须搞清楚，对收入即通常所说的现金流和顾客利润的管理，不论是现在还是将来，都是企业成功和股东价值创造的一个至关重要的因素。

# 问题四：从关注短期顾客和组织价值
# 转向关注长期顾客和组织价值

　　建立一个整合的企业，最艰难的任务之一是改变其财务关注点，从关注常规的季报表现转而关注长期价值，赋予长期价值同等重要的地位。尽管绝大多数的营销和传播管理者对企业当前采用的向股东提交季报的方法耿耿于怀，但是他们中的许多人并没有意识到给企业带来短期报告压力的并不是市场。相反，压力的根源在于企业所采用的会计制度。

　　五百年以前威尼斯人发明了复式记账法，从那以后，会计原则其实并没有发生多大变化。当时以及以后，会计的关注点一直都是一个组织拥有或掌控的有形资产。会计的目的是记录那些有形资产的价值的变化情况，这样的资产通常包括现金、土地、建筑物、库存和设备等。因此，会计总是聚焦于对有形资产定期进行估值，通常是一年一次，看看价值有没有发生变化。多年来，随着投资者越来越重视会计，会计报告的频度越来越高了，如今，对于上市公司来说，季度报告已经变成常规了。

　　会计的问题在于，传统上每一项记录在账上的资产都是有形的，有一定的物理形式。会计账总是要对资产的当下价值与该资产原来的价值进行比较。所以，传统的记账方式总是向后看，将当前的情形或者价值与过往的例子比。问题是，时至今日，在很多企业里，有形资产只占其市值的很小一部分，就像我们在第13章中讨论过的那样。

　　所幸的是，当今世界已经发展出了新的会计方法，帮助企业来处理无形资产的价值，其中最重要的价值之一就是品牌(见第14章)。有好几家财务和会计公司已经建立处理这一问题的方法，这些方法包括Stern Stewart的经济附加值法(EVA)和普华永道的价值报告法。[1]但是，所有这些方法都关注对企业价值的评估，其关注已经从历史价值转移到未来价值。而一旦开始关注未来价值，马上就会更加关注顾客、顾客收益、顾客维护以及整合营销传播方法所要求的其他必要的因素和活动。

　　很显然，新的财务、会计和评估方法都将围绕未来价值，而不是历史价值，这意味着企业将开始着眼于未来，着眼于衡量自己在未来的价值。对于我们而言，这意味着企业的未来价值将取决于本书目前所讨论到的一切。这也意味着对企业及其价值的评估将从后顾式转为前瞻式，从只关注过去90天内企业获得了什么或者创造了多大价值，转为关注企业在接下来的2年、5年甚至90年能够创造多大价值。

转向未来价值这一变化是每一个上市企业都必须面对的变化。从整合营销传播管理者的角度来看，这样的变化肯定是正面的、积极的，因为这要求企业真正以顾客为中心，围绕着顾客及其价值来开展工作，而不是围绕着产品、服务及其流动或分销来开展工作。

# 便于企业整合的组织结构设计

正如我们已经说明的那样，在企业内部，营销和传播一直被作为独立的职能活动来加以管理。每个企业的组织结构都有所不同，这取决于每个企业各自对营销传播重要性的理解。菲利普·科特勒教授在其开创性的营销著作《营销管理》一书中按照编年顺序回顾了营销部门在现代的组织结构设计中的演变历程。[2]科特勒认为，营销(市场)部门已经从过去隶属于销售部门转变为一个更加平等的部门，独立存在了。比如，在一个销售导向型的公司里，主要是由销售队伍来接触顾客的，而市场部(如果设置了这个部门的话)则通常被认为负责销售支持。在这种情况下，营销传播活动通常就会委派给资历比较浅的员工，或者干脆外包给营销服务公司。

在市场主导型的现代企业里，市场部门的地位得到了提升，被看作是与销售部门同等重要的部门。但是，销售和市场通常被视为两种完全不同的职能活动，作为两个独立的部门而存在，共同汇报给同时主管销售和市场的副总裁。在这种情况下，销售主要是负责和渠道里的客户打交道，而市场通常所起到的则是研究和规划的作用，当然还包括制作销售所用的各种物料，并负责对最终使用者的传播。

但是，一个更为重要的问题是，一个正在转向以顾客为中心的企业，市场部门的组织结构是如何设计的。尽管很多企业的组织结构设计都倾向于建立一系列职能部门和群体，但是营销和传播这两个领域的情况要更复杂一些。世界大型企业联合会(The Conference Board)收集了很多关于领先的市场导向型企业如何设计其营销传播部门的实际案例。图15.3展示的案例就是当今一个比较复杂的结构。

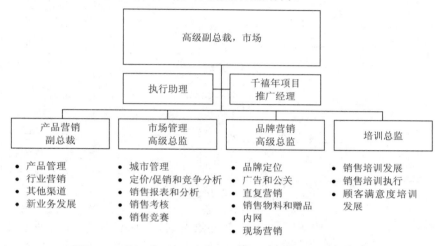

图15.3 世界大型企业联合会提供的营销组织架构图

　　尽管在这一类结构设计中营销部门的专业化程度是很高的，但是，值得注意的是，传播活动是分散在不同的营销部门中的。比如，营销管理部门的高级总监负责促销、竞争分析和销售竞赛，而品牌营销部门的高级总监则负责广告和公关，至于培训部门的总监则负责销售培训。因此，企业内与现有顾客和潜在顾客接触的方式和活动分散在很多市场部门，无法真正一致的以顾客为中心，也缺乏控制。

　　一个更加完善的设计，或者至少说是一个能够将营销和传播的所有组合起来形成一个既充分整合又相互协作的方法的设计，首先在《整合营销传播》一书中提出[3]，具体可见图15.4。在这里，市场经理和传播经理的级别是相同的。市场工作的首要任务是对顾客的界定和评估(整合营销传播流程的第一步和第二步)，而营销传播工作则主要负责第三步，即传播活动计划的制定和执行。这里非常重要的一点在于，营销传播除了需要参与高层管理者的传播活动之外，还需要制定和执行内部和外部的传播活动计划。根据这样的结构设计，营销传播就需要承担起所有的传播责任。在有效的整合营销传播活动的推行过程中，这是一个非常关键的因素。

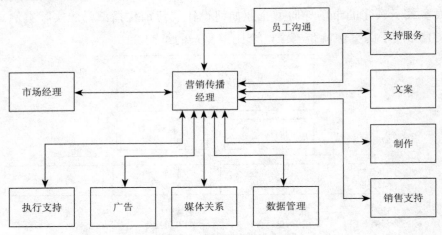

图15.4 营销传播管理架构

尽管这是处理传播活动的一个有效方式，但是它仍然是一种基于职能的方法，也就是说，管理者所负责的是活动，而不是顾客。而管理好顾客传播的最佳方法之一则是让企业聚焦于顾客市场。图15.5展示的就是这种结构的实际例子。所有与顾客相关的活动都围绕顾客或者市场团队来组织。该团队涉及所有职能部门的成员，包括所有的企业活动，这些成员和活动都是完成下列工作不可或缺的：界定顾客及其需求，确定其价值，确定他们需要何种产品或服务，确定产品或服务如何传递给他们，等等。因此，一个企业的组织结构可能是由许多个顾客或者细分市场团队组成的，这些团队聚焦于清晰界定的具体的顾客群体。当这种类型的组织结构和图15.1中所展示的争取/维护顾客的方法相结合，企业就彻底变成以顾客为中心、以顾客为驱动的了，尤其是在其营销和传播工作中。事实上，这样的话，就可以建立佩恩所提倡的流程式结构。这种方式似乎适用于几乎所有类型的企业，不管其提供什么样的产品或者服务。

在这一部分中，我们的假定是，企业主要依靠内部资源来规划、发展和执行绝大多数营销传播活动。但是，实际情况并不总是如此。因此，了解一下企业如何发展出有效的结构来更好地利用外部资源是很有帮助的，这些外部资源包括广告公司或公关公司、直复营销公司和数据库公司等。

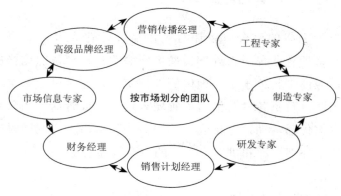

图15.5 按细分市场进行管理

# 如何和外部传播公司合作

并不是所有营销传播活动的规划、发展和执行都是依靠内部资源来完成的。更经常发生的情况是，企业必须依赖外部资源来完成许多传播活动或其中的许多部分。这些外部资源包括广告代理公司、公关公司、直复营销公司和数据库公司，他们可以为企业提供很多企业内部通常无法获得的技能和专长。

正如本书不断建议的那样，市场和营销传播部门应该将其精力更多地放在发展传播战略上，而不是纠缠于战术性的传播活动。这并不是说战术和执行不重要，相反，对于一个企业来说，无比重要的一项工作是制定传播策略，用以引导和支持企业的整体任务(包括定性和定量目标)。因此，就战略性的整合营销传播方法而言，营销传播管理者需要扮演的是策略家的角色，在一大批执行专才的支持下制定传播计划、开展传播活动。

这种角色转换要求企业的组织结构能够支持营销传播管理者，帮助后者将其工作提高到战略层面，并能对具体计划的执行进行监控。为企业提供管理这种与外部供应商的关系的组织结构还是有一些的。接下来，我们介绍其中几个最相关的。[4]

## 以客户为中心的整合结构

以客户为中心的整合可以让营销传播管理者成为所谓的"传播沙皇"，负责管理企业与所有外部传播供应商的关系。按照这样的结构，所有外部供应商都与处于中心地位的人打交道。这可以是一个人，也可以是一个团队，负责各种营销传播领域。这个人或者这个团队就像是一个让所有内部传播活动都汇集到一起的核心和枢纽一样，同时也作为客户企业与各个外部资源和供应商之间的一个沟通管道。

## 联邦式的整合结构

在以客户为中心的结构中，外部供应商是作为独立的单位加以管理的，也就是说，所有的整合是由客户在企业内部来完成的。另外一种方式——所谓联邦式的整合结构——让客户企业与其各个外部供应商分担所有传播活动的整合责任。这样一种结构中有一个固有需求，那就是，外部供应商必须通力协作，一起来帮助客户企业执行整合营销传播计划。

通常来说，采用这种结构的情况是，客户企业需要多种多样的传播技能和能力，而这些技能和能力可能只存在于分散的独立的商业集团，比如主要的传播控股集团。这些大型传播集团包括Interpublic、WPP、Havas和Omnicom。尽管我们可以假定这些在一个大集团底下运营的"兄弟公司"之间是能够通力协作的，但是，事实上，情况并不总是如此。最终的结果就是，尽管这种结构方式看上去很美，但是实际推行却经常困难重重。而一旦当传播供应商是来自有竞争关系的企业和代理公司时，情况会变得更加复杂，合作更加艰难，因为每一家供应商通常都是"压力山大"，都想从该生意领域里分得更大一杯羹。

## 由牵头代理商负责的整合结构

有一个方法可以促使外部供应商通力协作，去完成整合的营销传播活动，这就是，让其中一个供应商，通常情况下是某种代理商，作为整个传播工作的牵头者。在这种结构中，有一个供应商作为所有其他供应商的领导者(相当于工程中的"总包")。这个牵头的代理商与客户企业直接合作，不仅帮助发展传播战略，而且还负责执行所有的战略和行动计划。这个牵头代理商的主要作用之一就是协调其他外部供应商的活动，这样的供应商包括事件营销公司、促销公司、直复营销公司和配送公司等。在这种情况下，牵头的代理商全权负责完成真正整合的计划和活动。这样，客户企业只需要对应一个接口，尽管这个牵头的代理商可能和客户企业内部多个市场团队或者顾客细分群体团队合作，甚至可能和客户企业内部独立的职能部门合作。

## 全球性的整合结构

随着经济全球化，随着企业日益觉得有必要在全球范围内开展整合营销和传播活动，企业内外对整合的呼声也日益高涨。图15.6展示的是一个全球性整合结构的实际例子。

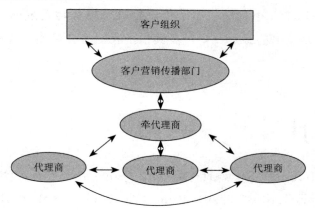

图15.6　全球性的整合结构

资料来源: From David Pickton and Amanda Broderick, Integrated Marketing Communications, © Pearson Education Limited, 2001, reprinted by permission of Pearson Education Limited.

在这种情况下，客户企业将其传播活动集中到一个传播部门。该部门与企业其他部门直接合作，将所有的传播活动都整合到一个中心点上。代理商或供应商那里也一样。由一个牵头的代理公司来协调所有的外部供应商，并成为后者与客户接触的中心接口。

对于管理一个或多个全球性品牌的公司来说，这一组织结构方式尤其有效。如图所示，客户这一边对所有的营销传播活动进行全球性的集中控制。同样，对代理商也实行集中控制。因此，一个全球性的活动通过这些代理商或者当地的营销传播公司能够在多个地理区域内推行。当地或者每个国家的代理商是按需使用的，所以这种结构显得特别有效，因为它既可以确保品牌所必需的集中控制，又允许每个市场或其中的营销团队基于核心主题发展出符合当地情况的定制化方案。这种结构方式充分地体现了"运思全球化，运作本地化(think global and act local)"这一理念。

# 总结与预览

本章着重分析了阻碍整合进程和效果的组织结构问题。同时，本章也简要地介绍了几个推动二十一世纪整合营销传播发展的组织结构方式。接下来是本书的最后一章，在其中，我们将会对整合营销传播的未来进行一下展望。

# 参考书目

1. G. Bennett Stewart III, *The Quest for Value* (New York: HarperCollins, 1990); Robert G. Eccles, Robert H. Herz, E. Mary Keegan, and David M. H. Phillips, *The Value Reporting Revolution: Moving Beyond the Earnings Game* (New York: John Wiley & Sons, 2001).

2. Philip Kotler, *Marketing Management*, 11th ed. (Englewood Cliffs, NJ: Prentice Hall, 2003).

3. Don E. Schultz, Stanley I. Tannenbaum, and Robert F. Lauterborn,

*Integrated Marketing Communications: Putting It Together and Making It Work* (Lincolnwood, IL: NTC Business Books, 1994).

4. D. Pickton and A. Broderick, *Integrated Marketing Communications* (Harlow, England: Prentice Hall [UK], 2001).

# 第 16 章

# 整合营销传播的未来方向

整合营销传播作为一个不断演进的商业理论，我们对其热情一直未减，一直不断地为之鼓与呼，但是，在此过程中，我们却有一个疏忽，那就是，忘了跟大家分享我们对于这一新方法的看法，忘了告诉大家它将把营销从业者引向何方。在本书最后这一章中，我们将努力指出未来的方向，解决一些新问题，这些问题的出现对于整合进程来说喜忧参半，既是动力也是阻力。我们将本章分为两个部分。首先，我们了解一下企业在整合营销传播发展过程中可能遇到的内部和外部障碍，以及营销传播管理者如何才能迎接这些障碍所带来的挑战。其次，我们会跟大家分享我们所认为的整合营销传播顺理成章的未来发展走向。

## 整合营销传播进程中的障碍

十多年前，在整合营销传播概念刚刚发展之际，我们就已经意识到成功推行这一方法可能会面临的四个主要障碍：

- 拒绝变化
- 组织结构
- 能力和控制
- 营销规划系统

尽管从那时起，整合营销传播取得了一定的进步，但是这四个障碍仍然不同程度地存在着。尽管技术进步已经给整个工作环境带来了革命性的变化，但是，在营销和传播领域，要想进行任何变革都仍然面临巨大的抵抗，这种抵抗既来自企业内部也来自企业外部。尽管数据收集和数据分析工作取得了巨大的进步，但是还是有很多公司并不了解谁才是其目标顾客，对于顾客目前的价值和未来的潜力也茫然不知。大众营销的思维模式仍然阴魂不散。许多管理者只理解这种模式，沉浸在其所带来的安全感和舒适感当中。转瞬之间由荣转衰的"互联网企业"让很多人对过于相信技术的做法心有余悸。因此，当整个行业大踏步地迈进营销和传播的网络时代和互动时代时，绝大多数企业都面临着因能力欠缺而需要补课的重任。

如何变得更加以顾客为中心？如何建立顾客中心型组织结构？许多企业仍在苦苦挣扎。尽管人们这么多年尝试建立跨部门的团队、尝试技能外包，但是，"命令加掌控"的旧系统仍然挥之不去。

尽管这么多年来，大家越来越意识到传统营销规划系统所固有的缺陷，但是还是有不少企业始终固守着已经被用滥了的营销4P概念：产品(product)、价格(price)、渠道(place)和推广(promotion)。有人认为，如果你能够管理好这四方面的活动，那么你就能够主宰整个市场。尽管有很多证据表明这完全是不可能的，但是营销者仍然迷信这一点。问题的根源在哪里呢？那就是在传统的4P规划模式中，你压根儿就见不到顾客的踪影。

对于传播规划也一样。整个行业都完全依赖传播效果层级模型，其所坚持的单一、单向(向外)的讯息传递方式完全忽视了二十一世纪初期的现有顾客和潜在顾客的媒介接触特征，他们总是一心多用，总是同时接触多种媒介。效果层级模型还假定，顾客和品牌之间的接触点是唯一的，而且是由企业启动的，是企业付费购买的。

当然，旧制度、旧系统改变起来确实很难。在我们看来，这是整合营销传播快速发展、全面推行的主要障碍。当然，尽管改变总是姗姗来迟，但是还是有不少迹象表明，宝贵的改变正在出现。随着问责要求的提高，已经有不少企业开始改变其开展营销和传播活动的方式方法，尽管速度有些慢，但是变化却是毋庸置疑的。几乎所有的营销主管都认同整合是势在必行的，整合的需求正在驱动企业发生改变。实际上，没有人会认为未来的方向是不整合，不论是营销企业还是营销主管，亦或是营销代理公司，都不会这样认为。整合确实是必由之路，只是其发生需要一点时间而已——有的企业需要的时间长一点，有的企业需要的时间短一点。

# 回顾整合过程中的必要条件

在整合营销传播战略的发展初期，我们曾经提出过四个必要条件，这四个条件能够在商业中把整合传播模式的理想变成现实。这四个条件是：

- 整合营销传播必须始于高层；
- 企业必须以顾客为中心，必须践行顾客导向的营销理念；
- 传播必须成为企业可持续的竞争优势；
- 传播必须推行集中化管理。

尽管上述四个领域中的每一个都取得了一定的进步，但是改进和提高的空间仍然很大。

## 始于高层

在过去十年间，高层管理者开始更多地关注营销对于企业成功的总体影响。越来越多人已经认同了品牌作为无形资产的重要性，理解并预测顾客带来的收入的需求也越来越强烈。与十年前相比，如今，企业首席执行官和首席财务官越来越多地参与到市场营销、品牌建设和传播活动的整个过程中。从财务视角来判断企业成功与否，采用诸如增加现金流和创造股东价值之类概念，这样的转变思路大大提升了人们对营销和传播的关注度——关注企业对内对外的营销和传播如何帮助企业提升上述指标。高层管理者必须为其投资和资源分配决策提供充分依据和正当理由，必须确保公司未来在财务上的成功，他们在这些方面受到的压力越来越大，这种压力大大提升了营销和传播投入及其回报在高层管理者各项任务中的优先度。

不幸的是，在有些情况下，营销和传播管理跟不上企业领导者所提出的日益增强的关注和要求。绝大多数营销管理者，撇开其背景和经验不谈，在回答我们之前提到的高层管理者提出的三个关键问题时，仍然做不到胸有成竹、理直气壮：

- 我们在营销和营销传播上究竟应该花费或投入多少？
- 我们从这些投入中究竟能够获得多少回报？
- 获得这些回报究竟需要多长时间？

本书所介绍的基于价值的整合营销传播方法恰恰能够为这些问题提供答案。这意味着，吸引到高层管理者的关注，对这些有关投资和回报的问题做出有意义的响应，是完全做得到的。对于我们而言，关注的重点在于如何利用和推进这些已经发展出来的成熟的概念和方法，而不在于继续尝试创造新的概念和方法。

## 以顾客为中心

对于许多企业来说，有一点是毋庸置疑的，即打造以顾客为中心的企业依然是一项"尚在进行的工程"。今天不同于以往的一个地方是，营销者第一次拥有了完成这一任务所必备的工具。在整合营销传播概念发展初期，诸如数据库、数据分析和数据建模等关键技术尚处于萌芽状态。同样，和顾客进行对话的能力——也就是，真正互动的讨论，而不是在对外发布的讯息中夹带折价券——也十分微弱。所有进展都意味着，企业可以在和顾客进行接触的任何地方或以任何方式去聆听顾客的心声和需求，这样的机会日益增加，这样的能力也会日益增强。有史以来第一次，企业确实拥有了真正以顾客为中心的能力。

令人遗憾的是，企业的组织架构是一只拦路虎。企业内部各职能部门及其相互之间的权力争夺不断制造各种挑战。尽管如此，与十年前相比，以顾客为中心、以顾客为导向的企业还是多了很多。这些眼睛向外的企业，其发展速度更快，因为它们认识到，企业的真正价值在于其所拥有的顾客——而不是工厂和和库存——所以，它们都把资源投到顾客身上。

## 建立可持续的竞争优势

绝大多数具有前瞻眼光的企业通常都认同这一点：传播，不管其具体形式如何，是企业的战略资源，同时也是企业的竞争工具。在这些企业看来，品牌不仅仅是产品包装上的一个图案而已。产品品牌和企业品牌如今已经成为企业收购兼并过程中一个重要的受到法律保护的标的物。企业高层管理者的职业生涯系于其对品牌管理的履责程度，关于这一点，福特公司、安达信公司和世通公司的首席执行官们都提供了很好的反面教材。但是，在品牌和企业之间仍然存在着很大的鸿沟。品牌不仅代表着企业何为，而且代表着企业为何，更代表着企业与顾客何干。但是，能够理解这一切的管理者并不多见。品牌既不是流水线上制造出来的怪物，也不是故弄玄虚、炫人耳目的电视广告中的精灵。

在整合营销传播概念发展初期，我们没有预料到品牌的重要性会提升得如此之高。我们也没有预见到，到了二十世纪九十年代中期，品牌会成为企业最重要的资产之一。结果，对于如何评估诸如品牌之类无形资产以及如何衡量品牌传播活动回报这些全新的概念，很多企业仍然难以理解、难以接受。展望未来，任重道远。但是，有一点是不言而喻的，那就是，企业越来越认识到，在二十一世纪竞争高度激烈的市场上，企业可以利用其传播资源来支持品牌建设，建立可持续的竞争优势。

## 对传播进行集中化管理

我们在发展整合营销传播概念过程中提出的最后一个必要条件是，应该尽可能地对传播进行集中化管理。我们认为，这么做是很有意义的，而且，将来其意义更大。随着我们不断地向前发展，逐渐把品牌作为企业发展的核心问题，方向明确以及高层管理者能够掌控这两点变得十分重要。当诸如可口可乐、微软、戴尔和波音之类品牌，其价值已经高达上亿乃至几十亿、几百亿美元的时候，品牌管理的责任显然不能随意托付。

而且，我们知道，品牌必须与时俱进，必须随着其所服务的市场一同进步。换句话说，对于绝大多数产品或者服务而言，不太可能只存在一个铁板一块的单一品牌形象。事实上，品牌很可能存在着多个形象，这些形象围绕着一些核心的概念和意义。很显然，这样的责任不可能托付给当地的营销传播主管或者销售经理。因此，关于品牌究竟代表着什么，意味着什么，应该如何对外展示，企业必须深思熟虑，统一思想。这意味着，一个企业，不能任由旗下300个区域经理根据当地市场或当地需求，随心所欲地发展和解释，不管这些经理多么希望得到更大的授权。因此，对品牌，尤其是企业品牌，进行集中控制是必须的。

当然，这么做并不意味着必须将品牌视为"企业标志"，高高挂在神坛之上，永远不得质疑，不得挑战。品牌就是企业本身，因此，品牌是动态的，不断变化的，正如其所代表的企业、产品或者服务。但是，企业还必须设定明确的发展方向，设定宽泛的指导原则，设定清晰的是非界限，比如规定品牌可以做什么，不可以做什么。这些界限必须由企业核心——高层管理者和全体员工——来制定和把守，他们每一天都在感受品牌气息，弘扬品牌精神。因此，企业必须对传播进行集中化管理，因为品牌和品牌传播必须做到清晰明了、简洁扼要、协调一致。要达成这样一个目标，唯一可行的办法就是将责任赋予一小部分人，让他们负责向员工、股东、子公司、渠道合作者、供应商、所在社区和消费者宣讲和诠释品牌。

# 整合营销传播未来面临的七大挑战

整合营销传播的未来一定是非常光明的。其基础已经夯实，而且我们在第3章中介绍的八项指导原则已经得到验证，并将在市场上继续发展。尽管如此，整合营销传播的全面推广仍然面临着不少挑战，在此，我们一一进行解释，并提出解决方案。一旦我们克服了这些挑战，就一定能将整合营销传播的作用发挥到 极致，但是这并非一蹴而就之事。相反，这些挑战还会逐步演变，变成整合营销传播的指导原则，使整合营销传播变成所有企业的常态，而不是特例。这七大挑战是：

## 挑战之一：协调内外部营销和传播策略

一开始，整合营销传播主要聚焦于企业对外的传播活动，即针对顾客、消费者和潜在顾客制定和执行的传播计划。通常来说，这些活动包括广告、公关、直复营销、促销、事件营销、赞助活动等。所有这些计划都是由企业在内部制定的，然后传递给外部相关群体。这些活动包括讯息和激励计划两部分，企业认为这些内容对于现有顾客、潜在顾客以及似乎拥有最大潜在财务价值的群体来说是非常重要的。因此，整合营销传播就逐渐发展成一个协调和协同手段，用来协调和协同企业各种对外的营销传播活动。在有些情况下，整合营销传播仍然是这样界定的。

品牌重要性的不断提升使得将营销传播接触点整合起来的重要性也提升了，提到了重要的议事日程上。这些接触点——也可以说是品牌接触——并不局限于营销者试图加以管理和控制的措施，还涵盖了现有顾客或潜在顾客与产品、服务、企业或者品牌进行接触的所有方式和方面。

时至今日，营销者们已经认识到，企业内部传播有着和外部传播同等的重要性，或者，在有些情况下，内部传播甚至更重要。不论现在还是未来，对于企业来说极其重要的一点是，让有机会接触顾客的员工和同事正确理解并有效传递企业的品牌讯息，大力支持顾客的品牌体验。换句话说，对于企业来说，人的表现与产品或服务的表现一样重要，二者相互依存，缺一不可。

但是，内部传播或者对内营销，通常不为营销或者传播管理者所重视。这一职能一向属于人力资源、运营或者制造等部门的责任，有时甚至没有任何部门对此负责。因此，整合营销传播在未来要取得成功，其中一个关键要素是，有效地整合对内对外的传播活动，从而使顾客在任何时候，任何地方，不管以什么方式和品牌相互接触，都能够拥有一以贯之的体验。对于在营销和传播中所承诺的一切，企业必须予以兑现。这就是对内营销即将成为整合营销传播进程的下一个主要走向的原因。

在企业内，最需要配合和整合在一起的是销售和市场这两个部门。令人遗憾的是，在大多数情况下，企业的销售部门和市场部门都各自独立或者说各自为政。销售部的方向主要聚焦于零售商，或者经销商，或者对终端用户的直接销售。而市场部尽管也是针对同样一批顾客群体，但是所走的却是另外一个方向，其造成的后果就是，不管哪一个层面的顾客都无所适从。经常出现的情况是，销售团队的所作所为与市场团队的所作所为完全背道而驰，反之亦然。销售与市场的配合是对内营销计划的主要问题，这个问题解决好了，整个企业的配合和整合程度都会提高。

## 挑战之二：
## 转向从行为角度来衡量营销传播结果

正如本书所指出的那样，绝大多数企业对营销和传播的评估仍然基于态度方面的指标或者传播效果。也就是说，我们总是通过衡量知晓度、再现度、认知度等指标来评估预期的营销传播活动的有效性。尽管这些指标都可以算得上是有用的工具，但是它们很显然无法与财务回报相关联，而后者才是进行任何营销或者传播投入的关键所在。因此，驱动整合营销传播未来发展的关键要素之一是，企业是否有能力界定对营销传播的财务投入究竟能够带来多少财务回报。要做到这一点，就需要转而采纳基于顾客行为的衡量和评估方法。营销者需要关注顾客的客观行为，而不只是主观感受。行为导致行动，行动带来销售。而企业所投入的费用和所收回的回报之间越是处于良性循环，其对于营销传播投入的支持就越是坚定。

企业最需要改用行为指标来衡量的地方就是媒介投放。目前来说，所有的媒介模型都是这样建立的：先在广播和电视媒体、印刷媒体、户外媒体或者售点媒体上投放广告，然后坐等曝露结果。所有营销者当下都知道讯息已经传递出去了，但是他们并不清楚是否有人接收到了这些讯息。因此，整合营销传播在未来要有所发展、有所进步，必须基于行为指标来进行媒介计划和购买工作，要让这样的指标成为所有营销传播管理者可以使用的工具。基于有多少讯息已经被传递出去了，或者有多少报刊提及了我们的品牌，来评估广告运动的结果，这样的时代结束了，或者说，应该结束了。营销者必须找到合适的方法，将多种媒介形式和接触讯息或者激励计划的受众的行为有机地关联起来。

## 挑战之三：扭转营销传播流程的方向

营销传播活动基本上总是由企业来提供资金的。这意味着企业把稀缺的资源用于对现有顾客和潜在顾客进行传播，期望能够即时产生销售，或者在将来产生销售。由于营销者并不了解究竟是谁在购买自己的产品，甚至也不知道究竟哪些人会对自己的产品感兴趣，因此，最好的办法似乎就是撒一个大大的网，期望能够通过富有创意的广告讯息或者足够有诱惑力的激励计划，去吸引那些非使用者来购买自己的产品，或者做出购买承诺也行。如果确实存在着大量非使用者的话，那么这种做法还是可以奏效的，尽管这样做会产生很大的浪费，因为向那些很可能永远也不会购买的人，以及根本算不上潜在顾客的人，发送了很多讯息或者激励计划。正是这种惊人的浪费使得许多营销者感到惊惧不已，尤其是考虑到媒介选择几乎以几何级数在增长，与发送这些讯息或激励计划所需的费用相比，受众的数量几乎已经变得无经济价值可言了。

但是，过去几年，有一点是很明确的，企业的发展既需要争取新顾客也需要维护现有顾客，而且，二者的分量已经不相上下了。因此，企业已经开始削减其营销传播投入，而且确实也应该削减，从而能够更多地聚焦于现有顾客，或者将其营销和传播重点转向那些更有可能做出响应的现有顾客、潜在顾客或者游移顾客。但是，企业仍然面临着一个很大的问题，这个问题是，即使营销者在界定顾客方面已经比较有经验了，而且其预测顾客响应的能力也有了显著的提升，但是他们在针对现有顾客或者潜在顾客制定和传播讯息和激励计划时还是浪费了大量的资源，因为他们所针对的这些现有顾客或者潜在顾客，出于各种不同的原因，要么尚未准备好购买产品，要么连了解一下产品的兴趣都没有。因此，找到有效的方法来减少其用于对外营销传播的费用，是营销者不可推卸的责任。

其中一个手段是，企业建立和完善互动系统，让现有顾客和潜在顾客可以按需获取信息。这包括网站、自动应答电话、传真、互动的网络系统等。企业必须采取双向的沟通方式，使顾客能够在自己方便的时候，在合适的时间框架内，通过自己选择的媒介，与企业互动。简而言之，营销传播再也不能像过去那样，只是向外的，再也不能只是根据其对营销者一方所需要投入的成本来进行。在未来，营销传播的目标必须是提供互动的系统，让买卖双方共享传播的成本。比如，在当下情况下，当一个顾客访问一个企业的网站时，通常是顾客而不是营销者需要付出成本。尽管是营销者建立并进行维护和更新的网站，但是顾客在获取信息时使用的是其自己的资源——电脑、电话或者宽带链接——投入的是其自己的时间和精力。换句话说，在这个过程中，营销者将一部分传播费用转嫁到了顾客头上。在很多情况下，顾客不仅认可这些费用，而且还自觉自愿地承担这些费用，因为传播的方便性，因为他们获得自己需要和想要的信息、产品和服务变得容易了，他们的生活也因此变得更简单了。

今天，许多企业的销售系统都缺乏整合。销售团队和市场团队之间不通气，市场团队和客户服务之间不通气，制造和运营部门与物流配送部门之间也不通气。整合营销传播要想取得预期的成功，所有的传播系统必须做到互联互通和互动，这样才能更好地服务顾客，而不是怠慢顾客。

# 挑战之四：在营销中让品牌挂帅

技术的发展已经使得企业很难再在产品或者服务方面进行创新了，营销者必须更加依赖品牌和品牌传播来维持其竞争优势。对于只是将品牌视为单纯的产品名称，将营销传播视为高层管理者可以随心所欲地开关的水龙头而已的企业来说，这显然是一个巨大的变化。

品牌传播必须从简单的战术层面的行动转化为企业的重要战略工

具。正如我们在开头几章中所讨论的那样，通过有效的营销传播来发展
与现有顾客和潜在顾客之间的关系，这也许是企业在二十一世纪的市场
上必须拥有的最重要的能力之一。要发展这种能力，高层管理者必须积
极地参与品牌、营销和营销传播活动。高层管理者必须大力支持新的营
销、传播和品牌建设理念和实践，像他们目前支持产品和服务的研发一
样坚决。

这种通过品牌与顾客建立良好关系的不懈努力最终会使具有前瞻性
的企业脱颖而出。企业需要加大对营销和传播活动的投入，加大对研究
的投入，最重要的是，加大对人的投入。营销管理者的技能必须持续地
得到提升，这意味着企业要在研究、培训和招聘方面加大投入。但是，
企业如果缺少有能力的管理者来推进整合营销传播，那么，其变化的速
度一定比较缓慢，而且成效也不显著。

## 挑战之五：拥有全球化的视野

在整合营销传播概念发展初期，全球市场刚刚兴起，世界范围的通
讯、交通、金融和管理系统尚处于萌芽阶段。时至今日，已经万事俱备
了。世界上任何一个地方发生的事情，都会立即、直接影响到世界上的
其他所有地方。但是，世界上仍然有很多企业领导者对一切变化置若罔
闻，依然故我地奉行旧的管理原则。他们一如以往地向窗外眺望，期待
看见其顾客在何处，竞争对手在何处。

我们生活在一个已经全球化了的市场当中，不管整合营销传播管
理者在传播和品牌建设方面是否拥有全球化视野，事实是，当今的市
场已然进入了全球化时代和互联互动时代。因此，营销和营销传播必
须从以往看待市场和营销系统的封闭、狭隘眼光转向国际化、跨国
化、全球化视野，必须突破国与国之间的物理界限和政治界限，同时
要能够包容巨大的文化差异。因此，我们需要培养一大批新一代的
整合营销传播管理者，他们能够在不同国家和不同文化之间自如地切
换，就如同当今的管理者能够在不同媒介系统之间自如地切换一样。
在整个传播领域，二十一世纪的企业只有拥有全球化的视野，才能够

发展出未来所需要的人才和能力。

# 挑战之六：
# 建立前瞻性的预测、衡量和评估系统

时至今日，绝大多数的营销衡量体系只估算花出去的钱的回报。也就是说，企业还无法预测营销传播投入的潜在回报。为了告诉高层管理者，如果按照某种方式投入资金究竟能够得到多少回报，营销者必须改变做法，从只是评估过去发生了什么，转变为预知未来将会发生什么。要做到这一点，就需要对多种不同计划的结果进行评估，并以此来预测未来的回报。

这样一种预估系统可能并不像想象的那么困难。一旦企业能够了解谁是其顾客，了解其价值观和过去的行为，那么就可以建立预测顾客未来行动的概率模型。尽管建立并验证不同类型的投资回报系统可能需要花费多年时间，但是，建立在顾客知识、信息和跟踪情况基础上的预测系统仍然能够变成企业的一种技能。一旦打开了这扇进行有效衡量和财务分析的大门，营销和营销传播管理者就有机会对未来的回报进行预测，而且这种预测的精确度和可靠性与企业其他领域的预测不相上下。因此，尽管做到精确衡量似乎仍是一个不可逾越的难题，但是这一难题也有可能成为世界上最快也最容易被征服的挑战之一。

## 挑战之七：建立新的组织结构和考核方法

到目前为止，我们仍未触及整合营销传播未来发展进程中最艰难的挑战，也就是最后一个挑战。这个挑战是企业的组织结构和员工的考核方法。我们认为，这不仅对于营销和传播管理者而言是最严峻的挑战，对于所有的高层管理者也一样。

我们已经深入地探讨了所谓组织问题，具体地讲，就是绝大多数企业都是围绕着如何制造和销售"东西"或者提供服务来设计组织结构的。我们目前的组织结构是工业化时代遗留的产物，其所采取的命令加掌控的结构，把人员和流程纳入各自为政的职能领域。因此，企业的架构过去都是纵向组织的，以内部为导向，如今依旧未变。对于任何一个希望在二十一世纪继续生存下去的企业来说，必须实行扁平化的结构，但是这一变革却是最最艰难的——难于上青天。

这种职能化的结构所固有的考核制度是这样的，员工是根据其所制造的东西来进行奖惩的。只要企业内部或者外部的人仍然是基于他们所完成的可衡量的任务，而不是基于他们究竟有没有服务好顾客来予以激励的话，这种考核制度就会固化目前的设计体系，阻碍任何进步的发生。

要真正做到以顾客为中心，企业必须围绕顾客或者顾客群体进行架构设计。在企业基于顾客进行架构设计之前，企业现有的奖惩制度是不可能激励员工去服务好顾客的，因而也就做不到以顾客为中心。对于未来的营销传播管理者来说，组织结构的设计和员工的考核制度将是最艰难的挑战。除非高层管理者能够打造一个有效的组织结构，使整个企业都面向市场，面向顾客，以顾客为中心，并且使员工因为维护和服务好顾客而获得奖励，否则的话，整合营销传播所面临的挑战将会更多地来自企业内部而不是外部。

# 未来寄语

基于价值的整合营销传播不仅为我们提供了洞见未来的能力，而且还让我们武装起来应对挑战。在当今极为动荡的商业环境下，抢夺顾客的竞争态势发生了很多变化，激烈程度、花费程度、全球化程度和互通互动程度都大大地提高了。面临这样的商业环境，经验告诉我们整个营销领域亟需找到按照顾客要求和顾客进行有效沟通和交流的新方式和新方法。整合营销传播所提供的正是这样一个流程和方法，我们希望该流程和方法在迎接未来挑战方面能够应对裕如、不辱使命。